公路工程造价人员资格考试用书

公路工程造价案例分析

Gonglu Gongcheng Zaojia Anli Fenxi

交通运输部职业资格中心

人民交通出版社

内 容 提 要

本书为《公路工程造价人员资格考试用书》之一，根据《公路工程造价人员资格考试大纲》进行编写。本书从公路建设投资方案比选、公路工程设计与施工方案比选、定额管理、公路工程造价文件的编制与审查、公路工程合同管理、施工管理六个方面列举了88个案例，书后附有概算、清单预算示例，交通运输部及各省相关法律法规以及公路工程造价人员资格考试大纲（第四科目）。

本书既可作为广大考生复习备考的参考用书，也可供相关从业人员和高校师生学习参考。

图书在版编目(CIP)数据

公路工程造价案例分析 / 交通运输部职业资格中心组织编写. —北京：人民交通出版社，2011.10

公路工程造价人员资格考试用书

ISBN 978-7-114-09424-8

Ⅰ.①公… Ⅱ.①交… Ⅲ.①道路工程-工程造价-案例-分析-资格考试-教材 Ⅳ.①U415.13

中国版本图书馆CIP数据核字(2011)第200712号

公路工程造价人员资格考试用书

书　　名：公路工程造价案例分析
著 作 者：交通运输部职业资格中心
责任编辑：沈鸿雁　周　宇
出版发行：人民交通出版社
地　　址：（100011）北京市朝阳区安定门外外馆斜街3号
网　　址：http：//www.ccpress.com.cn
销售电话：（010）59757973
总 经 销：人民交通出版社发行部
经　　销：各地新华书店
印　　刷：北京交通印务实业公司
开　　本：787×1092　1/16
印　　张：12.25
字　　数：293千
版　　次：2011年10月　第1版
印　　次：2013年12月　第6次印刷
书　　号：ISBN 978-7-114-09424-8
定　　价：38.00元
（有印刷、装订质量问题的图书由本社负责调换）

《公路工程造价人员资格考试用书》

审定委员会

本册编写人员

刘代全　邹苏华　丁加明　李凤求　董再更　周玉琴
徐鹏亮　徐　浩　宋　军　刘巧眉　张　艳　李　卓
李　英　李枕梁　赵　华　肖　滨　吕　艳　李　杰

前　言

公路交通是经济社会发展的重要基础性和先导性产业,也是事关国计民生的重要服务性行业。近年来我国的公路交通基础设施建设取得了举世瞩目的成就,为国民经济和社会发展以及人民群众的安全便捷出行做出了贡献。公路工程造价管理是公路建设不可或缺的一项重要工作,对于科学、合理确定和使用公路建设资金,发挥其最大效能具有不可替代的重要作用。培育一支高素质的公路工程造价从业人员队伍,是加强公路建设资金管理的重要保证。

为适应当前公路建设和发展的需要,保障工程质量和安全,解决公路工程造价人员数量与工程建设实际需求不相适应的突出矛盾,交通运输部组织实施了公路工程造价人员过渡考试。考试共2天,设4个科目,即:公路工程造价基础理论及相关法规、公路工程造价的计价与控制、公路工程技术与计量和公路工程造价案例分析。

为方便考生备考,我们组织来自公路工程造价(定额)管理、设计、施工、造价咨询等单位和部分高校的专家编写了公路工程造价人员资格考试用书,包括《公路工程造价基础理论及相关法规》、《公路工程造价的计价与控制》、《公路工程技术与计量》和《公路工程造价案例分析》4册,分别与4个考试科目对应。考试用书根据《公路工程造价人员资格考试大纲》(交职发〔2011〕255号)编写,紧密围绕交通运输部最新颁布和修订的行业标准、规范,体现了公路建设新结构、新设备、新技术、新工艺和新材料的发展对公路工程造价人员管理的新要求,强调了"安全、耐久、节约、和谐"的建设理念。考试用书注重理论联系实际,针对性、实用性和操作性强,既可作为广大考生复习备考的参考用书,也可供相关从业人员和高校师生学习参考。

考试用书编写过程中参考了大量文献资料,交通公路工程定额站以及部分公路工程建设、造价(定额)管理、设计、施工和造价咨询等单位的专家提出了宝贵意见,在此谨致谢意!也借此机会向关心公路工程造价人员资格管理工作的各界人士表示衷心的感谢!

交通运输部职业资格中心

二〇一一年八月

目 录

第1章　公路建设投资方案比选

1.1　投资方案比选

【案例1】　在某公路桥的设计中,根据目前交通量情况只需两车道桥,但根据今后交通量的增加可能需要四车道桥,现提出两种设计方案。方案A:现时只修建两车道桥,需投资1 500万元,今后再加宽两车道,需再投资900万元;方案B:现时就修建四车道桥,需投资2 000万元。

问题:

根据当地交通量的发展情况,可能在第五年末就需要四车道的桥梁,请问应选择哪一设计方案(设年利率为9%)?

说明:按两种方案的现值作平衡点分析,求平衡点年数确定方案。

已知:(P/F,0.09,6)=0.596 ,(P/F,0.09,7)=0.547

分析要点:

本案例主要考核熟练运用工程经济学中资金时间价值的计算公式。解题中注意将两方案的现值进行比较就可以选出正确结果。

参考答案:

按两种方案的现值作平衡点分析,取时间x(年)为变量。

方案A: $PV_A = f_1(x) = 1\ 500 + 900 \times \left(\frac{P}{F}, 0.09, x\right)$

方案B: $PV_B = f_2(x) = 2\ 000$

令 $f_1(x) = f_2(x)$

则: $1\ 500 + 900 \times \left(\frac{P}{F}, 0.09, x\right) = 2\ 000$

$$\left(\frac{P}{F}, 0.09, x\right) = (2\ 000 - 1\ 500) \div 900 = 0.555\ 6$$

内插得:$x = 6.82$年(平衡点)。因第五年末就需要四车道桥,因此,应选B方案。

【案例2】　现有A、B、C三个互斥方案,其寿命期均为16年,各方案的净现金流量如下表所示,假定$i_c = 10\%$。

各方案的净现金流量表(单[illegible]元)

方案＼年份	建设期		生产期		
	1	2	3	4~15	16
A	-2 024	-2 800	500	1 100	2 100
B	-2 800	-3 000	570	1 310	2 300
C	-1 500	-2 000	300	700	1 300

问题：

试用净现值法选择出最佳方案。

分析要点：

本案例主要考核熟练运用工程经济学中净现值的计算公式，以及应用净现值法进行方案的比选。解题中注意将三个方案的净现值进行比较就可以选出正确结果。

参考答案：

各方案的净现值计算结果如下：

$$NPVA=(-1\ 840.018\ 4)\times(P/F,10\%,1)+(-2\ 313.92)\times(P/F,10\%,2)+500\times(P/F,10\%,3)+1\ 100\times(P/A,10\%,12)\times(P/F,10\%,3)+2\ 100\times(P/F,10\%,16)=2\ 309.77(万元)>0$$

$$NPVB=(-2\ 800)\times(P/F,10\%,1)+(-3\ 000)\times(P/F,10\%,2)+570\times(P/F,10\%,3)+1\ 310\times(P/A,10\%,12)\times(P/F,10\%,3)+2\ 300\times(P/F,10\%,16)=2\ 610.195(万元)>0$$

$$NPVC=(-1\ 500)\times(P/F,10\%,1)+(-2\ 000)\times(P/F,10\%,2)+300\times(P/F,10\%,3)+700\times(P/A,10\%,12)\times(P/F,10\%,3)+1\ 300\times(P/F,10\%,16)=1\ 075.236(万元)>0$$

计算结果表明，方案B的净现值最大，因此B是最佳方案。

【案例3】 某建设项目有A、B、C三个设计方案，其寿命期均为10年，各方案的初始投资和年净收益如下表所示，假定 $i_c=10\%$。

各方案的净现金流量表(单位：万元)

年份 方案	0	1～10
A	170	44
B	260	59
C	300	68

问题：

试用增量内部收益率法选择最佳方案。

分析要点：

本案例主要考核熟练运用工程经济学中净现值、内部收益率、增量内部收益率的计算公式，以及应用增量内部收益率法进行方案的比选。解题中注意将三个方案的净现值、内部收益率、增量内部收益率进行比较就可以选出正确结果。

增量内部收益率的表达式为：

$$\sum_{t=0}^{n}[(CI-CO)_2-(CI-CO)_1]_t(1+\Delta IRR)^{-t}=0$$

采用增量内部收益率指标对互斥方案进行比选的基本步骤如下：

(1)计算备选方案的IRR。

(2)将IRR大于等于 i_c 的方案按投资额由小到大依次排列。

(3)计算排在最前面的两个方案的增量内部收益率ΔIRR，若ΔIRR大于等于 i_c，则说明投资大的方案优于投资小的方案，保留投资大的方案；若ΔIRR小于 i_c，则保留投资小的方案。

(4)将保留的较优方案依次与相邻方案两两逐对比较，直至全部方案比较完毕，则最后保留的方案即为最优方案。

在采用增量内部收益率法进行方案的比选时一定要注意，增量内部收益率只能说明增加投资部分的经济合理性，亦即 ΔIRR 大于等于 i_c 只能说明增量投资部分是有效的，并不能说明全部投资的效果。因此采用此方法前，应先对备选方案进行单方案检验，只有可行的方案才能作为比较的对象。

参考答案：

(1)用净现值法对方案进行比选，计算结果如下：

$NPV_A = (-170) + 44 \times (P/A, 10\%, 10) = 100.34$(万元)$>0$

$NPV_B = (-260) + 59 \times (P/A, 10\%, 10) = 102.53$(万元)$>0$

$NPV_C = (-300) + 68 \times (P/A, 10\%, 10) = 117.83$(万元)$>0$

计算结果表明，三个方案的净现值均大于0，均可行；方案C的净现值最大，因此方案C是最佳方案。

(2)采用内部收益率指标进行比选，计算结果如下：

$(-170) + 44 \times (P/A, IRR_A, 10) = 0 \longrightarrow IRR_A = 22.47\%$

$(-260) + 59 \times (P/A, IRR_B, 10) = 0 \longrightarrow IRR_B = 18.49\%$

$(-300) + 68 \times (P/A, IRR_C, 10) = 0 \longrightarrow IRR_C = 18.52\%$

可见，$IRR_A > IRR_C > IRR_B$，且 IRR_A、IRR_B、IRR_C 均大于 i_c，即方案A是最佳方案。这个结论与采用净现值法计算得出的结论是矛盾的。

(3)由于互斥方案的比选，实质上是分析投资大的方案所增加的投资能否用其增量收益来补偿，即对增量的现金流量的经济合理性作出判断，因此可以通过计算增量净现金流量的内部收益率即增量内部收益率来比选方案，这样就能够保证方案比选结论的正确性。

由于三个方案的IRR均大于 i_c，将它们按投资额大小排列为：A→B→C。先对方案A和方案B进行比较。

根据增量内部收益率的计算公式，有：

$(-260) - (-170) + (59 - 44) \times (P/A, \Delta IRR_{B-A}, 10) = 0$

$\Delta IRR_{B-A} = 10.43\% > i_c = 10\%$

故方案B优于方案A，保留方案B，继续进行比较。

将方案B和方案C进行比较，有：

$(-300) - (-260) + (68 - 59) \times (P/A, \Delta IRR_{C-B}, 10) = 0$

$\Delta IRR_{C-B} = 18.68\% > i_c = 10\%$

故方案C优于方案B，因此，可得出最后结论：方案C为最佳方案。

1.2　公路建设不确定性分析

【案例4】　某企业拟投资兴建一公路项目。预计该项目的生命周期为12年，其中：建设期为2年，生产期为10年。项目投资的现金流量数据如下表所示。根据国家规定，全部数据均按发生在各年年末计算。项目的折现率按照银行贷款年利率12%计算，按季计息。项目的基准投资回收期 $P_c = 9$ 年。

某项目全部投资现金流量表(单位:万元)

序号	项目 \ 年份	建设期		生产期									
		1	2	3	4	5	6	7	8	9	10	11	12
1	现金流入												
1.1	销售收入			2 600	4 000	4 000	4 000	4 000	4 000	4 000	4 000	4 000	2 600
1.2	固定资产余值回收												500
1.3	流动资金回收												900
2	现金流出												
2.1	建设投资	1 800	1 800										
2.2	流动资金			500	400								
2.3	经营成本			1 560	2 400	2 400	2 400	2 400	2 400	2 400	2 400	2 400	1 560
2.4	销售税金及附加												
2.5	所得税												
3	净现金流量												
4	累计净现金流量												
5	折现系数												
6	折现净现金流量												
7	累计折现净现金流量												

问题:

(1)分别按6%、33%的税率计算运营期内每年的销售税金及附加和所得税(生产期第一年和最后一年的年总成本为2 400万元,其余各年总成本均为3 600万元)。

(2)计算现金流入量、现金流出量和净现金流量、累计净现金流量。

(3)计算年实际利率、每年折现系数、折现净现金流量、累计折现净现金流量。

(4)计算该项目的静态、动态投资回收期。

(5)根据计算结果,评价该项目的可行性。

说明:仅要求对年实际利率和静态、动态投资回收期列式计算,其余均直接在表中计算。

分析要点:

本案例属于财务可行性分析与评价的典型案例,主要考核公路建设项目财务评价动态指标的计算与分析评价的主要内容。在答题时,需要注意国家对于下列问题的规定:

(1)对于经营成本估算的规定:经营成本不包括折旧费、维简费、摊销费和贷款利息。

(2)对于税金及附加的规定:从销售收入中直接扣除的销售税金及附加主要有产品税、增值税、营业税、城市维护建设税、资源税和教育费附加;从利润中扣除的有所得税。

(3)对于现金流量表编制的规定:财务现金流量表的年序为1,2,…,n,建设开始年作为计算期的第1年,年序为1。为了与复利系数表的年序对应,在折现计算中采用年末习惯法,即年序1发生的现金流量按$(1+i)$的负1次方折现,年序2发生的现金流量按$(1+i)$的负2次方折现,以此类推。这一规定造成了实际上在现金流量图的零年处是没有现金流量的。

(4)对于投资回收期计算和分析的规定:投资回收期(P_t)是指以项目的净收入抵偿全部投资(固定资产投资、投资方向调节税和流动资金)所需的时间。投资回收期(以年表示)一般从建设开始年算起，如果从投产年算起时，应予以注明。在财务评价中，求出的投资回收期（P_t）与行业的基准投资回收期（P_c）比较，当 P_t 小于等于 P_c 时，表明项目投资能在规定的时间内收回，而不是只要投资回收期（P_t）小于项目全生命周期，项目即可行。

（5）对于净现值计算和分析的规定：财务净现值（FNPV）是指按行业的基准收益率或设定的折现率，将项目计算期各年净现金流量折现到建设初期的现值之和。它是考察项目在计算期内盈利能力的动态评价指标。财务净现值大于或等于零的项目可以考虑接受。

（6）对于其他动态评价指标的计算：与项目净现值的计算中所应注意的年序问题一样，对于其他的动态财务评价指标也必须按照国家规定“$t=1$”开始有关现金流量的折现。

参考答案：

（1）销售税及附加、所得税、现金流入量、现金流出量、净现金流量、累计净现金流量的计算结果见下表中相应栏目。

某项目全部投资现金流量表（单位：万元）

序号	年份 / 项目	建设期		生产期									
		1	2	3	4	5	6	7	8	9	10	11	12
1	现金流入			2 600	4 000	4 000	4 000	4 000	4 000	4 000	4 000	4 000	4 000
1.1	销售收入			2 600	4 000	4 000	4 000	4 000	4 000	4 000	4 000	4 000	2 600
1.2	固定资产余值回收												500
1.3	流动资金回收												900
2	现金流出	1 800	1 800	2 231	3 093	2 693	2 693	2 693	2 693	2 693	2 693	2 693	1 731
2.1	建设投资	1 800	1 800										
2.2	流动资金			500	400								
2.3	经营成本			1 560	2 400	2 400	2 400	2 400	2 400	2 400	2 400	2 400	1 560
2.4	销售税金及附加			156	240	240	240	240	240	240	240	240	156
2.5	所得税			15	53	53	53	53	53	53	53	53	15
3	净现金流量	-1 800	-1 800	369	907	1 307	1 307	1 307	1 307	1 307	1 307	1 307	2 269
4	累计净现金流量	-1 800	-3 600	-3 231	-2 324	-1 017	290	1 597	2 904	4 211	5 518	6 825	9 094
5	折现系数	0.888	0.789	0.701	0.623	0.554	0.492	0.437	0.388	0.345	0.307	0.272	0.242
6	折现净现金流量	-1 598	-1 420	259	565	724	643	571	507	451	401	356	549
7	累计折现净现金流量	-1 598	-3 018	-2 759	-2 194	-1 470	-827	-256	251	702	1 103	1 459	2 008

①销售税金及附加。

销售税金及附加 = 销售收入 × 销售税金及附加税率

第 1 年、第 2 年销售税金及附加：0（因为项目还在建设期，没有销售收入）

第 3 年、第 12 年销售税金及附加：2 600 × 6% = 156（万元）

第 4 ~ 11 年销售税金及附加：4 000 × 6% = 240（万元）

②所得税。

所得税 = 利润总额 × 所得税率 =（销售收入 - 总成本 - 销售税金及附加）× 所得税率

第 1 年、第 2 年所得税：0（因为项目还在建设期，没有盈利）

第 3 年、第 12 年所得税：(2 600 - 2 400 - 156) × 33% = 14.52 ≈ 15(万元)

第 4 ~ 11 年所得税：(4 000 - 3 600 - 240) × 33% = 52.80 ≈ 53(万元)

(2)实际年利率的计算。

实际年利率 = (1 + 名义年利率 ÷ 年计息次数)^{年计息次数} - 1 = $(1 + 12\% \div 4)^4 - 1 = 12.55\%$

(3)每年折现系数、折现净现金流量、累计折现净现金流量见表中相应栏目。

(4)项目投资回收期。

项目静态投资回收期：(累计净现金流量出现正值的年份 - 1) + (出现正值年份上年累计净现金流量绝对值 ÷ 出现正值年份当年净现金流量)

= (6 - 1) + (| -1 017| ÷ 1 307) = 5.78(年)

项目动态投资回收期：(累计折现净现金流量出现正值的年份 - 1) + (出现正值年份上年累计折现净现金流量绝对值 ÷ 出现正值年份当年折现净现金流量)

= (8 - 1) + (| -256| ÷ 507) = 7.50(年)

(5)项目评价。

从财务评价的角度，全面分析和评价该项目的可行性有如下结论：

项目的净现值(NPV) = 2 008 万元大于 0，所以，该项目是可投资的。因为该项目在全生命周期中可获得净盈利 2 008 万元。

项目的静态投资回收期为 5.78 年小于 $P_c = 9$ 年，所以，该项目是可投资的。因为如果不计资金的时间价值，该项目在收回投资后还有 6 年多的净收益期。

项目的动态投资回收期为 7.50 年小于 $P_c = 9$ 年，所以，该项目是可投资的。因为即使计算了资金的时间价值，该项目在收回投资后还有 4 年多的净收益期。

综上所述，可以认定该项目是可行的。

【案例 5】 某新建项目生产一种产品，根据市场预测估计每件售价为 500 元，已知该产品单位可变成本为 400 元，固定成本为 150 万元。

问题：

试求该项目的盈亏平衡产量。

分析要点：

本案例主要考核盈亏平衡点的概念及确定的方法。在分析时，应注意在盈亏平衡点处，项目处于不亏不盈的状态，即项目的收益与成本相等，可用下式表示：

$$TR = TC$$

TR = (单位产品价格 - 单位产品销售税金及附加) × 产量

TC = 固定成本 + 可变成本 = 固定成本 + 单位产品可变成本 × 产量

式中：TR——项目的总收益；

TC——项目的总成本。

参考答案：

根据收益、成本与产量的关系可知：

TR = 单价 × 产量 = $P \times Q = 500Q$

TC = 固定成本 + 可变成本 = $1\ 500\ 000 + 400Q$

设该项目的盈亏平衡产量为 Q^*，则当产量为 Q^* 时，应有：TR = TC

即：$500Q^* = 1\ 500\ 000 + 400Q^*$

解得：$Q^* = 15\ 000$（件）

即该项目的盈亏平衡产量为 15 000 件。

【案例 6】 某建筑工地需抽除积水以保证施工顺利进行，现有两个方案可供选择：

方案 A：新建一条动力线，需购置一台 2.5kW 电动机并线运行，其投资为 1 400 元，第 4 年末残值为 200 元。电动机每小时运行成本为 0.84 元，每年预计维修费为 120 元，因设备完全自动化无需专人管理。

方案 B：购置一台 3.68kW 柴油机，其购置费为 550 元，使用寿命为 4 年，设备无残值。柴油机运行每小时燃料费为 0.42 元，平均每小时维护费为 0.15 元，每小时的人工成本为0.8元。

问题：

若寿命均为 4 年，基准折现率为 10%，试比较两个方案的优劣。

分析要点：

本案例主要考核盈亏平衡分析的应用。盈亏平衡分析是在对项目进行不确定性分析时常采用的一种方法。通过盈亏平衡分析，能够预先估计项目对市场变化情况的适应能力，有助于了解项目可承受的风险程度，还可以对决策者确定项目的合理经济规模及对项目工艺技术方案的投资决策起到一定的参考与帮助作用。

参考答案：

两方案的总费用均与年开机时间 t 有关，故两方案的年成本均可表示为 t 的函数。

$C_A = 1\ 400 \times (A/P, 10\%, 4) - 200 \times (A/F, 10\%, 4) + 120 + 0.84t = 518.56 + 0.84t$

$C_B = 550 \times (A/P, 10\%, 4) + (0.42 + 0.15 + 0.8)t = 175.51 + 1.37t$

令 $C_A = C_B$，即：$518.56 + 0.84t = 175.51 + 1.37t$

可得出：$t = 651$（h）

A、B 两个方案的年成本函数曲线如下图所示。

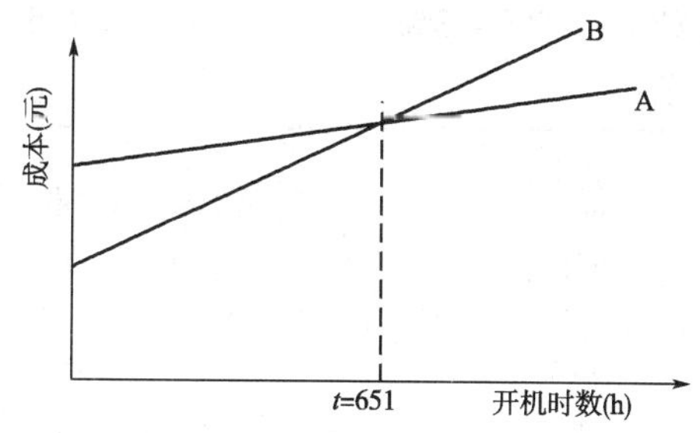

A 方案、B 方案年成本函数曲线

从上图中可以看出，当年开机小时数低于 651h 时，选 B 方案有利；当年开机小时数高于 651h 时，选 A 方案有利。

【案例 7】 某施工单位经研究决定参与某桥梁工程的投标。经造价工程师估价，该工程预算成本为 8 500 万元，其中材料费占 60%。拟采用高、中、低三个报价方案，其利润率分别为 8%、5%、3%，根据过去类似工程的投标经验，相应的中标概率分别为 0.2、0.5、0.8。该工程招标人在招标文件中明确规定采用固定总价合同，据估计，在施工过程中材料费可能平均上涨 2.5%，其发生概率为 0.4（编制投标文件的费用为 10 万元）。

问题：

该施工单位应按哪个方案投标报价？计算相应的报价和期望利润。

分析要点：

本案例主要考核决策树的概念、绘制、计算及应用决策树进行决策。分析思路如下：

本案例由于采用固定总价合同，故材料涨价将导致报价中的利润减少，且各方案利润减少的额度和发生的概率是相同的，从而使承包后的效果有好（材料不涨价）和差（材料涨价）两种。

在分析时还应注意以下问题：

背景材料中给定的条件是"施工单位经研究决定参加投标"，故不考虑"不投标"方案，否则画蛇添足。

估价与报价的区别。报价属决策，一般是在保本（预算成本）的基础上加上适当的利润。

期望利润与实际报价中的利润的区别。期望利润是综合考虑各投标方案中标概率和不中标概率所可能实现的利润，其数值大小是决策的依据，但并不是决策方案实际报价中的利润。决策方案报价应以预算成本加上相应投标方案的计算利润，而不是预算成本加期望利润。

另外需说明的是，材料涨价的幅度有多种可能，各种可能性发生的概率也不尽相同，本案例从解题的角度加以简化，可以理解为平均涨价幅度和平均发生概率（不是算术平均值，而是从期望值考虑的平均值）。

参考答案：

（1）计算各投标方案的利润。

投高标且材料不涨价时的利润：8 500 ×8% =680（万元）

投高标且材料涨价时的利润：8 500 ×8% −8 500 ×60% ×2.5% =552.5（万元）

投中标且材料不涨价时的利润：8 500 ×5% =425（万元）

投中标且材料涨价时的利润：8 500 ×5% −8 500 ×60% ×2.5% =297.5（万元）

投低标且材料不涨价时的利润：8 500 ×3% =255（万元）

投低标且材料涨价时的利润：8 500 ×3% −8 500 ×60% ×2.5% =127.5（万元）

将以上计算结果列于下表：

方案	效果	概率	利润（万元）
高标	好 差	0.6 0.4	680 552.5
中标	好 差	0.6 0.4	425 297.5
低标	好 差	0.6 0.4	255 127.5

（2）画决策树，标明各方案的概率和利润，见下图。

（3）计算决策树中各机会点的期望值。

点⑤的期望值：680 ×0.6 +552.5 ×0.4 =629（万元）

点⑥的期望值：425 ×0.6 +297.5 ×0.4 =374（万元）

点⑦的期望值：255 ×0.6 +127.5 ×0.4 =204（万元）

点②的期望值：629 ×0.2 −10 ×0.8 =117.8（万元）

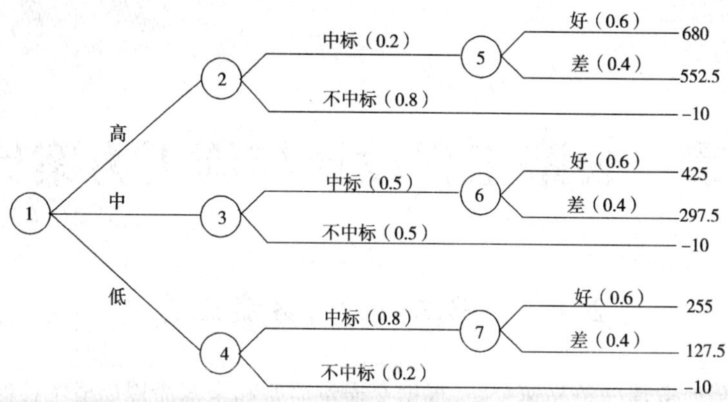

点③的期望值:374 ×0.5 - 10 ×0.5 = 182(万元)

点④的期望值:204 ×0.8 - 10 ×0.2 = 161.2(万元)

(4)决策。

由于点③的期望利润最大,因此应投中标。

相应的报价为:8 500 ×(1 +5%) =8 925(万元)

相应的期望利润为 182 万元。

第 2 章　公路工程设计与施工方案比选

2.1　公路工程设计方案比选

【案例 8】　某地拟建一条高速公路，根据交通量需要和全寿命周期成本控制的要求，设计单位提出了 A（沥青混凝土路面）、B（水泥混凝土路面）两个方案。该高速公路面层数量为 710 850m^2、基层数量为 771 780m^2、垫层数量为 832 710m^2。为对两个方案进行深入比选，设计单位进行了认真的调查研究和分析，有关情况如下：

（1）公路通车年建设成本为：沥青混凝土面层 120 元/m^2、水泥混凝土面层 85 元/m^2、路面基层 45 元/m^2、路面垫层 28 元/m^2，公路使用寿命为 100 年，预计沥青混凝土路面每 15 年大修一次，水泥混凝土路面每 10 年大修一次，大修费用按重新铺筑面层计算。

（2）旧路面挖除费用为：A 方案 4.5 元/m^2、B 方案 8.0 元/m^2。

（3）假定社会成本为：A 方案 500 000 元/年、B 方案 1 000 000 元/年。

（4）每次大修时，将增加有关社会和经济成本：预计将减少收费收入 100 万元，增加燃油损耗、时间损失等社会成本 200 万元。

问题：

假设两个方案营运养护管理成本相等，社会折现率取 5%，请从全寿命周期成本的角度，选择经济合理的方案。

分析要点：

本案例主要考核项目全寿命周期内设计方案的合理性。除涉及工程的建设成本外，还考虑社会成本及经济成本。

本案例解答时，一定要看清题目，把建设成本、大修成本和社会成本的计算综合考虑进去。同时，计算中考虑到需要折现计算，因此，要对资金时间价值的计算步骤和折现点要统一。

参考答案：

（1）建设成本的计算

A 方案：$120 \times 710\ 850 + 45 \times 771\ 780 + 28 \times 832\ 710 = 143\ 347\ 980$（元）

B 方案：$85 \times 710\ 850 + 45 \times 771\ 780 + 28 \times 832\ 710 = 118\ 468\ 230$（元）

（2）大修成本的计算

A 方案：$(120 \times 710\ 850 + 4.5 \times 710\ 850 + 1\ 000\ 000 + 2\ 000\ 000) \times (1 + 5\%)^{-15} \times [1 - (1 + 5\%)^{-90}] \div [1 - (1 + 5\%)^{-15}] = 91\ 500\ 825 \times 0.915\ 4 = 83\ 759\ 855$（元）

B 方案：$(85 \times 710\ 850 + 8 \times 710\ 850 + 1\ 000\ 000 + 2\ 000\ 000) \times (1 + 5\%)^{-10} \times [1 - (1 + 5\%)^{-90}] \div [1 - (1 + 5\%)^{-10}] = 69\ 109\ 050 \times 1.570\ 4 = 108\ 528\ 852$（元）

（3）社会成本的计算

A 方案：$500\ 000 \times [(1+5\%)^{100}-1] \div [5\% \times (1+5\%)^{100}] = 500\ 000 \times 19.847\ 9 = 9\ 923\ 950$（元）

B 方案：$100\ 000 \times [(1+5\%)^{100}-1] \div [5\% \times (1+5\%)^{100}] = 1\ 000\ 000 \times 19.847\ 9 = 19\ 847\ 900$（元）

（4）确定项目全寿命周期成本

A 方案：143 347 980 + 83 759 855 + 9 923 950 = 237 031 785（元）

B 方案：118 468 230 + 108 528 852 + 19 847 900 = 246 844 982（元）

（5）确定合理方案

由于237 031 785元小于246 844 982元，因此A方案比B方案经济（即应选择沥青混凝土路面设计方案）。

【案例9】 某城市拟修建一条快速干线，正在考虑两条备选路线——沿河路线与穿山路线，两条路线的平均车速都提高了50km/h，日平均流量都是6 000辆，寿命均为30年，且无残值，基准收益率为12%，其他数据如下表所示。

两方案的费用效益

指标＼方案	沿河路线	穿山路线
全长(km)	20	15
初期投资(万元)	100 000	105 000
年维护运行费(万元/km·年)	2.0	2.5
大修(每10年一次)(万元/10年)	5 000	3 500
运输费用节约(元/km·辆)	0.98	1.13
时间费用节约(元/h·辆)	2.6	2.6

问题：

试用全生命周期费用分析CE法比较两条路线的优劣，并做出方案选择（计算结果保留两位小数）。

分析要点：

本案例主要考查运用生命周期理论，即“费用效率高者优”的方法进行方案选优。

依次分别求出两个方案的系统效率、生命周期费用和费用效率，然后根据“费用效率高者优”的思路进行方案选择。本题难点在于系统效率项目的识别、资金时间价值的计算。

参考答案：

（1）计算沿河路线方案的费用效率（CE）

①求系统效率（SE）：

时间费用节约 = 6 000 × 365 × 20 ÷ 50 × 2.6 ÷ 10 000 = 227.76（万元/年）

运输费用节约 = 6 000 × 365 × 20 × 0.98 ÷ 10 000 = 4 292.4（万元/年）

则：SE = 227.76 + 4 292.4 = 4 520.16（万元/年）

②求生命周期费用（LCC），包括设置费（IC）和维持费（SC）：

$IC = 10\ 000 \times (A/P, 12\%, 30) = 100\ 000 \times 12\%(1+12\%)^{30}/[(1+12\%)^{30}-1]$

$=100\ 000\times0.124\ 1$

$=12\ 410$(万元/年)

$SC=2\times20+[5\ 000(P/F,12\%,10)+5\ 000(P/F,12\%,20)](A/P,12\%,30)$

$=40+[5\ 000\times(1+12\%)^{-10}+5\ 000\times(1+12\%)^{-20}]\times0.124\ 1$

$=40+[5\ 000\times0.322\ 0+5\ 000\times0.103\ 7]\times0.124\ 1$

$=304.15$(万元/年)

则:$LCC=IC+SC=12\ 410+304.15=12\ 714.15$(万元/年)

③求费用效率(CE):$CE=SE\div LCC=4\ 520.16\div12\ 714.15=0.355$

(2)计算穿山路线方案的费用效率(CE)

①求系统效率(SE):

时间费用节约$=6\ 000\times365\times15\div50\times2.6\div10\ 000=170.82$(万元/年)

运输费用节约$=6\ 000\times365\times15\times1.13\div10\ 000=3\ 712.05$(万元/年)

则:$SE=170.82+3\ 702.2=3\ 873.02$(万元/年)

②求生命周期费用(LCC),包括设置费(IC)和维持费(SC):

$IC=105\ 000\times(A/P,12\%,30)$

$=105\ 000\times12\%(1+12\%)^{30}/[(1+12\%)^{30}-1]$

$=105\ 000\times0.124\ 1$

$=13\ 030.5$(万元/年)

$SC=2.5\times15+[3\ 500(P/F,12\%,10)+3\ 500(P/F,12\%,20)](A/P,12\%,30)$

$=37.5+[3\ 500\times(1+12\%)^{-10}+3\ 500\times(1+12\%)^{-20}]\times0.124\ 1$

$=37.5+[3\ 500\times0.322\ 0+3\ 500\times0.103\ 7]\times0.124\ 1$

$=222.4$(万元/年)

则:$LCC=IC+SC=13\ 030.5+222.4=13\ 252.9$(万元/年)

③求费用效率(CE):$CE=SE/LCC=3\ 873.02\div13\ 252.9=0.292$

(3)方案选择

因为沿河路线方案的费用效率大于穿山路线方案的费用效率,所以应选择沿河路线方案。

【案例10】 某公路设计有A、B两个方案,两条路线的交通量预测结果均为日平均流量5 000辆。假设该公路营运年限为20年,残值为0,期间不进行大修,基准收益率10%,其他数据见下表:

项 目	方 案 A	方 案 B
里程(km)	20	15
初期建设投资(万元)	5 000	6 000
年维护运行费(万元/km·年)	0.8	0.9
运输时间费用节约(元/d·辆)	2.5	3.0

问题：

请从项目全寿命周期的角度比较两个方案的优劣(计算结果均取两位小数)。

分析要点：

本案例主要考核项目在全寿命周期的成本计算,核心还是资金时间价值的计算。

本案例是将两方案的建设成本和效益分清后考虑资金的时间价值进行对比。究竟采用折现到现值、年值或终值哪一个进行比选,应以题目中已知条件最方便计算为宜。

参考答案：

(1)按现值法计算

①计算项目生命周期成本,包括初期建设成本、运营期维护运行和养护费用。

A 方案初期建设成本:5 000(万元)

A 方案年维护运行费:$0.8 \times 20 = 16$(万元/年)

A 方案维护运行费现值:$16 \times \dfrac{(1+10\%)^{20}-1}{10\% \times (1+10\%)^{20}} = 136.22$ (万元)

A 方案生命周期成本现值:$5\,000 + 136.22 = 5\,136.22$(万元)

B 方案初期建设成本:6 000(万元)

B 方案年维护运行费:$0.9 \times 15 = 13.5$(万元/年)

B 方案维护运行费现值: $13.5 \times \dfrac{(1+10\%)^{20}-1}{10\% \times (1+10\%)^{20}} = 114.93$ (万元)

B 方案生命周期成本现值:$6\,000 + 114.93 = 6\,114.93$(万元)

②计算各方案效益(即运输时间节约费用)。

A 方案年运输时间节约费用:$365 \times 5\,000 \times 2.5 \div 10\,000 = 456.25$(万元/年)

A 方案效益费用现值: $456.25 \times \dfrac{(1+10\%)^{20}-1}{10\% \times (1+10\%)^{20}} = 3\,884.31$(万元)

B 方案年运输时间节约费用:$365 \times 5\,000 \times 3 \div 10\,000 = 547.50$(万元/年)

B 方案效益费用现值: $547.50 \times \dfrac{(1+10\%)^{20}-1}{10\% \times (1+10\%)^{20}} = 4\,661.18$(万元)

③计算两个方案的成本效益合计(成本 - 效益)。

A 方案:$5\,136.22 - 3\,884.31 = 1\,251.91$(万元)

B 方案:$6\,114.93 - 4\,661.18 = 1\,453.75$(万元)

④确定合理方案。

由于 1 251.91 万元小于 1 453.75 万元,即 A 方案成本效益合计小于 B 方案,因此 A 方案优于 B 方案。

(2)按终值法计算

①计算项目生命周期成本终值,包括初期建设成本、运营期维护运行和养护费用。

A 方案初期建设成本终值:$5\,000 \times (1+10\%)20 = 33\,637.50$(万元)

A 方案年维护运行费:$0.8 \times 20 = 16$(万元/年)

A 方案维护运行费终值:$16 \times \dfrac{(1+10\%)^{20}-1}{10\%} = 916.40$ (万元)

A 方案生命周期成本终值:$33\,637.499\,8 + 916.400\,0 = 34\,553.90$(万元)

B 方案初期建设成本终值:$6\,000 \times (1+10\%)20 = 40\,365.00$(万元)

B 方案年维护运行费:0.9 ×15 =13.5(万元/年)

B 方案维护运行费终值: $13.5\times\frac{(1+10\%)^{20}-1}{10\%}=773.21$ (万元)

B 方案生命周期成本终值:40 364.999 7 +773.212 5 =41 138.21 (万元)

②计算各方案效益(即运输时间节约费用)。

A 方案年运输时间节约费用:365 ×5 000 ×2.5 ÷10 000 =456.25(万元/年)

A 方案效益费用终值: $456.25\times\frac{(1+10\%)^{20}-1}{10\%}=26\ 131.72$(万元)

B 方案年运输时间节约费用:365 ×5 000 ×3 ÷10 000 =547.50(万元/年)

B 方案效益费用终值: $547.50\times\frac{(1+10\%)^{20}-1}{10\%}=31\ 358.06$ (万元)

③计算两个方案的成本效益合计(成本 - 效益)。

A 方案:34 553.899 8 -26 131.718 5 =8 422.18 (万元)

B 方案:41 138.212 2 -31 358.062 2 =9 780.15 (万元)

④确定合理方案。

由于 8 422.18 万元小于 9 780.15 万元,即 A 方案成本效益合计小于 B 方案,因此 A 方案优于 B 方案。

(3)按年值法计算

①计算项目生命周期成本,包括初期建设成本、运营期维护运行和养护费用。

A 方案初期建设成本年值:$5\ 000\times\frac{10\%\times(1+10\%)^{20}}{(1+10\%)^{20}-1}=587.30$(万年/年)

A 方案年维护运行费:0.8 ×20 =16.00 (万元/年)

A 方案生命周期年成本:587.298 1 +16.000 0 =603.30(万元/年)

B 方案初期建设成本年值: $6\ 000\times\frac{10\%\times(1+10\%)^{20}}{(1+10\%)^{20}-1}=704.76$(万元/年)

B 方案年维护运行费:0.9 ×15 =13.50 (万元/年)

B 方案生命周期年成本:704.757 7 +13.500 0 =718.26(万元/年)

②计算各方案效益(即运输时间节约费用)。

A 方案年运输时间节约费用:365 ×5 000 ×2.5 ÷10 000 =456.25 (万元/年)

B 方案年运输时间节约费用:365 ×5 000 ×3 ÷10 000 =547.50 (万元/年)

③计算两个方案的成本效益合计(成本 - 效益)。

A 方案:603.298 1 -456.250 0 =147.05(万元/年)

B 方案:718.257 7 -547.500 0 =170.76(万元/年)

④确定合理方案。

由于 147.05 万元/年小于 170.76 万元/年,即 A 方案成本效益合计小于 B 方案,因此 A 方案优于 B 方案。

【案例 11】 在某桥梁工程中,造价工程师采用价值工程的方法,对该工程的设计方案和编制的施工方案进行了全面的技术经济评价,取得了良好的经济效益和社会效益。经有关专家对五个设计方案进行技术经济分析和论证,得出相关资料见下表。

功能重要性评分表

方案功能	F_1	F_2	F_3	F_4	F_5
F_1	0	4	2	3	2
F_2	4	0	3	4	2
F_3	2	3	0	2	2
F_4	3	4	2	0	1
F_5	2	2	2	1	0

方案功能得分及单方造价

方案功能	方案功能得分				
	A	B	C	D	E
F_1	9	10	9	8	7
F_2	10	9	10	9	8
F_3	9	8	7	8	10
F_4	7	9	8	7	6
F_5	8	7	8	10	9
单方造价(元/m^2)	2 200.00	2 100.00	2 000.00	1 900.00	1 800.00

问题:

(1)计算功能重要性系数。

(2)计算功能系数、成本系数、价值系数,选择最优设计方案。

(3)在对施工单位提出的施工方案进行技术经济分析时,造价工程师提出将评价指标分为:工程成本、工程工期、工程质量和其他等四个方面,请将这四个方面的指标进一步细化。

分析要点:

本案例主要考核工程设计阶段设计方案的评价方法与评价准则。根据功能“0~4”评分结果确定功能重要性系数,应列出计算表达式。运用价值工程进行设计方案评价的方法,要求根据方案得分和功能重要性系数确定功能系数,根据单方造价确定成本系数,根据功能系数和成本系数确定价值系数并选择最优设计方案。

参考答案:

(1)计算功能重要性系数

F_1 得分 $=4+2+3+2=11$　　功能重要性系数 $=11\div50=0.22$

F_2 得分 $=4+3+4+2=13$　　功能重要性系数 $=13\div50=0.26$

F_3 得分 $=2+3+2+2=9$　　功能重要性系数 $=9\div50=0.18$

F_4 得分 $=3+4+2+1=10$　　功能重要性系数 $=10\div50=0.20$

F_5 得分 $=1+2+3+1=7$　　功能重要性系数 $=7\div50=0.14$

总得分 $=11+13+9+10+7=50$

(2)计算功能系数、成本系数、价值系数,选择最优设计方案

①计算功能系数:

方案功能得分:

F_A 得分 $=9\times0.22+10\times0.26+9\times0.18+7\times0.20+8\times0.14=8.72$

F_B 得分 $=10\times0.22+9\times0.26+8\times0.18+9\times0.20+7\times0.14=8.76$

F_C 得分 $=9\times0.22+10\times0.26+7\times0.18+8\times0.20+8\times0.14=8.56$

F_D 得分 $=8\times0.22+9\times0.26+8\times0.18+7\times0.20+10\times0.14=8.34$

F_E 得分 $=7\times0.22+8\times0.26+10\times0.18+6\times0.20+9\times0.14=7.88$

总得分 $=8.72+8.76+8.56+8.34+7.88=42.26$

功能系数计算：

$\phi_A=8.72\div42.26=0.206$

$\phi_B=8.76\div42.26=0.207$

$\phi_C=8.56\div42.26=0.203$

$\phi_D=8.34\div42.26=0.197$

$\phi_E=7.88\div42.26=0.186$

②确定成本系数和价值系数：

成本系数和价值系数的计算见下表，在五个方案中，D 方案价值系数最大，所以 D 方案为最优方案。

方案名称	单方造价（元/m^2）	成本系数	功能系数	价值系数	最优方案
A	2 200.00	0.220	0.206	0.936	
B	2 100.00	0.210	0.207	0.986	
C	2 000.00	0.200	0.203	1.015	
D	1 900.00	0.190	0.197	1.037	最优
E	1 800.00	0.180	0.186	1.033	
合计	10 000.00	1.000	1.000		

③施工方案的技术经济指标体系：

工程成本：包括单位工程量成本、工程成本降低率（或成本节约额）、工料节约率（或主要材料消耗指标）、劳动生产率（或劳动力消耗）、机械利用率。

工程工期：包括工期、施工均衡性、竣工率。

工程质量：包括合格品率、优良品率。

其他：包括施工机械化程度、安全生产、文明施工。

2.2 公路工程施工方案比选

【案例 12】 某桥梁工程上部构造设计为 40m 跨径的预应力混凝土 T 形梁，有两种方案可供选择。方案 A 为预制安装 T 形梁，方案 B 为搭支架现浇 T 形梁。

已知：每片梁的混凝土数量为 25m^3，每孔由 6 片梁组成，混凝土拌和站的场地处理费用为 250 000 元，拌和站的设备摊销及维修费用为 15 000 元/月；现浇 T 形梁混凝土的费用为 610 元/ m^3，预制安装 T 形梁混凝土的费用为 720 元/ m^3；现浇混凝土运输费用为 20 元/ m^3，预制构件运输费用为 25 元/ m^3；大型预制构件底座的费用为 26 000 元，现场支架的费用为 130 元/ m^3；现浇一孔 T 形梁时间为 50 天，每片梁的预制周期为 8 天。

问题：

(1)当混凝土数量为多少时，A、B 两个方案的施工成本是一致的？

(2)假设该桥梁的长度为 405m，此时 A、B 两个方案哪一个更经济？

分析要点：

本案例主要考核 T 形梁采用预制安装和直接现浇两种施工方案时费用的比选。

根据题意，T 形梁的预制安装成本要考虑拌和场地、拌和设备摊销及维护、大型预制构件底座费用和每预制安装 $1m^3$ 混凝土的费用。而现浇混凝土的成本为场地处理费用、现浇、混凝土运输及现场支架等费用。其中，要特别注意现浇或预制混凝土需要时间不同对费用摊销的影响。

参考答案：

(1)A、B 方案施工成本一致时的混凝土数量

假设当 T 形梁数量为 Q 片梁时，A、B 两个方案的施工成本是一致的，则：

A 方案的施工成本：$250\ 000+15\ 000\times Q\times 8\div 30+25\times Q\times(720+25)+26\ 000$

B 方案的施工成本：$250\ 000+15\ 000\times Q\times 50\div 30\div 6+25\times Q\times(610+20+130)$

因此，$Q=48$(片梁)

则 T 形梁混凝土数量：$48\times 25=1\ 200(m^3)$

即，当混凝土数量为 $1\ 200m^3$ 时，A、B 两个方案的施工成本是一致的。

(2)A、B 方案的经济性比较

当桥梁长度为 405m 时，其孔数应：$405\div 40=10.125\approx 10$(孔)

即应为 10 孔，则 T 形梁数量：$10\times 6=60$(片梁)

此时，A 方案的施工成本：$250\ 000+15\ 000\times 60\times 8\div 30+25\times 60\times(720+25)+26\ 000$

$=1\ 633\ 500$(元)

此时，B 方案的施工成本：$250\ 000+15\ 000\times 60\times 50\div 30\div 6+25\times 60\times(610+20+130)$

$=164\ 000$(元)

由于 1 640 000 元大于 1 633 500 元，因此，A 方案比 B 方案经济，即此时应采用预制安装的施工方案。

【案例 13】　某涵洞工程混凝土总需要量为 $5\ 000m^3$，混凝土工程施工有两种方案可供选择。方案 A 为现场制作，方案 B 为购买商品混凝土。已知商品混凝土的平均单价为 410 元/m^3，现场混凝土的单价计算公式为：

$$C=\frac{C_1}{Q}+\frac{C_2\times T}{Q}+C_3$$

式中：C——现场制作混凝土的单价(元/m^3)；

C_1——现场搅拌站一次性投资(元)，本工程为 200 000 元；

C_2——搅拌站设备的租金及维修费(与工期有关的费用)(元/月)，本工程为 15 000 元/月；

C_3——现场搅拌混凝土所需的费用(与混凝土数量有关的费用)(元/m^3)，本工程为 320 元/m^3；

Q——现场搅拌混凝土的数量(m^3)；

T——工期(月)。

问题：

若混凝土施工工期不同时，A、B 两个方案哪一个经济？当混凝土施工工期为 12 个月时，现场制作混凝土最少为多少立方米才比购买商品混凝土经济？

分析要点：

本案例主要考核运用给定的技术经济指标进行混凝土施工方案的分析与选择。

参考答案：

采用的方案与工期的关系，当 A、B 两个方案的成本相同时，工期 T 满足以下关系：

$$200\ 000 \div 5\ 000 + 15\ 000 \times T \div 5\ 000 + 320 = 410$$

$$T = (410 - 320 - 200\ 000 \div 5\ 000) \div 15\ 000 \times 5\ 000 = 16.67(\text{月})$$

由此可得到以下结论：

当工期 T 为 16.67 个月时，A、B 两个方案成本相同；

当工期 T 小于 16.67 个月时，A 方案比 B 方案经济；

当工期 T 大于 16.67 个月时，B 方案比 A 方案经济。

当工期 T 为 12 个月时，现场制作混凝土的最少数量为：

设最少数量为 x，则有 $200\ 000 \div x + 15\ 000 \times 12 \div x + 320 = 410$

$$x = (200\ 000 + 15\ 000 \times 12) \div (410 - 320) = 4\ 222.22(\text{m}^3)$$

即当 $T = 12$ 个月时，现场制作混凝土的数量必须大于 4 222.22m^3 才比购买商品混凝土经济。

【案例 14】 某高速公路沥青路面项目，路线长 36km，行车道宽度 22m，沥青混凝土厚度 18cm。在距路线两端 1/3 处各有 1 处较平整场地适宜设置沥青拌和场，上路距离均为 200m，根据经验估计每设置 1 处拌和场的费用约为 90 万元。施工组织提出了设 1 处和 2 处拌和场的两种施工组织方案进行比选。

问题：

假设施工时工料机价格水平与定额基价一致，请从经济角度出发，选择费用较省的施工组织方案？

分析要点：

本案例主要考查综合平均运距、运量及运价的计算。计算中要注意以下几点：

(1)综合平均运距计算实际上就是平均运距 × 运量的权重。

(2)自卸汽车运输稳定土混合料、沥青混合料和水泥混凝土，综合平均运距在 15km 以内时，当运距超过第一个定额运距单位时，其运距尾数不足一个增运定额单位的半数时不计，等于或超过半数时按一个增运定额运距单位计算。

(3)沥青混合料运输基价参照《公路工程预算定额》上册第 161 页。

参考答案：

(1)混合料综合平均运距计算

①设置 1 处拌和场：

拌和场设置在路线 1/3 处，距路线起终点分别为 12km 和 24km，平均运距分别为 6km 和 12km，其混合料综合平均运距：$(6 \times 12 + 12 \times 24) \div 36 + 0.2 = 10.2(\text{km})$

0.2km 不足一个增运定额单位(0.5km)的半数，平均运距按 10km 计算。

②设置 2 处拌和场：

拌和场设置在距路线两端 1/3 处，两个拌和场供料范围均为 18km，每个拌和场距其供料路段的起终点分别为 12km 和 6km，平均运距分别为 6km 和 3km，其混合料综合平均运距：$(6\times12+3\times6)\div18+0.2=5.2$(km)

0.2km 不足一个增运定额单位(0.5km)的半数，平均运距按 5km 计算。

(2)混合料运输费用计算

混合料工程量：$0.18\times22\times36\ 000=142\ 560$($m^3$)

设置 1 处拌和场时混合料运输费用：$(5\ 473+445\times18)\times142\ 560\div1\ 000=1\ 922\ 136$(元)

设置 2 处拌和场时混合料运输费用：$(5\ 473+500\times8)\times142\ 560\div1\ 000=1\ 350\ 471$(元)

(3)两方案的经济性比较

设置 1 处拌和场时的综合费用：$900\ 000+1\ 922\ 136=2\ 822\ 136$(元)

设置 2 处拌和场时的综合费用：$900\ 000\times2+1\ 350\ 471=3\ 150\ 471$(元)

由于设置 1 处拌和场的综合费用低于设置 2 处拌和场的综合费用，从经济角度出发，推荐设置 1 处拌和场的施工组织方案。

【案例 15】　某桥梁工程全长 460m，上部构造为 15×30m 预应力 T 形梁，上部构造施工有两种方案可供选择。方案 A 为现场预制 T 形梁，方案 B 为购买半成品 T 形梁。

已知：每片 T 梁混凝土方量为 25m^3，每孔桥由 6 片梁组成。半成品 T 形梁的购买单价为 15 000 元/片，运输费用为 20 元/m^3。现场预制梁混凝土拌和站安拆及场地处理费为 30 万元，预制底座费用为 30 000 元/个，现场混凝土预制费用为 400 元/m^3，现场预制其他费用为 2 万元/月，每片梁预制周期为 10 天。

问题：

假设 T 形梁预制工期为 8 个月，请从经济角度比较 A、B 两个方案的优劣。

分析要点：

本案例主要考核现场预制 T 形梁和购买 T 形梁之间的差别。根据题意，现场预制中应考虑拌和站安拆及场地处理费用、预制底座费用、混凝土预制费用及其他费用。而预制底座费用跟预制周期及预制其他费用和工期有关，应在答题中予以重视。

参考答案：

(1)预制底座数量的计算

T 形梁片数的计算：$15\times6=90$(片)

T 形梁混凝土数量的计算：$90\times25=2\ 250$(m^3)

T 形梁预制周期为 10 天，8 个月工期每个底座可预制 $8\times3=24$(片)

预制底座数量的计算：$90\div24=3.75$(个)

因此，应设置 4 个底座。

(2)A 方案、B 方案的经济性比较

A 方案费用的计算：$300\ 000+4\times30\ 000+2\ 250\times400+20\ 000\times8=1\ 480\ 000$(元)

B 方案费用的计算：$(15\ 000+20\times25)\times90=1\ 395\ 000$(元)

因为 A 方案费用高于 B 方案费用，因此，从经济角度比较，B 方案优于 A 方案。

【案例 16】　某公路工程公司承担基坑土方施工，基坑深为 4.0m，土方量为 15 000m^3，运土距离按平均 5km 计算，计算工期为 10 天。公司现有斗容量 0.5m^3、0.75m^3、1.00m^3 液压挖掘机各两台及 4t、8t、15t 自卸汽车各 10 台，其主要参数如下：

挖掘机：

型号	WY50	WY75	WY100
斗容量(m^3)	0.5	0.75	1.00
台班产量(m^3)	420	558	690
台班价格(元/台班)	475	530	705

自卸汽车：

载质量能力	4t	8t	15t
运距 5km 台班产量(m^3)	40	62	103
台班价格(元/台班)	296	411	719

问题：

(1)挖掘机与自卸汽车按表中型号只能各取 1 种，如何组合最经济？其每 m^3 土方挖、运、卸的直接费为多少元？

(2)若按两班制组织施工，则需要配备几台挖掘机和几台自卸汽车？

(3)按照确定的机械配备，完成基坑土方开挖任务需要多长时间？

分析要点：

本题主要考核机械设备配备的经济组合。按单位费用最低的原则选取机械型号，计算直接费和机械需要量。

参考答案：

(1)最经济组合

挖掘机挖每 m^3 土的费用为：WY50：$475 \div 420 = 1.13$(元/m^3)

WY75：$530 \div 558 = 0.95$(元/m^3)

WY100：$705 \div 690 = 1.02$(元/m^3)

自卸汽车运每 m^3 土的费用为：4t：$296 \div 40 = 7.40$(元/m^3)

8t：$411 \div 62 = 6.63$(元/m^3)

15t：$719 \div 103 = 6.98$(元/m^3)

因此，最经济的组合应该是 WY75 挖掘机与 8t 自卸汽车，其每 m^3 土方挖、运、卸的直接费为：$0.95 + 6.63 = 7.58$(元/m^3)。

(2)每天需要的挖掘机和自卸汽车数量

根据最经济组合，每天需要的挖掘机台数与自卸汽车台数的比例为：$558 \div 62 = 9$，即每台 WY75 配备 9 台 8t 自卸汽车。

$15\,000 \div (558 \times 10 \times 2) = 1.34$(台)

取每天配备 WY75 挖掘机 2 台，则每天需 8t 自卸汽车 $2 \times 9 = 18$，由于该施工单位仅有 10 台 8t 自卸汽车，因此，应考虑用 15t 自卸汽车来代替，每天需 15t 自卸汽车 $8 \times 62 \div 103 = 4.82$，按 5 台配备。

即：每天配备 WY75 挖掘机 2 台，8t 自卸汽车 10 台，15t 自卸汽车 5 台。

(3)按照上述机械配备，完成此基坑开挖工程需要的工期

按挖掘机计算的工期为：$15\,000 \div (558 \times 2 \times 2) = 6.72$(天)

按自卸汽车计算的工期为：$15\,000 \div (62 \times 10 \times 2 + 103 \times 5 \times 2) = 6.61$(天)

即：完成基坑土方开挖需 6.72 天。

第3章　定额管理

【案例17】　人工挖路基土方，土为普通土。挖 $1m^3$ 需消耗基本工作时间 60min，辅助工作时间占工作班连续时间的2%，准备与结束工作时间占工作班连续时间的2%，不可避免的中断时间占工作班连续时间的1%，休息时间占工作班连续时间的15%。

问题：

(1)计算该人工挖普通土劳动定额的时间定额。

(2)计算该人工挖普通土劳动定额的产量定额。

分析要点：

本案例主要考核劳动定额的编制及计算方法。分析思路如下：

首先，确定完成 $1m^3$ 普通土开挖需要的工作班延续时间 x，

x = 基本工作时间 + 辅助工作时间 + 准备与结束工作时间 + 中断时间 + 休息时间

然后，计算完成 $1m^3$ 普通土开挖需要的时间定额和产量定额。

参考答案：

(1)时间定额

假定完成 $1m^3$ 普通土开挖需要的工作班延续时间为 x，

则：$x = 60 + 2\%x + 2\%x + 1\%x + 15\%x$

$x = 60 \div (1 - 2\% - 2\% - 1\% - 15\%) = 75(\text{min})$

若每工日按8h计算，则人工挖 $1m^3$ 普通土需要的时间定额为：

$x \div 60 \div 8 = 75 \div 60 \div 8 = 0.15625$（工日/$m^3$）

(2)产量定额

产量定额 = 1 ÷ 时间定额 = 1 ÷ 0.156 25 = 6.40（m^3/工日）

【案例18】　某工作采用统计分析法编制劳动定额，有关统计数据见下表：

项　目	数据组编号								
	1	2	3	4	5	6	7	8	9
完成的工程量(件)	2	5	12	3	7	4	6	10	2
消耗时间(min)	85	190	450	126	266	165	240	368	78

根据经验，在工作期间，准备与结束工作时间约占总时间的5%，由于材料供应或停电造成的停工时间约占总时间的10%，不可避免的休息时间约占10%。

问题：

请根据上述资料按平均先进水平编制该工作的产量定额。(计算时均取三位小数)

分析要点：

本案例主要考核平均、先进平均和平均先进的概念和定额时间应包含的内容。可按算术平均和加权平均两种平均计算方法进行计算。

参考答案：

(1)按算术平均方法计算

①完成每件产品的耗时：见下表。

项　目	数据组编号								
	1	2	3	4	5	6	7	8	9
完成每件产品耗时(min)	42.5	38	37.5	42	38	41.25	40	36.8	39

②完成每件产品的平均耗时：(42.5+38+37.5+42+38+41.25+40+36.8+39)÷9 =39.45(min/件)

③完成每件产品的先进平均耗时：(38+37.5+38+36.8+39)÷5=37.86(min/件)

④完成每件产品的平均先进耗时：(37.86+39.45)÷2=38.655(min/件)

⑤扣除非定额时间的影响，完成每件产品的定额时间：38.655×(1-10%) =34.79(min/件)

⑥产量定额：8×60÷34.79=13.797(件/工日)

(2)按加权平均方法计算

①完成每件产品的耗时，同算术平均计算方法。

②完成每件产品的平均耗时：(85+190+450+126+266+165+240+368+78)÷(2+5+12+3+7+4+6+10+2)=38.588(min/件)

③完成每件产品的先进平均耗时：(190+450+266+368)÷(5+12+7+10) =37.471(min/件)

④完成每件产品的平均先进耗时：(37.471+38.588)÷2=38.03(min/件)

⑤扣除非定额时间的影响，完成每件产品的定额时间：38.03×(1-10%) =34.227(min/件)

⑥产量定额：8×60÷34.227=14.024(件/工日)

【案例19】 某混凝土工程的观察测时，对象是6名工人，符合正常的施工条件，整个过程完成的工程量为32m^3混凝土。基本工作时间300min，因没有水泥而停工时间15min，因停电耽误时间12min，辅助工作时间占基本工作时间1%，准备结束时间为20min，工人上班迟到时间8min，不可避免中断时间测时为10min，休息时间占定额时间的20%，下班早退时间5min。

问题：

试计算时间定额和产量定额。

分析要点：

本题主要考核劳动定额的编制及计算方法，同时考查定额时间的组成，按以下思路解答：

(1)确定完成每立方米混凝土工作的定额时间：

定额时间=基本工作时间+辅助工作时间+准备与结束工作时间+不可避免中断时间+休息时间

除上述五项时间外，其他时间如停工时间、迟到早退时间等不能算作定额时间，不参与计算。

(2)根据定额时间计算时间定额：

$$时间定额=\frac{班组成员工日数总和}{班组完成产品数量总和}$$

(3)根据时间定额,按照时间定额和产量定额互为倒数,计算产量定额。

参考答案:

(1)设定额时间为 x,则有:$x = 300 + 300 \times 1\% + x \times 20\% + 20 + 10$

$$x = 416.25\ (\text{min})$$

(2)时间定额:$\dfrac{416.25 \times 6}{60 \times 8 \times 32} = 0.163$ (工日/m^3)

(3)产量定额:$\dfrac{1}{0.163} = 6.135$ (m^3/工日)

【案例 20】 用工作量写实法,确定钢筋工程施工定额中的劳动定额。已知准备机具等消耗时间 10min,钢筋切断消耗时间 30min,钢筋弯曲消耗时间 20min,调直钢筋消耗时间 52min,焊接成型消耗时间 350min,操作过程中由于供料不足停工 20min,由于停电造成停工 5min,操作完成后清理工作消耗 8min。

问题:

(1)计算钢筋施工所消耗的基本工作时间。

(2)计算钢筋施工所消耗的定额时间。

(3)若在上述时间内完成的钢筋数量为 1.25t,参加施工的人员为 5 人,试计算劳动定额。

分析要点:

本案例主要考核劳动定额的编制及计算方法。

由于停电造成的停工属于非施工本身造成的停工时间,在确定定额时可不予考虑;而由于供料不足造成的停工时间属于施工本身造成的停工时间,在确定定额时不应考虑;由于重新焊接消耗的时间并不能增加产品数量,属于多余的时间损失,在确定定额时也不应考虑。

参考答案:

(1)计算基本工作时间

基本工作时间等于钢筋调直、切断、弯曲、焊接成型所消耗的时间之和,即:30 + 20 + 52 + 350 = 452(min)

(2)计算定额时间

定额时间等于基本工作时间、辅助工作时间、准备与结束时间、不可避免中断时间和休息的时间之和,即:452 + 10 + 8 = 470(min)

(3)计算劳动定额

钢筋施工的时间定额:470 ÷ 60 ÷ 8 × 5 ÷ 1.25 = 3.917(工日/t)

其产量定额:1 ÷ 3.917 = 0.255(t/工日)

【案例 21】 用测时法进行人工挖基坑土方定额的测定,现场测定情况如下表所示:

观察项目	工　种	时间产量	观测资料			
			第　次	第二次	第二次	第四次
挖土出坑	普通工	工人数量(人)	7	11	6	8
		耗时(min)	446	258	262	368
		产量(m^3)	27	24.1	13.5	25.2

续上表

观察项目	工　种	时间产量	观测资料			
			第一次	第二次	第三次	第四次
清理整修坑底、坑壁	普通工	工人数量(人)	7	5	6	4
		耗时(min)	25	26	28	20
		产量(m^2)	35	25	30	15
手推车运 20m	普通工	工人数量(人)	7	8	6	4
		耗时(min)	110	120	121	128
		产量(m^3)	19.8	25.9	18.7	13.4

假定基坑体积为 $75m^3$,清理整修坑底、坑壁面积为 $36m^2$,运土体积为回填后多余的土体,体积为 32 m^3,不考虑运土便道。

据经验,估计非工作耗时(指准备工作时间、合理中断和休息及结束整理时间)占定额时间的 15%。

问题:

请用上述资料计算人工挖基坑土方的劳动定额,定额单位取 10 m^3。工作内容为:人工挖、装基坑土方并运出坑外,20m 内弃土,清理坑底、坑壁。

分析要点:

本案例主要考核劳动定额的编制及计算方法。测时法得到的测时资料进行整理,一般有平均法和图形整理法。平均法又有加权平均法和算术平均法,一般与工程量有关的测时资料整理,应采用加权平均法;与工程规格有关的应采用图形整理法。

参考答案:

(1)按加权平均的方法计算

①计算挖土出坑的定额时间。

挖土出坑基本时间耗时:$(7\times446+11\times258+6\times262+8\times368)\div(27+24.1+13.5+25.2)$

$=116.659(min/m^3)$

挖土出坑定额时间耗时:$116.659\div(1-15\%)=137.246(min/m^3)$

②计算清理整修坑底坑壁的定额时间。

清理整修坑底、坑壁基本时间耗时:$(7\times25+5\times26+6\times28+4\times20)\div(35+25+30+15)$

$=5.267(min/m^2)$

清理整修坑底、坑壁定额时间耗时:$5.267\div(1-15\%)=6.196(min/m^2)$

③计算的推车运土的定额时间。

手推车运土基本时间耗时:$(7\times110+8\times120+6\times121+4\times128)\div(19.8+25.9+18.7+13.4)$

$=38.149(min/m^3)$

手推车运土定额时间耗时:$38.149\div(1-15\%)=44.881(min/m^3)$

④计算挖基坑土方的劳动定额。

挖基坑定额时间:$137.246\times75+6.196\times36+44.881\times32=11\,952.698$ (min)

挖基坑的劳动定额:$11\,952.698\div60\div8\div75\times10=3.320$(工日/$10m^3$)

(2)按算术平均的方法计算

①计算挖土出坑的定额时间。

挖土出坑基本时间耗时：$(7\times446\div27+11\times258\div24.1+6\times262\div13.5+8\times368\div25.2)\div4$

$=116.665(min/m^3)$

挖土出坑定额时间耗时：$116.665\div(1-15\%)=137.253(min/m^3)$

②计算清理整修坑底坑壁的定额时间。

清理整修坑底、坑壁基本时间耗时：$(7\times25\div35+5\times26\div25+6\times28\div30+4\times20\div15)\div4$

$=5.283(min/m^2)$

清理整修坑底、坑壁定额时间耗时：$5.283\div(1-15\%)=6.216(min/m^2)$

③计算的推车运土的定额时间。

手推车运土基本时间耗时：$(7\times110\div19.8+8\times120\div25.9+6\times121\div18.7+4\times128\div13.4)\div4$

$=38.247(min/m^3)$

手推车运土定额时间耗时：$38.247\div(1-15\%)=44.996(min/m^3)$

④计算挖基坑土方的劳动定额。

挖基坑定额时间：$137.253\times75+6.216\times36+44.996\times32=11\ 957.623\ (min)$

挖基坑的劳动定额：$11\ 957.623\div60\div8\div75\times10=3.322$（工日/$10m^3$）

【案例22】　用工作日写实法测算某项工作的测时数据如下表所示：

项　目	测时编号							
	1	2	3	4	5	6	7	8
完成的工作量(件)	12	24	32	10	15	20	20	25
消耗时间(h)	19.2	25.8	32.8	14.9	18.3	18.9	21.3	23.5

问题：

假定该工作的非工作耗时（指准备工作时间、合理中断和休息时间及结束整理时间）占定额时间的11%，请确定施工定额。（计算时均取三位小数）

分析要点：

本案例主要考核劳动定额的编制及计算方法。掌握几种测定定额的方法，并掌握各种测定定额的方法所得到的原始数据，对原始数据进行处理分析。

参考答案：

(1)完成每件产品的耗时：见下表。

项　目	测时编号							
	1	2	3	4	5	6	7	8
完成每件产品耗时(h)	1.6	1.075	1.025	1.49	1.22	0.945	1.065	0.94

(2)完成每件产品的平均耗时：$(1.6+1.075+1.025+1.49+1.22+0.945+1.065+0.94)\div8$

$=1.17$（h/件）

(3)完成每件产品的先进平均耗时：$(1.075+1.025+0.945+1.065+0.94)\div5$

$=1.01$（h/件）

(4)完成每件产品的平均先进耗时：$(1.17+1.01)\div2=1.09$（h/件）

(5)完成每件产品的施工定额：$1.09\div(1-11\%)\div8=0.153$（工日/件）

【案例23】　某工作用经验估计法测定定额，聘请了10名有各种经验的专家对每完成1

件产品进行背对背调查,调查结果经初步分析见下表:

	时间消耗较少的组			时间消耗中等的组				时间消耗较多的组		
专家	1	2	3	4	5	6	7	8	9	10
时间(h)	8.4	8.6	8.8	10.4	10.6	10.8	10.2	15.4	15.6	15.8

问题:

根据上述资料,用经验估计法编制施工定额的劳动消耗定额,定额水平为平均先进水平(有70%的工人达不到的水平)。已知,完成工作的概率与标准离差系数见下表:

λ	P(λ)	λ	P(λ)	λ	P(λ)	λ	P(λ)
0.0	0.50	-1.3	0.10	0.0	0.50	1.3	0.90
-0.1	0.46	-1.4	0.08	0.1	0.54	1.4	0.92
-0.2	0.42	-1.5	0.07	0.2	0.58	1.5	0.93
-0.3	0.38	-1.6	0.05	0.3	0.62	1.6	0.95
-0.4	0.34	-1.7	0.04	0.4	0.66	1.7	0.96
-0.5	0.31	-1.8	0.04	0.5	0.69	1.8	0.96
-0.6	0.27	-1.9	0.03	0.6	0.73	1.9	0.97
-0.7	0.24	-2.0	0.02	0.7	0.76	2.0	0.98
-0.8	0.21	-2.1	0.02	0.8	0.79	2.1	0.98
-0.9	0.18	-2.2	0.01	0.9	0.82	2.2	0.99
-1.0	0.16	-2.3	0.01	1.0	0.84	2.3	0.99
-1.1	0.14	-2.4	0.01	1.1	0.86	2.4	0.99
-1.2	0.12	-2.5	0.01	1.2	0.88	2.5	0.99

分析要点:

本案例主要考核用经验估计法编制劳动定额的计算方法。计算分析步骤如下:

(1)先计算乐观时间 a、悲观时间 b 和正常时间 c,根据已知数据用算术平均法计算;

(2)计算平均时间 $M=(a+4c+b)/6$;

(3)计算标准偏差 $\delta=(b-a)/6$;

(4)根据概率计算定额时间 $T=M+\delta\times\lambda$;

(5)根据定额时间确定劳动定额。

参考答案:

(1)计算乐观时间 a、悲观时间 b 和正常时间 c:

$a=(8.4+8.6+8.8)/3=8.6$(h)

$b=(15.4+15.6+15.8)/3=15.6$(h)

$c=(10.4+10.6+10.8+10.2)/4=10.5$(h)

(2)计算平均时间 $M=(8.6+4\times10.5+15.6)/6=11.03$(h)

(3)计算标准偏差 $\delta=(15.6-8.6)/6=1.17$

(4)根据题目要求的水平为有70%的工人达不到的水平,即有30%的工人能够达到的水平,查表得 $\lambda=-0.525$,则:$T=11.03+1.17\times(-0.525)=10.42$(h)

(5)时间定额:$10.42\div8=1.303$(工日/件)

产量定额:1 ÷1.303 =0.767(件/工日)

【案例24】 某工作用统计分析法编制定额,定额编制人员收集了前三年的施工统计资料,将施工统计资料进行了初步筛选,完成 $1m^3$ 隧道洞内工程消耗的人工和机械的作业时间见下表:

组数	1	2	3	4	5	6	7	8	9	10	11	12
人工(h)	24	25	23	26	27	30	36	33	35	24	35	26
机械(min)	210	223	226	258	250	261	246	268	272	221	236	246

问题:

(1)根据上述资料编制施工定额的劳动消耗定额和机械消耗定额。

(2)结合案例23所提供的概率与标准离差系数表,评价定额水平。

分析要点:

本案例主要考查用统计分析法编制劳动定额的计算方法。计算分析步骤如下:

(1)先计算平均实耗工时 $M=\frac{\sum_{i=1}^{n}t_i}{n}$;

(2)计算先进平均的实耗工时;

(3)计算平均先进工时 $=\frac{\text{平均实耗工时}+\text{先进平均的实耗工时}}{2}$;

(4)计算时间定额和产量定额,隧道工作洞内工程每工日(台班)按7h计算;

(5)计算标准偏差,进行概率分析,评价定额水平。

参考答案:

(1)平均实耗工时的计算

$$M_{\text{人}}=\frac{24+25+23+26+27+30+36+33+35+24+35+26}{12}=28.67(\text{h})$$

$$M_{\text{机}}=\frac{210+223+226+258+250+261+246+268+272+221+236+246}{12}$$

$$=243.08(\text{min})$$

(2)先进平均工时计算

$$M'_{\text{人}}=\frac{24+25+23+26+27+24+26}{7}=25(\text{h})$$

$$M'_{\text{机}}=\frac{210+223+226+221+236}{5}=223.2(\text{min})$$

(3)平均先进工时计算

人工:$\frac{28.67+25}{2}=26.84(\text{h})$

机械:$\frac{243.08+223.2}{2}=233.14(\text{min})$

(4)确定施工定额

人工:时间定额 $=\frac{26.84}{7}=3.83$ (工日/m^3)

产量定额 =1/3.83 =0.26(m^3/工日)

机械：时间定额 $= \frac{233.14}{60 \times 7} = 0.56$（台班/$m^3$）

产量定额 $= 1/0.56 = 1.79$（m^3/台班）

（5）计算标准偏差，评价定额水平

由公式 $\delta = \sqrt{\frac{\sum_{i=1}^{n}(M-t_i)^2}{n}}$ 得：

人工：$\delta = \sqrt{\frac{\sum_{i=1}^{n}(M-t_i)^2}{n}} = \sqrt{\frac{\sum_{i=1}^{n}(28.67-t_i)^2}{12}} = 4.66$

$$\lambda = \frac{T-M}{\delta} = \frac{26.84-28.67}{4.66} = -0.39$$

查表得 $P(-0.39) = 34.4\%$，即有34.4%的工人能够完成该定额。

机械：$\delta = \sqrt{\frac{\sum_{i=1}^{n}(M-t_i)^2}{n}} = \sqrt{\frac{\sum_{i=1}^{n}(243.08-t_i)^2}{12}} = 19.13$

$$\lambda = \frac{T-M}{\delta} = \frac{233.14-243.08}{19.13} = -0.52$$

查表得 $P(-0.52) = 30.2\%$，即有30.2%的机械能够完成该定额。

由上述计算可知：34.4%的工人能够完成该定额，30.2%的机械能够完成该定额，即有65.6%的工人和69.8%的机械达不到定额水平，证明该定额水平是平均先进水平，大多数（60%～80%）工人要经过努力才能达到。

【案例25】 测算某工作的施工定额，各专家的测时数据表明，完成某工作的所需时间数据如下表所示：

项目内容	组数								
	1	2	3	4	5	6	7	8	9
完成的工程量(件)	15	25	30	10	15	20	25	30	20
总时间(h)	34.5	65	81	21	33	48	68	84	50
平均时间(h)	2.3	2.6	2.7	2.1	2.2	2.4	2.72	2.8	2.5

问题：

（1）求出施工定额。

（2）用较高精度的方法求出施工定额。

（3）用评价定额水平的方法求出施工定额。

分析要点：

本案例主要考查编制劳动定额的计算方法。根据题目要求的三个问题可知，求施工定额应采用算术平均法；用较高精度的方法求施工定额应采用加权平均法；用评价定额水平的方法求出施工定额应采用统计分析法计算，并评价定额水平。

参考答案：

（1）求施工定额

测时数列算术平均值：$x = \frac{2.3+2.6+2.7+2.1+2.2+2.4+2.72+2.8+2.5}{9}$

$= 2.48$

时间定额：$\frac{2.48}{8}=0.31$（工日/件）

产量定额：$\frac{1}{0.31}=3.23$（件/工日）

(2)用较高精度的方法求出施工定额

测时数列加权平均值：$\bar{x}=\frac{34.5+65+81+21+33+48+68+84+50}{15+25+30+10+15+20+25+30+20}=2.55$（h/件）

时间定额：$\frac{2.55}{8}=0.32$（工日/件）

产量定额：$\frac{1}{0.32}=3.13$（件/工日）

(3)用评价定额水平的方法求出施工定额

先进平均工时：$\frac{34.5+21+33+48+50}{15+10+15+20+20}=2.33$（h/件）

平均先进定额工时：$\frac{2.55+2.33}{2}=2.44$（h/件）

时间定额：$\frac{2.44}{8}=0.305$（工日/件）

产量定额：$\frac{1}{0.305}=3.28$（件/工日）

$$\delta=\sqrt{\frac{\sum_{i=1}^{n}(M-t_i)^2}{n}}=\sqrt{\frac{\sum_{i=1}^{n}(2.55-t_i)^2}{9}}=0.24$$

$$\lambda=\frac{T-M}{\delta}=\frac{2.44-2.55}{0.24}=-0.46$$

查完成工作的概率与标准离差系数表得 P(−0.46)=0.32，即有 32% 的工人可达到定额水平，有 68% 的工人达不到定额，证明该定额水平是平均先进，大多数(60% ~80%)工人要经过努力才能达到。

【案例 26】 用工作量写实法，确定自卸汽车运输路基土方(装载机装车)的机械定额。已知各项基础参数如下表所示：

项　目	装车时间	卸车时间	调位时间	等待时间	运行时间	
					重载	空车
时间消耗(min)	3.305	1.325	1.250	1.000	11.952	10.676

问题：

(1)假定时间利用系数为 0.9，请问其循环工作时间和台班循环次数是多少？

(2)假定自卸汽车的车箱容积为 8m^3，每天施工 12h，每天准备机具和保养等消耗的时间为 10min，试计算其每 1 000m^3 时间定额。

分析要点：

本案例主要考核机械定额的编制及计算方法。机械定额的编制步骤如下：

(1)确定机械 1h 纯正常生产率

机械纯工作的工作时间就是定额时间：满载和有根据降低负荷的工作时间、不可避免的无负荷工作时间、必要的中断时间。

循环工作时间 = 装车时间 + 卸车时间 + 调位时间 + 等待时间 + 运行时间

(2)确定机械的正常利用系数

(3)计算施工机械定额：

施工机械台班产量定额 = 机械 1h 纯工作正常生产率 × 工作班纯工作时间

或：

施工机械台班产量定额 = 机械 1h 纯工作正常生产率 × 工作班延续时间 × 机械正常利用系数

参考答案：

(1)计算循环工作时间

循环工作时间 = 装车、卸车、调位、等待、运行所消耗的时间之和，即：

3.305 + 1.325 + 1.250 + 1.000 + 11.952 + 10.676 = 29.508(min)

(2)计算台班循环次数

台班循环次数 = 台班工作时间 × 时间利用系数 ÷ 循环工作时间，即：

8 × 60 × 0.9 ÷ 29.508 = 14.64(次)

(3)计算时间定额

每天施工 12h，自卸汽车的循环次数：(12 × 60 − 10) × 0.9 ÷ 29.508 = 21.655(次)

每天完成的土方数量：21.655 × 8 = 173.241(m^3)

时间定额：12 ÷ 8 ÷ 173.241 × 1 000 = 8.659(台班/1 000m^3)

【案例 27】 某路基土方工程，设计计算有天然密实方 6 000m^3，采用 0.5 m^3 的反铲挖掘机挖土，载质量 5t 的自卸汽车运土，经现场测试的有关数据如下：

(1)假设土的松散系数为 1.2，松散状态密度为 1.65t/m^3；

(2)假设挖掘机的铲斗充盈系数为 1.0，每循环 1 次为 2min，机械时间利用系数为 0.85；

(3)自卸汽车每一次装卸往返需 24min，时间利用系数为 0.80。(注"时间利用系数"仅限于计算机械定额时使用)

问题：

(1)所选挖掘机、自卸汽车的台班产量是多少？

(2)所需挖掘机、自卸汽车各多少个台班？

(3)完成 1 000 m^3 天然密实土，挖掘机、自卸汽车的时间定额是多少？

(4)如果要求在 20 天内完成土方工程，至少需用多少台挖掘机和自卸汽车？

分析要点：

本例主要考查机械台班定额消耗量的确定，其基本步骤及计算方法如下。

(1)确定机械纯工作 1h 的正常生产率。对于循环动作的机械，计算公式为：

机械纯工作 1h 的正常生产率 = 机械纯工作 1h 正常循环次数 × 1 次循环产量

(2)确定机械的正常利用系数，即确定机械在工作班内对工作时间的利用率。

(3)计算机械台班定额。计算公式为：

施工机械台班产量定额 = 机械 1h 纯工作正常生产率 × 工作班纯工作时间 = 机械 1h 纯工作正常生产率 × 工作班延续时间 × 机械正常利用系数

$$施工机械时间定额 = \frac{1}{机械台班产量定额}$$

参考答案：

(1)计算挖掘机、自卸汽车的台班产量

①挖掘机的台班产量。

每小时正常循环次数：60 ÷ 2 = 30(次)

纯工作1h正常生产率：30 × 0.5 × 1.0 = 15(m^3/h)

时间利用系数：0.85

台班产量：8 × 0.85 × 15 = 102(m^3/台班)

②自卸汽车台班产量。

每小时正常循环次数：60 ÷ 24 = 2.5(次)

纯工作1h正常生产率：2.5 × 5 ÷ 1.65 = 7.58(m^3/h)

(注：此处注意土的质量与体积的换算，即$1m^3 = 1.65t$。)

时间利用系数：0.80

台班产量：8 × 0.80 × 7.58 = 48.51(m^3/台班)

(2)计算所需挖掘机、自卸汽车的台班数量

所需挖掘机台班数：6 000 ÷ 102 = 58.82(台班)

所需自卸汽车台班数：6 000 × 1.20 ÷ 48.51 = 148.42(台班)

(注：此处注意开挖是天然密实方，而运输是按松散状态计算。)

(3)计算挖掘机、自卸汽车的时间定额

每1 000m^3天然密实土挖掘机的时间定额：1 000 ÷ 102 = 9.804(台班/1 000 m^3)

每1 000m^3天然密实土自卸汽车的时间定额：1 000 × 1.20 ÷ 48.51
= 24.737(台班/1 000m^3)

(4)计算所需挖掘机、自卸汽车的数量

要求在20天内完成土方工程，则

需用挖掘机台数：58.82 ÷ 20 = 2.94(台)，应配备3台。

需用自卸汽车台数：148.42 ÷ 20 = 7.42(台)，应配备8台。

【案例28】 某矩形混凝土板，板长10m，板宽1m，高0.4m，采用5cm厚模板预制，考虑底模，支撑用料为模板的20%，按5次周转摊销，锯材的场内运输及操作损耗为15%。

问题：

试计算该混凝土板每10m^3实体应摊销锯材的数量。

分析要点：

本案例主要考查材料消耗量的编制，其计算公式如下。

$$Q = \frac{A(1 + k)}{nV}$$

式中：Q——周转材料的单位定额用量(m^3或kg/m^3)；

A——周转材料的图纸总用量，如一套模板的总量(kg或m^3)；

k——场内运输及操作损耗(%)，可通过施工实践测定；

n——周转及摊销次数；

V——工程设计实体(m^3)。

参考答案:

预制模板的单位定额用量:

$$Q=\frac{(10\times1+2\times10\times0.4+2\times1\times0.4)\times0.05\times(1+20\%)\times(1+15\%)}{5\times10\times0.4\times1.0}$$

$=0.065(m^3)$

则每 $10m^3$ 实体的混凝土应摊销的锯材数量为 $0.65m^3$。

【案例 29】 18cm 厚 5% 水泥稳定碎石基层,定额单位 1 000m^2,已知水泥稳定碎石基层的干密度为 $2.1t/m^3$,碎石的干密度为 $1.45t/m^3$,碎石的堆积密度为 $1.5t/m^3$,碎石和水泥的场内运输及操作损耗率为 2%。

问题:

求水泥、碎石的定额用量,并计算材料总质量。

分析要点:

本案例主要考查材料消耗量的编制,其计算公式为:

$$Q=\frac{V\rho_{11}K}{\rho_1}\times(1+\text{场内运输及操作损耗率})$$

式中:Q——每 1 000m^2 路面,需要耗用某种材料的数量(kg 或 m^3);

V——路面铺筑体积(m^3);

ρ_{11}——路面压实混合料干密度(kg/m^3);

ρ_1——材料松方干密度(kg/m^3);

K——材料的含量(%)。

参考答案:

水泥:$0.18\times1\ 000\times2.1\times0.05\times1.02=19.278(t)$

碎石:$\frac{0.18\times1000\times2.1\times0.95}{1.45}\times1.02=252.61(m^3)$

材料总质量:$19.278+252.61\times1.5=398.193(t)$

【案例 30】 某浆砌料石桥台工程,定额测定资料如下:

(1)完成每 m^3 浆砌料石桥台工程的基本工作时间为 7.9h;

(2)辅助工作时间、准备与结束时间、不可避免的中断时间和休息时间分别占浆砌料石桥台工程定额时间的 3%、2%、2%、16%;

(3)每 $10m^3$ 浆砌料石桥台需要消耗砌筑 M7.5 水泥砂浆 $3.93m^3$,M10 勾缝砂浆 $0.25m^3$,细料石 11.0 m^3,水 $0.79m^3$;

(4)每 $10m^3$ 浆砌料石桥台需要消耗 200L 砂浆搅拌机 0.66 台班;

(5)人工幅度差 10%,机械幅度差 50%。

问题:

(1)确定浆砌料石桥台每 m^3 的人工时间定额和产量定额。

(2)若预算定额的其他用工占基本用工的 12%,试编制该分项工程的补充预算定额(定额单位为 $10m^3$)。

分析要点:

本案例主要考核劳动定额的编制，预算定额单价的组成和确定方法。分析思路如下：

(1)首先确定完成每 m^3 浆砌料石桥台的定额时间。

定额时间 = 基本工作时间 + 辅助工作时间 + 准备与结束工作时间 + 不可避免的中断时间 + 休息时间

(2)计算完成每 m^3 浆砌料石桥台的人工时间定额和产量定额。

时间定额 = 定额时间/每工日的工时数

产量定额 = 1/时间定额

(3)预算定额由人工、主要材料和施工机械的消耗量构成。人工消耗量由施工定额中劳动定额及其他用工乘以幅度差确定；主要材料消耗量根据测定的数量确定，砌筑砂浆和勾缝砂浆的场内损耗及操作损耗分别为2%和4%，砂浆的配合比见基本定额；施工机械消耗量由施工定额中的机械定额乘以幅度差确定。

人工用量 = 基本用工 × (1 + 其他用工比例) × (1 + 幅度差)

参考答案：

(1)确定浆砌料石桥台每 m^3 的人工时间定额和产量定额

假设砌筑每 m^3 浆砌料石桥台的定额时间为 x，则

$x = 7.9 + (3\% + 2\% + 2\% + 16\%)x$

$x = 10.26$(工时)

浆砌料石桥台的人工时间定额 = 10.26/8:1.283(工日/m^3)；

产量定额:1/1.283 = 0.779(m^3/工日)

(2)补充预算定额

人工数量:1.283 × (1 + 12%) × (1 + 10%) × 10 = 15.8 (工日/10m^3)

32.5级水泥数量:0.266 × 3.93 × 1.025 + 0.311 × 0.25 × 1.04 = 1.141(t/10m^3)

水数量:0.79 × 1 = 0.79 ≈ 1(m^3/10m^3)

细料石:11 × 1 × 1.01 = 11.11(m^3/10m^3)

中(粗)砂:1.09 × 3.93 × 1.02 + 1.07 × 0.25 × 1.04 = 4.65(m^3/10m^3)

200L砂浆搅拌机:0.66 × 1.50 = 0.99(台班/10m^3)

基价:15.81 × 49.20 + 1.147 × 320 + 1 × 0.5 + 11.11 × 170 + 4.65 × 60 + 0.99 × 64.43
= 3 376(元/10m^3)

第 4 章　公路工程造价文件的编制与审查

4.1　路基土石方

【案例 31】　某高速公路路基土石方工程，挖土方总量 4 000 000m^3，其中：松土 800 000m^3、普通土 2 000 000m^3、硬土 1 200 000m^3。利用开挖土方作填方用，利用天然密实方松土 500 000 m^3，普通土 1 500 000m^3，硬土 1 000 000m^3。开炸石方总量 1 000 000 m^3，利用开炸石方作填方用，利用天然密实方 300 000 m^3，填方压实方 5 000 000 m^3。

问题：

计算本项目路基断面方、计价方、利用方、借方和弃方数量。

分析要点：

本案例主要考核关于土、石方数量的几个概念性问题以及相互之间的关系，天然密实方与压实方之间的关系等。天然密实方与压实方的调整系数见下表：

公路等级	松　土	普　通　土	硬　土	石　方
二级及以上等级公路	1.23	1.16	1.09	0.92
三、四级公路	1.11	1.05	1.00	0.84

设计断面方 = 挖方（天然密实方）+ 填方（压实方）

计价方 = 挖方（天然密实方）+ 填方（压实方）- 利用方（压实方）

　　　= 挖方（天然密实方）+ 借方（压实方）

借方 = 填方（压实方）- 利用方（压实方）

弃方 = 挖方（天然密实方）- 利用方（天然密实方）

参考答案：

（1）路基设计断面方数量：4 000 000 + 1 000 000 + 5 000 000

　　= 10 000 000（m^3）

（2）计价方数量：10 000 000 -（500 000 ÷ 1.23 + 1 500 000 ÷ 1.16 + 1 000 000 ÷ 1.09 + 300 000 ÷ 0.92）= 7 056 874（m^3）

（3）利用方数量：500 000 ÷ 1.23 + 1 500 000 ÷ 1.16 + 1 000 000 ÷ 1.09 + 300 000 ÷ 0.92 = 2 943 125（m^3）

（4）借方数量：5 000 000 - 2 943 126 = 2 056 874（m^3）

（5）弃方数量：4 000 000 + 1 000 000 -（500 000 + 1 500 000 + 1 000 000 + 300 000）= 1700 000（m^3）

【案例 32】　某二级公路建设项目路基土石方的工程量（断面方）见下表：

挖方(m^3)		填方(m^3)		借方(m^3)	
普通土	次坚石	土方	石方	普通土	次坚石
470 700	1 045 000	582 400	1 045 200	200 000	11 500

问题：

(1)请问本项目土石方的计价方数量、断面方数量、利用方数量(天然密实方)、借方数量(天然密实方)和弃方数量各是多少？

(2)假设土的压实干密度为1.35t/m^3，自然状态土的含水率约低于其最佳含水率1.5%，请问为达到压实要求，应增加的用水量是多少？

(3)假设填方路段路线长20.000km，路基宽度12.00m，大部分为农田。平均填土高度为2.00m，边坡坡率为1:1.5，请问耕地填前压实的工程数量应是多少？

分析要点：

本案例主要考核关于土石方数量的几个概念性问题以及相互之间的关系，天然密实方与压实方之间的关系等。

参考答案：

(1)计价方数量：470 700 + 1 045 000 + 200 000 + 11 500 = 1 727 200(m^3)

(2)断面方数量：470 700 + 1 045 000 + 582 400 + 1 045 200 = 3 143 300(m^3)

(3)利用方数量：(582 400 − 200 000) × 1.16 + (1 045 200 − 11 500) × 0.92
= 1 394 588(m^3)

(4)借方数量：200 000 × 1.16 + 11 500 × 0.92 = 242 580(m^3)

(5)弃方数量：470 700 − (582 400 − 200 000) × 1.16 + 1 045 000 − (1 045 200 − 11 500) × 0.92 = 121 112(m^3)

(6)土方压实需加水数量：582 400 × 1.35 × 1.5% = 11 794(m^3)

(7)耕地填前压实数量：20 000 × (12 + 2 × 1.5 × 2) = 360 000(m^2)

【案例33】　高速公路某标段路基土石方设计，无挖方，按断面计算的填方数量为215 000m^3，平均填土高度4m，边坡坡度1:1.5。本标段路线长8km，路基宽26m，地面以上范围内填方中30%从其他标段调用，平均运距4 000m；其他为借方，平均运距3 000m(按普通土考虑)。为保证路基边缘的压实度须加宽填筑，宽填宽度为0.5m，完工后需刷坡，但不需远运。填前压实沉陷厚度为0.15m，土的压实干密度为1.4t/m^3，自然状态土的含水率约低于其最佳含水率2%，水的平均运距为1km。

问题：

列出编制本标段土石方工程施工图预算所需的全部工程细目名称、单位、定额代号及数量等内容，并填入如下表格中，需要时应列式计算。

分析要点：

本案例主要考核根据工程量套用定额，要求对土石方工程量的计算及土石方施工的相关工序较熟悉，确保不漏项。

参考答案：

(1)路基填前压实沉陷增加数量：8 000 × (26 + 4 × 1.5 × 2) × 0.15 = 45 600(m^3)

(2)路基宽填增加数量：8 000 × 0.5 × 2 × 4 = 32 000(m^3)

(3)实际填方数量:215 000 +45 600 +32 000 =292 600(m^3)

(4)利用方数量:215 000 ×30% =64 500(m^3)

(5)借方数量:292 600 -64 500 =228 100(m^3)

(6)填前压实数量:8 000 ×(26 +4 ×1.5 ×2) =304 000(m^2)

(7)土方压实需加水数量:292 600 ×1.4 ×2% =8 193(m^3)

(8)整修路拱数量:8 000 ×26 =208 000(m^2)

工程细目	定额代号	单位	数量	定额调整或系数
$3m^3$ 装载机装土(利用方)	1-1-10-3	1 000m^3	64.5	1.16
15t 自卸汽车运土方第一个 1km	1-1-11-21	1 000m^3	64.5	1.19
15t 自卸汽车运土方,增运 3km	1-1-11-22	1 000m^3	64.5	1.19 ×6
$2m^3$ 挖掘机装土(借方)	1-1-9-8	1 000m^3	228.1	1.16
15t 自卸汽车运土方第一个 1km	1-1-11-21	1 000m^3	228.1	1.19
15t 自卸汽车运土方,增运 2km	1-1-11-22	1 000m^3	228.1	1.19 ×4
土方碾压	1-1-18-4	1 000m^3	292.6	
土方洒水(8 000L 洒水车)	1-1-22-9	1 000m^3	8.193	
耕地填前压实	1-1-5-4	1 000m^2	304	
刷坡	1-1-21-2	1 000m^3	32	
整修路拱	1-1-20-1	1 000m^2	208	
整修边坡	1-1-20-3	1km	8	

【案例 34】 某二级公路设计路基土石方数量见下表:

挖方(m^3)				填方(m^3)
松土	普通土	硬土	次坚石	
50 000	150 000	65 000	45 000	420 000

本项目路线长 30km、路基宽 12m,挖方、填方路段长度各占 50%,全部挖方均用作路基填方。其中土方平均运距为 1 500m、石方平均运距 60m,如需借方,其平均运距为 2 000m(按普通土考虑)。路基平均填土高度 2m,边坡坡度 1∶1.5,填前压实沉陷厚度为 0.1m,土的压实干密度为 1.4t/m^3,自然状态土的含水率约低于其最佳含水率 2%,水的平均运距为 1 000m。

问题:

(1)计算本项目路基断面方、挖方、填方、利用方、借方和弃方数量。

(2)列出编制本项目土石方工程施工图预算所需的全部工程细目名称、单位、定额代号及数量等内容,并填入如下表格中,需要时应列式计算。

分析要点:

本案例主要考核关于土石方数量的几个概念性问题以及相互之间的关系,天然密实方与压实方之间的关系;根据工程量套用定额,要求对土石方工程量的计算及土石方施工的相关工序较熟悉,确保不漏项。

设计断面方 = 挖方(天然密实方) + 填方(压实方)

计价方 = 挖方(天然密实方) + 填方(压实方) - 利用方(压实方) = 挖方(天然密实方) +

借方(压实方)

借方 = 填方(压实方) - 利用方(压实方)

弃方 = 挖方(天然密实方) - 利用方(天然密实方)

参考答案:

(1)断面方数量:50 000 + 150 000 + 65 000 + 45 000 + 420 000 = 730 000(m^3)

(2)挖方数量:50 000 + 150 000 + 65 000 + 45 000 = 310 000(m^3)

(3)利用方数量:50 000 ÷ 1.23 + 150 000 ÷ 1.16 + 65 000 ÷ 1.09 + 45 000 ÷ 0.92 = 278 507(m^3)

(4)借方数量:420 000 - 278 507 = 141 493(m^3)

(5)弃方数量:由于挖方全部利用,故弃方数量为 0。

(6)路基填前压实沉陷增加数量:30 000 × 50% × (12 + 2 × 1.5 × 2) × 0.1 = 27 000(m^3)

(7)实际填方数量: 420 000 + 27 000 = 447 000(m^3)

其中,填石方:45 000 ÷ 0.92 = 48 913(m^3)

填土方:447 000 - 48 913 = 398 087(m^3)

(8)填前压实数量:30 000 × 50% × (12 + 2 × 1.5 × 2) = 270 000(m^2)

(9)挖方及零填段压实数量:30 000 × 50% × 12 = 180 000(m^2)

(10)土方压实需加水数量:(420 000 + 27 000) × 1.4 × 2% = 12 516(m^3)

(11)整修路拱数量:30 000 × 12 = 360 000(m^2)

工程细目		定额代号	单位	数量	定额调整或系数
$2m^3$ 挖掘机挖装土方(挖土方)	松土	1-1-9-7	1 000m^3	50	
	普通土	1-1-9-8	1 000m^3	150	
	硬土	1-1-9-9	1 000m^3	65	
12t 自卸汽车运土(1 500m)	第一个 1km	1-1-11-17	1 000m^3	265	
	每增运 0.5km	1-1-11-18	1 000m^3	265	
135kW 推土机推石方 60m(挖次坚石)	第一个 20m	1-1-15-25	1 000m^3	45	
	每增运 10m	1-1-15-28	1 000m^3	45	4
$2m^3$ 挖掘机装土(借方)		1-1-9-8	1 000m^3	168.493	1.16
12t 自卸汽车运土(2 000m)	第一个 1km	1-1-11-17	1 000m^3	168.493	1.19
	每增运 0.5km	1-1-11-18	1 000m^3	168.493	1.19 × 2
土方碾压		1-1-18-9	1 000m^3	398.087	
石方碾压		1-1-18-20	1 000m^3	48.913	
土方洒水(6 000L)		1-1-22-5	1 000m^3	12. 516	
零填及挖方段压实		1-1-18-31	1 000m^2	180	
耕地填前压实		1-1-5-4	1 000m^2	270	
整修路拱		1-1-20-1	1 000m^2	360	
整修边坡		1-1-20-3	1km	30	

注:推土机功率选用 90 ~ 165kW,均为正确;自卸汽车选用 8 ~ 15t,均为正确;借方采用挖掘机配合自卸汽车施工,或推土机推、装卸机装、自卸汽车运均为正确;装载机选用 2 ~ $3m^3$,均为正确,但应与自卸汽车配套;土方碾压,采用二级公路定额为正确;洒水汽车洒水选用 4 000 ~ 10 000L 均为正确。

【案例35】 某三级公路路线长35km，路基宽8.5m，其路基土石方设计资料见下表：

项目名称	单位	数量	附注
本桩利用土方	m^3	24 000	普通土
远运利用土方	m^3	56 000	普通土，运距1 500m
借土方	m^3	680 000	普通土，运距3 000m
填土方	m^3	760 000	
本桩利用石方	m^3	8 000	软石
远运利用石方	m^3	68 000	软石，运距400m
填石方	m^3	90 476	

问题：

(1)根据上述资料，计算路基设计断面方、计价方数量。

(2)列出编制本项目土石方工程施工图预算所需的全部工程细目名称、单位、定额代号及数量等内容，并填入表格中，需要时应列式计算。

分析要点：

本案例除考核前述案例关于土石方的概念及相互之间的关系外，还应注意：由于案例给定的已知条件中，均未对土石方数量是天然密实方还是压实方给予明确，因此，解题时需进行必要的分析判断。

根据给定的工程量，分析发现：

土方：填土方(760 000 m^3) = 利用方(24 000 m^3 + 56 000 m^3) + 借方(680 000 m^3)，说明土方是平衡的，也就是说已知条件给定的工程量均为压实方。

石方：填石方(90 476 m^3)大于利用方(8 000 m^3 + 68 000 m^3)，假如已知条件给定的工程量均为压实方，则说明需要借石填筑，显然是不合理的。假如已知条件给定的工程量利用方是天然密实方，判断是否平衡？经计算发现利用石方为天然密实方时，是平衡的，即说明已知条件给定的土方部分是压实方，而石方部分利用方是天然密实方，填方是压实方。

参考答案：

(1)设计断面方数量

设计断面方数量 = 挖方数量 + 填方数量

挖土方数量：(24 000 + 56 000) × 1.05 = 84 000(m^3)

挖石方数量：8 000 + 68 000 = 76 000(m^3)

填方数量：760 000 + 90 476 = 850 476(m^3)

断面方数量：84 000 + 76 000 + 850 476 = 1 010 476(m^3)

(2)计价方数量

计价方数量 = 挖方(天然密实方) + 借方(压实方) = 断面方 − 利用方

84 000 + 76 000 + 680 000 = 840 000(m^3)

或 1 010 476 − 24 000 − 56 000 − (8 000 + 68 000) ÷ 0.84 = 840 000(m^3)

工程细目	定额代号	单位	数量	定额调整或系数
135kW推土机推土(第一个20m)	1-1-12-14	1 000m^3	24	1.05
2m^3挖掘机装土方(利用方)	1-1-9-8	1 000m^3	56	1.05
12t自卸汽车运土(第一个1km)	1-1-11-17	1 000m^3	56	1.08

续上表

工程细目	定额代号	单位	数量	定额调整或系数
12t 自卸汽车运土(增运 0.5km)	1-1-11-18	1 000m^3	56	1.08
2m^3 挖掘机装土(借土方)	1-1-9-8	1 000m^3	680	1.05
12t 自卸汽车运土(第一个 1km)	1-1-11-17	1 000m^3	680	1.08
12t 自卸汽车运土(增运 0.5km)	1-1-11-18	1 000m^3	680	1.08 ×4
土方碾压	1-1-18-12	1 000m^3	760	
135kW 推土机推石(第一个 20m)	1-1-15-24	1 000m^3	8	
135kW 推土机推石(第一个 20m)	1-1-15-24	1 000m^3	68	
2m^3 装载机装石	1-1-10-5	1 000m^3	68	
12t 自卸汽车运石(第一个 1km)	1-1-11-45	1 000m^3	68	
石方碾压	1-1-18-21	1 000m^3	90.476	
整修路拱	1-1-20-1	1 000m^2	297.5	
整修边坡	1-1-20-4	1km	35	

注:运距 400m 的石方采用机动翻斗车运,基价为 6 453 +389 ×6 =8 787 元/1 000m^3,而自卸车 12t 第 1km 基价为 6 741 元/1 000m^3。由此可知,选用自卸汽车运输较经济。

【案例 36】 某高速公路第×合同段长 15km,路基宽 26m,其中挖方路段长 4.5km,填方路段长 10.5 km。招标文件图纸的路基土石方表的主要内容见下表:

挖方(m^3)				本桩利用方(m^3)			远运利用方(m^3)		借方(m^3)
普通土	硬土	软石	次坚石	普通土	硬土	石方	土方	石方	普通土
265 000	220 000	404 000	340 000	50 000	35 000	105 000	385 000	450 000	600 000

注:表中挖方、利用方指天然密实方;借方指压实方。

根据招标文件技术规范规定,路基挖方包括土石方的开挖和运输,路基填筑包括土石方的压实,借土填方包括土方的开挖、运输和压实费用,工程量清单格式见下表:

细目编号	细目名称	数量(m^3)	单价(元)	金　额(元)
203-1-a	挖土方			
203-1-b	挖石方			
204-1-a	利用土方填土			
204-1-b	利用石方填土			
204-1-c	借土填方			

问题:

(1)请计算各支付细目的计量工程数量。

(2)请计算各支付细目应分摊的整修路拱和整修边坡的工程数量。

分析要点:

本案例主要考核关于土石方数量的几个概念性问题以及相互之间的关系,天然密实方与压实方之间的关系以及工程量清单计量规则等。

参考答案:

(1)计量工程数量的计算

考虑到实际计量支付以断面进行计量。故挖方数量为天然密实方,填方数量为压实方,并据此计算清单计量工程数量。

203-1-a 挖土方:265 000 + 220 000 = 485 000(m^3)

203-1-b 挖石方:404 000 + 340 000 = 744 000(m^3)

204-1-a 利用土方填方:[(50 000 + 385 000) − (220 000-35 000)] ÷ 1.16 + 220 000 ÷ 1.09 = 417 352(m^3)

204-1-b 利用石方填方:(105 000 + 450 000) ÷ 0.92 = 603 261(m^3)

204-1-c 借土填方:600 000(m^3)

(2)各支付细目分摊的整修路拱的工程数量计算

挖方总量:485 000 + 744 000 = 1 229 000(m^3)

填方总量:417 352 + 603 261 + 600 000 = 1 620 613(m^3)

203-1-a 挖土方:4 500 × 26 × (485 000 ÷ 1 229 000) = 46 172(m^2)

203-1-b 挖石方:4 500 × 26 × (744 000 ÷ 1 229 000) = 70 828(m^2)

204-1-a 利用土方填方:10 500 × 26 × (417 352 ÷ 1 620 613) = 70 305(m^2)

204-1-b 利用石方填方:10 500 × 26 × (603 261 ÷ 1 620 613) = 101 622(m^2)

204-1-c 借土填方:10 500 × 26 × (600 000 ÷ 1 620 613) = 101 073(m^2)

(3)各支付细目分摊的整修边坡的工程数量计算

203-1-a 挖土方:4.5 × (485 000 ÷ 1 229 000) = 1.776(km)

203-1-b 挖石方:4.5 × (744 000 ÷ 1 229 000) = 2.724(km)

204-1-a 利用土方:10.5 × (417 352 ÷ 1 620 613) = 2.704(km)

204-1-b 利用石方:10.5 × (603 261 ÷ 1 620 613) = 3.909(km)

204-1-c 借土填方:10.5 × (600 000 ÷ 1 620 613) = 3.887(km)

4.2 路　　面

【案例 37】 某公路工程采用沥青混凝土路面。施工图设计的路面基层为 20cm 厚的(5%)水泥稳定碎石,底基层为 20cm 厚的(5∶15∶80)石灰粉煤灰砂砾。其中某标段路线长 30km,基层为 771 780m^2,底基层数量均为 789 780m^2,要求采用集中拌和施工,根据施工组织设计资料,在距路线两端 1/3 处各有一块比较平坦的场地,且与路线紧邻。路面施工期为 6 个月。拌和站场地处理不考虑。

问题:

请按不同的结构分别列出本标段路面工程造价所涉及的相关定额的名称、单位、定额代号、数量等内容,并填入表格中。需要时应列式计算。

分析要点:

本案例主要考核根据工程量套用定额,要求对沥青混凝土路面施工的相关工序较熟悉,确保不漏项。

参考答案:

(1)基层(底基层)混合料拌和设备设置数量的计算

混合料数量:

771 780 × 0.2 × 2.277 + 780 780 × 0.2 × 1.982 = 660 970(t)

$771\ 780\times0.2+780\ 780\times0.2=310\ 512(m^3)$

根据施工工期安排，要求在6个月内完成路面基层和底基层的施工，假定设置的拌和设备型号为300t/h，每天施工10h，设备利用率为0.85，拌和设备安拆需1个月，则需要的拌和设备数量为：$660\ 970\div[300\times10\times0.85\times30\times(6-1)]=1.73$（台）

应设置2台拌和设备。

(2)基层（底基层）混合料综合平均运距

沿线应设基层（底基层）稳定土拌和场两处，每处安装300t/h稳定土拌和设备1台。其混合料综合平均运距为：$(5\times10/30+2.5\times5/30)\times2=4.17$，按4.5km考虑。

工程细目	定额代号	单位	数量	定额调整或系数
石灰粉煤灰砂砾基层15cm	2-1-7-29	1 000m²	789.78	
石灰粉煤灰砂砾基层，每增减1cm	2-1-7-30	1 000m²	789.78	5
摊铺机铺筑底基层	2-1-9-12	1 000m²	789.78	
水泥稳定碎石基层15cm	2-1-7-5	1 000m²	771.78	
水泥稳定碎石基层每增减1cm	2-1-7-6	1 000m²	771.78	5
摊铺机铺筑基层	2-1-9-11	1 000m²	771.78	人工及压实机械调整
15t自卸汽车运第一个1km	2-1-8-21	1 000m³	310.512	
15t自卸汽车运，每增运0.5km	2-1-8-22	1 000m³	310.512	7
厂拌设备安拆	2-1-10-4	1座	2	

注：基层稳定土混合料运输采用12～15t的自卸汽车均为正确答案。

【案例38】 某三级公路沥青路面项目，路线长35km，路基宽8.5m，行车道宽7m。路面结构：上面层为4cm中粒式沥青混凝土，下面层为5cm粗粒式沥青混凝土，基层为25cm水泥稳定砂砾（路拌），垫层为20cm砂砾（基层、垫层宽度7.5m）。

问题：

根据上述资料列出本项目路面工程造价所涉及的工程细目名称、定额代号、单位、工程数量等内容，并填入表格中。需要时应列式计算或文字说明。

分析要点：

本案例主要考核根据工程量套用定额，要求对路面工程施工的相关工序较熟悉，确保不漏项。

参考答案：

(1)路面工程数量的计算

基层、底基层、透层数量：$35\ 000\times7.5=262\ 500(m^2)$

黏层数量：$35\ 000\times7=245\ 000(m^2)$

面层沥青混合料数量：

粗粒式：$35\ 000\times7\times0.05=12\ 250(m^3)$

中粒式：$35\ 000\times7\times0.04=9\ 800(m^3)$

合计：$12\ 250+9\ 800=22\ 050(m^3)$

质量：$12\ 250\times2.365+9\ 800\times2.358=52\ 080(t)$

(2)混合料拌和设备设置数量的计算

根据题目中给定的条件,路面基层采用路拌法施工,不需要设置集中拌和设备,因此,仅需要设置面层沥青混合料拌和设备。

假定设置的拌和设备型号为160t/h,每天施工8h,设备利用率为0.8,拌和设备安拆需1个月,则:52 080 ÷(160 ×8 ×0.8 ×30) +1 =2.7,设置1处拌和站,路面面层可以在3个月内完成施工。根据路面合理标段划分的要求,本项目设置1台拌和设备是合适的。

(3)混合料综合平均运距

本项目设置拌和站1处,假定设置在路线的中点,其混合料综合平均运距为:35 ÷2 ÷2 =8.75,按9km考虑。

工程细目		定额代号	单位	数量	定额调整或系数
砂砾垫层厚20cm	压实厚度15cm	2-1-1-12	1 000m²	262.5	
	每增减1cm	2-1-1-17	1 000m²	262.5	5
水泥稳定砂砾(5%)厚25cm	压实厚度15cm	2-1-2-5	1 000m²	262.5	人工及压实机械调整
	每增减1cm	2-1-2-6	1 000m²	262.5	10
沥青透层		2-2-16-3	1 000m²	262.5	
沥青黏层		2-2-16-5	1 000m²	245	
沥青混凝土混合料拌和(160t/h以内)	粗粒式	2-2-11-4	1 000m³	12.25	
	中粒式	2-2-11-10	1 000m³	9.8	
15t以内自卸汽车运混合料9km	第一个1km	2-2-13-21	1 000m³	22.05	
	每增运0.5km	2-2-13-23	1 000m³	22.05	16
机械摊铺沥青混凝土混合料	粗粒式	2-2-14-42	1 000m³	12.25	
	中粒式	2-2-14-43	1 000m³	9.8	
沥青混合料拌和设备安拆(160t/h以内)		2-2-15-4	1座	1	

注:基层:水泥稳定砂砾(路拌),采用拖拉机带犁铧拌和、稳定土拌和机拌和均为正确。参考答案按拖拉机带犁铧拌和考虑。

【案例39】 某高速公路沥青混凝土路面,其设计面层分别为上面层:5cm厚细粒式;中面层:6cm厚中粒式;下面层:7cm厚粗粒式。该路段长28km,路面宽26m,其中进口段里程0~160m路面平均宽度为100m,拌和站设在该路段中间,距高速公路1km处,有土质机耕道相连(平丘区),施工工期为6个月,采用集中拌和自卸汽车运输、机械摊铺。可供选择的拌和站拟用320t/h沥青混合料拌和设备两台,拌和场地建设不考虑。

问题:

请列出本路段路面工程所涉及的相关施工图预算定额名称、单位、定额代号、数量等内容填入表中,并列式计算工程量。

分析要点:

本案例除考核根据工程量套用定额,还考查了对综合平均运距的计算。

参考答案:

(1)工程数量的计算

①路面面积：$(28\ 000-160)\times26+160\times100=739\ 840(m^2)$

②各面层体积：

下层(粗粒式)：$739\ 840\times0.07=51\ 789(m^3)$

中层(中粒式)：$739\ 840\times0.06=44\ 390(m^3)$

下层(细粒式)：$739\ 840\times0.05=36\ 992(m^3)$

合计：$51\ 789+44\ 390+36\ 992=133\ 171(m^3)$

③沥青混合料质量：$51\ 789\times2.365+44\ 390\times2.358+36\ 992\times2.351=314\ 121(t)$

(2)混合料拌和设备设置数量的计算

根据施工工期安排，要求在 6 个月内完成路面面层的施工，假定设置的拌和设备型号为 320t/h，每天施工 10h，设备利用率为 0.85，拌和设备安拆需 1 个月，则需要的拌和设备数量为：$314\ 121\div[320\times10\times0.85\times30\times(6-1)]=0.96$，应设置 1 台拌和设备。

(3)混合料综合平均运距

①各段混合料数量：

$14\ 000\times26\times0.18=65\ 520(m^3)$

$(14\ 000-160)\times26\times0.18=64\ 771(m^3)$

$160\times100\times0.18=2\ 880(m^3)$

②各段中心运距。

对应于上述三段的中心运距分别为：

$14\div2=7(km)$

$(14-0.16)\div2=6.92(km)$

$0.16\div2+(14-0.16)=13.92(km)$

③综合平均运距。

总运量：$65\ 520\times7+64\ 771\times6.92+2\ 880\times13.92=946\ 945(m^3\cdot km)$

综合平均运距：$946\ 945\div133\ 171=7.11(km)$

根据题目中给定的条件，拌和站距高速公路有 1km 的便道，因此，路面沥青混合料的实际综合平均运距为：$7.11+1=8.11$，根据定额中关于运距的规定，本项目应按 8km 计算。

(4)临时便道

根据题目中给定的条件，拌和站设在距高速公路 1km 且有土质机耕道相连(平丘区)的位置，为保证施工的顺利和安全文明施工的要求，应将机耕道拓宽并铺设简易路面。考虑按定额中临时便道的 50% 加计便道路面和养护进行计算。

工程项目		定额代号	单位	数量	定额调整或系数
透层沥青		2-2-16-3	1 000m²	739.84	1.03
黏层沥青		2-2-16-5	1 000m²	739.84	2
沥青混凝土拌和	粗粒式	2-2-11-6	1 000m³	51.789	
	中粒式	2-2-11-12	1 000m³	44.390	
	细粒式	2-2-11-18	1 000m³	36.992	
15t 以内自卸汽车运混合料	第一个 1km	2-2-13-21	1 000m³	133.171	
	每增运 0.5km	2-2-13-23	1 000m³	133.171	14

续上表

工程项目		定额代号	单位	数量	定额调整或系数
沥青混凝土铺筑	粗粒式	2-2-14-50	1 000m^3	51.789	
	中粒式	2-2-14-51	1 000m^3	44.390	
	细粒式	2-2-14-52	1 000m^3	36.992	
沥青混合料拌和设备安拆(320t/h)		2-2-15-6	座	1	
临时便道		7-1-1-1	1km	1	0.5
临时便道路面		7-1-1-5	1km	1	
临时便道养护			km · 月	5	

注:透层数量按面层数量增加5%以内均为正确,自卸汽车用12t、20t以内均可。

【案例40】 某一级公路,路面结构形式及数量列表见下表(混凝土采用商品混凝土)。

路面结构形式	单　位	数　量
4%水泥稳定碎石底基层20cm厚	m^2	12 977
5%水泥稳定碎石基层22cm厚	m^2	12 977
C25水泥混凝土面层25cm厚	m^2	12 977

问题:分别列出路面工程造价所涉及的相关定额的名称、单位、定额代号及数量等内容,并填入表格中。(运距暂定为2km)

分析要点:

本案例主要考核混凝土路面施工的相关工序,确保不漏项。分层计算底基层、基层和面层的数量,商品混凝土的计算方法,并根据已知条件对定额进行抽换。

参考答案:

本项目在计价时,应注意商品混凝土取费的规定,即商品混凝土本身不参与其他工程费及间接费的计算,只计取利润和税金;而商品混凝土的铺筑则应按构造物Ⅲ的费率计费,而不是按高级路面的费率计费。

工程细目			定额代号	单位	数量	定额调整或系数
4%水泥稳定碎石底基层(20cm厚)	拌和	压实厚度15cm	2-1-7-5	1 000m^2	12.977	换算水泥碎石比例为4:96
		每增减1cm	2-1-7-6	1 000m^2	12.977	5
	摊铺机铺筑		2-1-9-10	1 000m^2	12.977	
	10t以内自卸汽车运2km	第一个1km	2-1-8-13	1 000m^3	2.595	
		每增运0.5km	2-1-8-14	1 000m^3	2.595	2
5%水泥稳定碎石基层(22cm厚)	拌和	压实厚度15cm	2-1-7-5	1 000m^2	12.977	
		每增减1cm	2-1-7-6	1 000m^2	12.977	7
	摊铺机铺筑		2-1-9-9	1 000m^2	12.977	人工及压实机械调整
	10t以内自卸汽车运2km	第一个1km	2-1-8-13	1 000m^3	2.855	
		每增运0.5km	2-1-8-14	1 000m^3	2.855	2
C25水泥混凝土面层(25cm厚)			2-2-17-3	1 000m^2	12.977	普通混凝土换成商品混凝土,相关的材料消耗量调整为0,搅拌站和搅拌运输车量调整为0
			2-2-17-4	1 000m^2	12.977	5

4.3 桥　涵

【案例41】 某盖板涵工程,孔径3m,台高3m,涵长31m,其施工图设计主要工程量见下表:

项　目	单　位	工 程 量
基坑土方	m^3	420
C20混凝土基础	m^3	250
C20混凝土台墙	m^3	280
C30混凝土帽石	m^3	0.5
C30预制混凝土矩形板	m^3	52
矩形板光圆钢筋	kg	500
矩形板带肋钢筋	kg	4 500

问题:

(1)简述盖板涵工程中防水层及沉降缝工程量的计算方法。

(2)请根据上述资料列出本涵洞工程造价所涉及的相关定额的名称、单位、定额代号、数量等内容,并填入表格中,需要时应列式计算。

分析要点:

本案例主要考核涵洞工程的相关工序及附属工程数量的计算,确保不漏项。

参考答案:

(1)防水层:防水层采用涂沥青,其数量为 $31\times3=93(m^2)$。

(2)沉降缝:按平均5m设一道沉降缝,填缝深度按15cm考虑,则其数量为 $31\div5-1=5.2$,按5道计算。

$5\times3\times2\times0.15=4.5(m^2)$

(3)混凝土拌和、运输:$(250+280+0.5)\times1.02+52\times1.01=593.63\ (m^3)$

工 程 细 目	定额代号	单位	数量	定额调整或系数
基坑开挖	4-1-3-3	$1\ 000m^3$	0.42	
C20混凝土基础	4-6-1-1	$10m^3$	25	C15混凝土调整为C20
C20混凝土台墙	4-6-2-2	$10m^3$	28	
C30混凝土帽石	4-6-3-2	$10m^3$	0.05	
预制C30混凝土矩形板	4-7-9-1	$10m^3$	5.2	C20混凝土调整为C30
安装矩形板	4-7-10-2	$10m^3$	5.2	
矩形板钢筋	4-7-9-3	1t	0.5	Ⅰ级1.025、Ⅱ级0
矩形板钢筋	4-7-9-3	1t	4.5	Ⅰ级0、Ⅱ级1.025
防水层(涂沥青)	4-11-4-5	$10m^2$	9.3	
沉降缝	4-11-7-13	$1m^2$	0.45	
混凝土搅拌机拌和(500L内)	4-11-11-3	$10m^3$	59.36	
混凝土运输	4-11-11-16	$100m^3$	5.936	

注:本题评分时,沉降缝只要计算合理均为正确答案。

【案例42】 某大桥桥宽26m,与路基同宽。桥长1 216m,两岸各接线500m,地势较为平坦(土石方填挖计入路基工程,预制场建设不考虑土石方的填挖)。桥梁跨径为 12×30m+6×40m+20×30m 先简支后连续预应力混凝土 T 形梁结构,每跨布置预制 T 形梁 14 片。其中 30m 预应力 T 形梁梁高 180cm、底宽 40cm、顶宽 160cm,40m 预应力 T 形梁梁高 240cm、底宽 50cm、顶宽 160cm。T 形梁预制、安装工期均按 8 个月计算,预制安装存在时间差,按 1 个月考虑。吊装设备考虑 1 个月安拆时间,每片梁预制周期按 10 天计算。上部结构的主要工程量见下表。

工程细目		单位	数量	备注
40m 预制 T 形梁	C50 混凝土	m^3	2 520	
	光圆钢筋	t	50.4	
	带肋钢筋	t	403.2	
	钢绞线	t	92.4	OVM 锚 15-7:672 套
30m 预制 T 形梁	C50 混凝土	m^3	8 960	
	光圆钢筋	t	179.2	
	带肋钢筋	t	1 433.6	
	钢绞线	t	289.9	OVM 锚 15-7:3 136 套
湿接缝	C50 混凝土	m^3	784	
	光圆钢筋	t	23.52	
	带肋钢筋	t	141.12	
	钢绞线	t	137.9	长度 20m 内,BM 锚 15-5:3 920 套

问题:

请列出该桥梁工程上部结构的施工图预算所涉及的相关定额的名称、单位、定额表号、数量、定额调整等内容,并填入表格中,需要时请列式计算或文字说明。

分析要点:

本案例主要考核桥梁工程施工中辅助工程的计算。

参考答案:

(1)预制底座计算

预制 30m 预应力 T 形梁数量:(12+20)×14=448(片)

预制 40m 预应力 T 形梁数量:6×14=84(片)

T 形梁的预制工期为 8 个月,每片梁预制需用 10 天时间,所以需要底座的数量为:

30mT 形梁底座:448×10÷8÷30=18.7,取 19 个;

40m T 形梁底座:84×10÷8÷30=3.5,取 4 个。

底座面积:19×(30+2)×(1.6+1)+4×(40+2)×(1.6+1)=2 017.6(m^2)

(2)吊装设备

桥梁两端地势较为平坦,可做预制场,因此考虑就近建设预制场。考虑运梁及安装,底座方向按顺桥向布置,每排 4 个,净间距 2.5m,排列宽度为 4×2.6+3×2.5=17.9m。龙门吊机采用 20m 跨度,12m 高,布置 2 台。预算定额的参考质量每台 43.9t,合计质量为 87.8t。

架桥机按 40m 梁考虑,采用双导梁架桥机,参考预算定额全套质量 165t。因本项目桥梁宽度为 26m,需分两幅施工,故应设置两套架桥机。

因预制、安装存在 1 个月的时间差,再考虑 1 个月安拆时间,龙门架的设备摊销时间按 10

个月计算，定额中设备摊销费调整为 9 000 元；架桥机的设备摊销时间按 9 个月计算，定额中设备摊销费调整为 8 100 元。

(3)临时轨道及其他

存梁区长度考虑 80m，因此预制场的长度为：32×5+42+7×2.5+80=299.5，取 300m。

考虑到运输的方便，预制场与桥头直接相连，同时考虑架桥机拼装长度，按两孔跨径计 80m，则路基上轨道长度为(300+80×2)×2=920(m)。

桥上轨道长度为梁板全长减一跨考虑即：(1 216－40)×2×2=4 704(m)。

考虑到拌和、堆料、加工、仓库、办公、生活等的需要，预制场范围再增加 200m，所以，平整场地的面积：26×(300+200)=13 000(m^2)

场地硬化的面积：300×26－2 017.6=5 782.4(m^2)

全部铺 15cm 砂砾后，其中考虑 40% 面积水泥混凝土硬化厚 10cm。

(4)预制构件的平均运输距离

30m T 形梁：

单片质量：8 960÷448 ×2.5=50(t)

平均运距：[(20×30÷2)×20+(20×30+6×40+12×30÷2) ×12]÷32=570(m)

40m T 形梁：

单片质量：2 520÷84 ×2.5=75(t)

平均运距：20×30+6×40÷2=720(m)

(5)预应力钢绞线每吨束数

40m 以内：(672+3 136)÷2÷(92.4+289.9)=4.98(3 束/t)

4.98－3.82=1.16(束/t)

20m 以内：3 920÷2÷137. 9=14.21(束/t)

14.21－8.12=6.09(束/t)

(6)计算混凝土拌和数量

(8 960+2 520) ×1.01+784×1.02=12 394.5(m^3)

(7)定额选用及数量

工程细目		定额代号	单位	数量	定额调整或系数
T 形梁预制		4-7-14-1	$10m^3$	11 480	
预制钢筋		4-7-14-3	1t	2 231.04	包括接缝钢筋，调整 I 级、II 级钢筋消耗为 0.116:0.909
T 形梁安装		4-7-14-7	$10m^3$	11 480	
预应力钢绞线	40m 内	4-7-20-29	1t	382.3	
		4-7-20-30	1t	382.3	1.16
	20m 内	4-7-20-17	1t	137.9	锚具抽换为 15－5
		4-7-20-18	1t	137.9	6.09，锚具抽换为 15－5
大型预制构件底座		4-11-9-1	$10m^2$	201.76	
30m 梁运输	第一个 50m	4-8-2-5	$10m^3$	896	
	每增运 50m	4-8-2-14	$10m^3$	896	10

续上表

工程细目		定额代号	单位	数量	定额调整或系数
40m 梁运输	第一个 50m	4-8-2-6	$10m^3$	252	
	每增运 50m	4-8-2-15	$10m^3$	252	13
30m 梁出坑堆放		4-8-2-5	$10m^3$	896	
40m 梁出坑堆放		4-8-2-6	$10m^3$	252	
湿接缝		4-7-14-8	$10m^3$	78.4	
混凝土拌和		4-11-11-11	$100m^3$	123.945	
混凝土运输		4-11-11-20	$100m^3$	123.945	
平整场地		4-11-1-2	$1\,000m^2$	13	
场地硬化砂砾厚 15cm		1-3-12-2	$1\,000m^3$	0.867	
场地硬化混凝土厚 10cm		4-11-5-6	$10m^3$	23.13	
双导梁		4-7-31-2	10t	33	设备摊销费调整为 8 100 元
预制场龙门吊		4-4-31-4	10t	8.78	设备摊销费调整为 9 000 元
临时轨道	路基上	7-1-4-3	100m	9.2	
	桥面上	7-1-4-4	100m	47.04	

【案例 43】 某预应力 5 跨混凝土连续梁桥，全桥长 350m。0 号台、5 号台位于岸上，1 号～4 号墩均在水中，水深 5.0m 以内。桥台采用 10 根 ϕ2.0m 钻孔灌注桩，桩长 30～40m，桥墩均采用 6 根 ϕ2.5m 钻孔灌注桩，桩长 30～40m。承台尺寸为 800cm×1 850cm×300cm。施工组织考虑搭便桥进行施工（便桥费用此处不计），混凝土在岸上集中拌和、泵送施工，桩基、承台混凝土的平均泵送距离为 250m。桥台钢护筒按单根长度 3.5m 计，桥墩钢护筒按单根长度 10m 计，钢套箱按 $150kg/m^2$ 计。经统计施工图所列主要工程数量如下：

项目		钻孔岩层统计(m)				混凝土(m^3)	钢筋(t)
		砂土	砂砾	软石	次坚石		
灌注桩	桩径 2.5m	92	629	135	32	4 474.5	800.7
	桩径 2.0m	81	562	117	—	2 198	
承台		封底混凝土(m^3)		承台混凝土(m^3)		挖基(m^3)	钢筋(t)
		888		2 608		1 020	234.72

注：本表中钻孔岩层统计根据地质柱状图结合桩基设计高程统计，设计图数量表中未提供。

问题：

请列出该桥基础工程施工图预算所涉及的相关定额名称、单位、定额表号、数量、定额调整等内容，并填入表中，需要时应列式计算或文字说明。混凝土拌和站的安拆此处不考虑，统一在临时工程中考虑。

分析要点：

本案例主要考核桩基础的施工工艺过程与造价相关的临时工程及辅助工作，包括水中施工平台、钢套箱、钢护筒工程量的计算等。

参考答案：

(1)钻孔灌注桩钢护筒

陆上桩,桩径2.0m的单根护筒长度按3.5m计,共20根。

质量:20×3.5×0.4991=34.937(t)

水中桩,桩径2.0m的单根护筒长度按10m计,共24根。

质量:24×10×0.6126=147.024(t)

(2)水中施工平台

根据承台的平面尺寸,拟定平面尺寸为12m×22.5m。

面积:12×22.5×4=1080(m^2)

(3)钻孔桩通过的土层及桩身混凝土

一般施工图的工程数量表中不列钻孔的深度,土质情况根据地质柱状图统计,设计图一般不列。钻孔的总深度一般与桩长不相等。此处按题意所给数量直接使用。桩身混凝土一般在设计图的数量表中给出,预算时按桩长和桩径验算一下即可。

(4)承台钢套箱

根据题目中给定的资料,水中钻孔灌注桩成孔长度:92+629+135+32=888(m)

平均桩入土长度:888÷24=37(m)

按设计混凝土数量反算桩长:4474.5÷(2.5^2×π÷4)÷24=37.98(m)

即平均桩长比入土深度大1m,因此,应考虑设置砂垫层,其费用按筑岛围堰方式计算,然后再设置无底钢套箱。

一般单臂钢套箱可按其表面积大约150kg/m^2计算,高度按高于施工水位0.5m计。

四套合计质量:(8+18.5)×2×5.5×0.15×4=143.1(t)

筑岛围堰数量:(10+20)×2×4=8520(m)

筑岛体积:10×20×1×4=800(m^3)

(5)混凝土运输

因泵送水平距离平均250m,定额综合距离100m,超过150m。

100m^3 灌注桩需增加:人工3×1.55=4.65,混凝土输送泵增加3×0.27=0.81。

100m^3 承台需增加:人工3×1.27=3.81,混凝土输送泵增加3×0.18=0.54。

(6)混凝土拌和

6672.5×1.197+(888+2608)×1.04=11622.8(m^3)

(7)定额选用及数量

工程细目		定额代号	单位	数量	定额调整或系数
陆上,桩径2.0m内,孔深40m	砂土	4-4-5-65	10m	8.1	
	砂砾	4-4-5-67	10m	56.2	
	软石	4-4-5-70	10m	11.7	
水上平台,桩径2.5m内,孔深40m	砂土	4-4-5-305	10m	9.2	
	砂砾	4-4-5-307	10m	62.9	
	软石	4-4-5-310	10m	13.5	
	次坚石	4-4-5-311	10m	3.2	
水泥浆循环系统		4-11-14-1	1套	4	
灌注桩混凝土		4-4-7-18	10m^3	667.25	人工加0.465,混凝土泵加0.081

续上表

工 程 细 目	定额代号	单位	数量	定额调整或系数
灌注桩钢筋	4-4-7-22	1t	800.7	
干处钢护筒	4-4-8-7	1t	34.937	
水中钢护筒	4-4-8-8	1t	147.024	
水中施工平台	4-4-9-1	$100m^2$	10.8	
承台封底混凝土	4-6-1-11	$10m^3$	88.8	人工加0.381,混凝土泵加0.054
承台混凝土	4-6-1-10	$10m^3$	260.8	人工加0.381,混凝土泵加0.054
承台钢筋	4-6-1-13	1t	234.72	
钢套箱	4-2-6-2	10t	14.31	
筑岛围堰	4-2-2-1	10m	852	
筑岛填心	4-2-5-2	$10m^3$	80	
混凝土拌和	4-11-11-11	$100m^3$	116.228	
基坑土方开挖	4-1-3-3	$1\,000\ m^3$	1.02	

【案例44】 某高速公路有一处1 -5 ×3 钢筋混凝土盖板涵,进出口均为八字墙,其施工图设计主要工程数量见下表:

项 目	单 位	工 程 量
C35 预制混凝土盖板	m^3	126
盖板钢筋 R235	kg	3 067
盖板钢筋 HRB335	kg	16 352
台身 C20 混凝土	m^3	298
台身基础 C20 混凝土	m^3	519
帽石 C30 混凝土	m^3	1.44
端墙身 C20 混凝土	m^3	17
端墙基础 C20 混凝土	m^3	2.15
开挖基坑土方	m^3	820
M7.5 浆砌片石涵底铺砌	m^3	47.5

注:盖板预制场运距1.5km,弃土场运距1.5km。

问题:

请列出该涵洞工程造价所涉及的相关定额的名称、单位、定额代号、数量等内容,并填入表格中,需要时应列式计算。

分析要点:

本案例主要考核涵洞工程的相关工序较熟悉,确保不漏项。

参考答案:

(1)每块盖板质量:5 ×0.99 ×0.4 ×2.6 =5.15,安全起见采用8t以内的载货汽车。

(2)混凝土拌和量:126 ×1.01 + (298 +519 +1.44 +17 +2.15) ×1.02 =978.9(m^3)。

工 程 细 目	定额代号	单位	数量	定额调整或系数
预制矩形板混凝土(跨径 8m 内)	4-7-9-2	$10m^3$	12.6	C30 混凝土调整为 C35
8t 内汽车式起重机装卸第 1 个 1km	4-8-3-9	$100m^3$	1.26	+[4-8-3-13]×1,运距 1.5km
起重机安装矩形板	4-7-10-2	$10m^3$	12.6	
矩形板钢筋	4-7-9-3	1t	19.419	材料 111 量调整为 0.192,材料 112 量调整为 0.833
轻型墩台混凝土(跨径 8m 内)	4-6-2-3	$10m^3$	29.8	
轻型墩台基础混凝土(跨径 8m 内)	4-6-1-2	$10m^3$	51.9	C15 混凝土调整为 C20
墩、台帽混凝土(钢模非泵送)	4-6-3-2	$10m^3$	0.144	
轻型墩台混凝土(跨径 8m 内)	4-6-2-3	$10m^3$	1.7	
轻型墩台基础混凝土(跨径 8m 内)	4-6-1-2	$10m^3$	0.215	C15 混凝土调整为 C20
基坑小于等于 1 500m^3、31.0m^3 内挖掘机挖土	4-1-3-3	1 000m^3	0.82	
自卸汽车运土方	1-1-11-9	1 000m^3	0.82	+[1-1-11-10]×1,运距 1.5km
锥坡、沟、槽、池	4-5-3-10	$10m^3$	4.75	M5 砂浆换 M7.5
混凝土搅拌机拌和(500L 内)	4-11-11-3	$10m^3$	67.56	

【案例 45】　某桥梁基础为 ϕ1.5m 挖孔灌注桩,造价工程师编制的施工图预算如下表所示:

工 程 细 目		定额代号	单位	数量	定额调整或系数
人工挖孔孔深 10m 以内	砂(黏)土、砂砾	4-4-1-1	$10m^3$	42.4	
	软石	4-4-1-3	$10m^3$	98.8	
挖孔桩混凝土(卷扬机配吊斗)		4-4-7-1	$10m^3$	141.2	
灌注桩钢筋(焊接连接主筋)		4-4-6-22	1t	132.6	

问题:

请问该造价工程师编制的造价文件中存在哪些问题?根据你的理解请改正这些问题,并在上表中补充修改。

分析要点:

本案例主要考核挖孔灌注桩工程的施工工序,确保不漏项。特别要注意挖孔桩施工时的护壁数量及定额查套是否准确。

参考答案:

造价文件中存在的问题是:漏计挖孔桩的护壁费用,挖孔数量中漏计护壁的数量,挖孔桩钢筋定额代号错误。

本项目桩径为 1.5m,护壁厚度按 10cm 考虑,则护壁数量为:

$[(1.5+0.1\times2)^2-1.5^2]\times\pi\div4\times(1\ 412\div1.5^2\div\pi\times4)=401.6(m^3)$

其中处于砂(黏)土、砂砾层的数量为:$401.6\times424\div1412=120.6(m^3)$

处于软石层的数量：$401.6-120.6=281(m^3)$

(1)定额代号修改

工程细目	定额代号	单位	数量
挖孔桩钢筋	4-4-7-22	t	132.6

(2)补充挖孔桩护壁的费用

工程细目	定额代号	单位	数量
现浇护壁	4-4-1-11	$10m^3$	40.16

或

工程细目		定额代号	单位	数量
预制护壁	预制	4-4-8-1	$10m^3$	40.16
	安装	4-4-8-3	10m	79.9

(3)补充挖护壁的费用

工程细目	定额代号	单位	数量
砂(黏)土、砂砾	4-4-1-1	$10m^3$	12.06
软石	4-4-1-3	$10m^3$	28.1

注：在挖孔桩挖土、挖石细目的定额调整栏填入1.284的系数也为正确。

【案例46】 某高速公路有一直径为150cm的钢筋混凝土圆管涵，涵管壁厚为15 cm，涵长为32.5m($13\times2.5=32.5$)。其施工图设计的工程量见下表：

涵身		涵身基础		洞口					挖土方
钢筋	混凝土	混凝土	砂砾石	混凝土帽石	浆砌片石端墙与基础	浆砌片石锥坡与基础	浆砌片石隔水墙与铺砌	砂浆勾缝	
kg	m^3	m^3	m^3	m^3				m^2	m^3
2 751	25	109	66	3	29	27	13	45	2 174

注：混凝土构件和土方的平均运距为1km。预制场设施不考虑。

问题：

(1)简述圆管涵工程中防水层及沉降缝工程量的计算方法。

(2)请列出该涵洞工程造价所涉及的相关定额的名称、单位、定额代号、数量等内容，并填入表格中，需要时应列式计算。

分析要点：

本案例主要考核涵洞工程的施工工序，确保不漏项。

参考答案：

(1)每节涵管的质量：$25\times2.4\div13=4.62(t)$

因此，管节运输应选用载质量6t以内的载货汽车。

(2)涵管接头沥青麻絮填塞：$1.8\times\pi\times12\times0.01=0.68(m^2)$

(3)涵管涂防水沥青：$1.8\times\pi\times32.5=183.78(m^2)$

工 程 细 目	定 额 代 号	单位	数量	定额调整或系数
挖掘机挖基坑土方	1-1-9-5	1 000m^3	2.174	
自卸汽车运土方(1 km)	1-1-11-9	1 000m^3	2.174	
涵管砂砾石基础垫层	4-11-5-1	10m^3	6.6	
现浇管座混凝土	4-7-5-5	10m^3	10.9	
混凝土拌和	4-11-11-1	10m^3	10.9	1.02
混凝土运输	4-11-11-16	100m^3	1.09	1.02
预制圆管管节	4-7-4-2	10m^3	2.5	1.01
混凝土拌和	4-11-11-1	10m^3	2.5	1.01×1.01
混凝土运输	4-11-11-16	100m^3	0.25	1.01×1.01
预制管节钢筋	4-7-4-3	1t	2.751	1.01
安装圆管涵	4-7-5-4	10m^3	2.5	
载货汽车运输管节	4-8-3-8	100m^3	0.25	1.01
涵管接头沥青麻絮填塞	4-11-7-13	1m^3	0.68	
涵管防水层沥青	4-11-4-5	10m^2	18.378	
浆砌片石端墙与基础	4-5-2-5	10m^3	2.9	
浆砌片石锥坡与基础	4-5-2-9	10m^3	2.7	
浆砌片石隔水墙与铺砌	4-5-2-1	10m^3	1.3	
洞口帽石混凝土	4-6-3-1	10m^3	0.3	
混凝土拌和	4-11-11-1	10m^3	0.3	1.02
混凝土运输	4-11-11-16	100m^3	0.03	1.02

【案例 47】　某钢筋混凝土拱涵，标准跨径 4m，涵台高 3m，洞口为八字墙，涵洞长度为 54m，拱部的断面为半圆形。其施工图设计图纸工程量见下表：

项　　目	单　　位	工　程　量
挖基坑土方(干处)	m^3	2 800
挖基坑石方(干处)	m^3	2 300
M7.5 浆砌片石基础	m^3	600
M7.5 浆砌片石涵底和洞口辅助	m^3	80
2cm 水泥砂浆抹面	m^2	60
M7.5 浆砌块石台、墙	m^3	800
混凝土帽石	m^3	3
拱 C25 混凝土	m^3	120
拱钢筋	t	4.8
砂砾垫层	m^3	450

问题：

某造价工程师编制的施工图预算如下表所示，请问该造价文件中存在哪些问题？根据你的理解请改正这些问题，并在表中补充修改，需要时应列式计算或说明。

工程细目名称		单位	定额表号	工程量	定额调整或系数
挖基处（干处）	土方	1 000m³	4-1-3-2	2.8	
	石方	1 000m³	4-1-3-9	2.3	
M7.5 浆砌片石	基础	10m³	4-5-2-1	60	
	涵底和洞口辅助	10m³	4-5-2-1	8	
2cm 水泥砂浆抹面		100m²	4-11-6-17	0.6	
M7.5 浆砌块石台、墙		10m³	4-5-3-4	80	
混凝土帽石		10m³	4-6-3-2	0.3	
现浇 C25 混凝土拱		10m³	4-6-12-5	12	
现浇拱钢筋		1t	4-6-12-8	4.8	
砂砾垫层		10m³	4-11-5-1	45	

分析要点：

本案例主要考核涵洞工程的施工工序，确保不漏项。

参考答案：

（1）本项目挖基工程量较大，达5 000m³ 以上，因此挖基工程按桥涵挖基定额计算不合适，应按路基土石方定额计价。

（2）漏计拱涵拱盔及支架：$54\times4=216(m^2)$

（3）漏计防水层：防水层采用沥青，其数量为 $54\times4\times\pi\div2=339.3(m^2)$

（4）漏计沉降缝（拱涵应计算全断面）：按平均5m 设一道沉降缝，填缝深度按10cm 考虑，则其数量为 $54\div5-1=9.8$，按10 道计算。

$10\times(4\times\pi\div2+3\times2+4)\times2\times0.1=32.6(m^2)$

工程细目名称		单位	定额表号	工程量	定额调整或系数
挖基坑（干处）	土方	1 000m³	1-1-6-2	2.8	
	石方	1 000m³	1-1-14-1	2.3	
M7.5 浆砌块石台、墙		10m³	4-5-3-3	80	
现浇 C25 混凝土拱		10m³	4-6-12-5	12	C20 混凝土调整为 C25
现浇拱盔及支架		100m²	4-9-1-2	2.16	
防水层（涂沥青）		10m²	4-11-4-5	33.93	
沉降缝		1m²	4-11-7-13	32.6	

【案例48】 某四车道高速公路，路基宽26.00m，设计若干座单孔孔标准跨径5.00m 钢筋混凝土矩形板小桥。其中有一座小桥，其上部构造行车道钢筋混凝土矩形板设计 C25 混凝土62.40m³、钢筋5.24t、台高5.00m。10 座小桥设一处预制场，计10 000m²，场中面积30%要铺筑砂砾垫层15cm 厚，20%面积用2cm 厚水泥砂浆进行抹面，作为构件预制底板。预制场至桥址平均运距计10km，用汽车运至安装地点。小桥有0.30m 深浅水，须用草袋围堰，适当平整用砂砾垫层3.00m³。加固后才能架设桥梁临时支架，以便现浇上部构造混凝土。

问题：

分别就预制安装和现浇上部混凝土两种施工方法，提出行车道板的各项工程细目、预算定额表号及工程量。

分析要点：

本案例主要考核矩形板桥上部构造采用不同的施工方法时，工程造价的构成内容。其中支架为跨径×台高等于25m²，有效宽度为12m，当实际宽度为26m时，应调整定额26÷12=2.17倍。

参考答案：

两种施工方法的工程细目、工程量及定额代号如下表所示。

（1）预制安装

工程细目	定额代号	单　位	工程量	定额系数或调整
预制矩形板混凝土	4-7-9-2	$10m^3$	6.24	C30混凝土调整为C25
矩形板钢筋	4-7-9-3	1t	5.24	
矩形板混凝土拌和	4-11-11-1	$10m^3$	6.24	1.01
混凝土运输	4-11-11-16	$100m^3$	0.624	1.01
矩形板安装	4-7-10-2	$10m^3$	6.24	
构件运输第一个1km	4-8-3-10	$100m^3$	0.624	
增运9km	4-8-3-18	$100m^3$	0.624	18
预制场地平整	4-11-1-2	$1\,000m^2$	1	
预制场砂砾垫层	4-11-5-1	$10m^3$	4.5	
预制场水泥砂浆抹面	4-11-6-17	$100m^2$	2	

（2）现浇

工程细目	定额代号	单　位	工程量	定额系数或调整
现浇矩形板混凝土	4-6-8-1	$10m^3$	6.24	C30混凝土调整为C25
矩形板钢筋	4-6-8-4	1t	5.24	
矩形板混凝土拌和	4-11-11-1	$10m^3$	6.24	1.02
混凝土运输	4-11-11-16	$100m^3$	0.624	1.02
现浇支架	4-9-3-8	$10m^2$	2.5	2.33
支架预压	4-9-6-1	$10m^3$	6.24	
支架基础排水围堰	4-2-2-1	10m	6.2	
河床平整	4-11-1-2	$1\,000m^2$	0.15	
支架河床铺砂砾垫层	4-11-5-1	$10m^3$	0.3	

注：参考答案现浇支架按桥宽+2m考虑。

【案例49】　某桥梁下部构造设计为薄壁空心墩（横断面形式见下图），墩身设计高度为80m，拟采用翻模法施工，每次浇注高度为4m，每节施工周期为7天。根据施工现场布置，混凝土输送泵设置在距桥墩150m的地方，混凝土要求采用集中拌和施工，混凝土拌和站距输送泵的距离为2km。根据本工程所处的地理位置的要求，混凝土的外观质量比一般结构要高，据调查，工程所在地区的组合钢模内衬板的价格为90元/m²，一般可以连续使用5次。

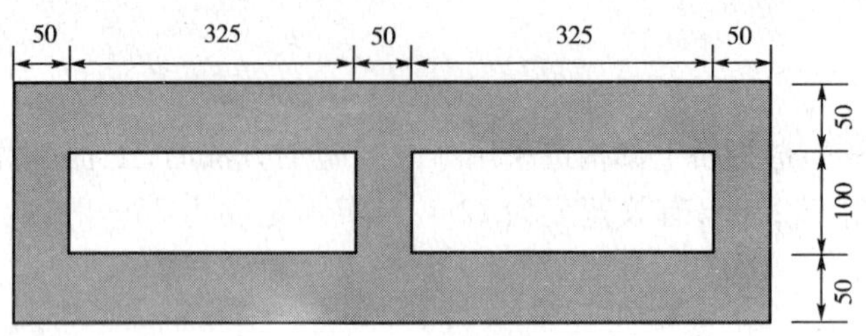

（尺寸单位：cm）

问题：

根据上述基础资料，请列出编制该空心墩施工图预算所涉及的相关定额的名称、单位、定额代号、数量、定额调整等内容，并填入表格中，需要时应列式计算或文字说明。

分析要点：

本案例主要考核桥梁下部结构的施工工艺过程、下部结构定额应用的方法，以及下部结构施工所需的模板提升架等工程量的计算。

参考答案：

(1)空心墩工程数量计算

空心墩长度：$0.5+3.25+0.5+3.25+0.5=8$(m)

空心墩宽度：$0.5+1.00+0.5=2$(m)

空心墩混凝土数量的计算：$(8\times2-3.25\times1\times2)\times80=760$($m^3$)

空心墩施工工期的计算：$80\div4\times7=140$(天)$\div30=4.7$(月)

(2)空心墩模板内衬板费用计算

$80\div4\div5=4$(套)

$(8+2)\times2\times4\times4\times90=28\ 800$(元)

模板提升架数量计算：$(8\times2)\div(8.6\times2.6)\times11=7.87$(t)

模板提升架设备摊销费调整计算：使用期按安装拆除 1.5 个月，施工 5 个月，共 6.5 个月计算。

设备摊销费增加：$90\times7.87\times(6.5-4)=1\ 771$(元)

(3)空心墩施工辅助设施

考虑到墩身高度达 80m，为了保证施工安全，应配备施工电梯和塔式起重机各一台。使用期按施工 4.7 个月计算，考虑到施工中会有部分时间处于停使状态，因此，按 150 天计算。

工程细目		定额代号	单位	数量	定额调整或系数
现浇空心墩混凝土		4-6-2-33	$10m^3$	76	
混凝土内衬板费用			元	28 800	
混凝土集中拌和		4-11-11-11	$10m^3$	76	1.04
混凝土运输(第一个 1km)		4-11-11-20	$10m^3$	76	1.04
混凝土运输(每增运 0.5km)		4-11-11-21	$10m^3$	76	1.04×2
泵送混凝土增加 100m	人工		工日	2.82×7.6	2
	输送泵		台班	0.36×7.6	2
模板提升架安拆		4-7-31-9	10t	0.787	

续上表

工 程 细 目	定额代号	单位	数量	定额调整或系数
设备摊销费增加		元	1 771	
施工电梯安拆	4-11-15-1	1 部	1	
施工电梯使用费	4-11-15-6	1 台·天	150	
塔式起重机安拆	4-11-16-1	1 部	1	
塔式起重机使用费	4-11-16-5	1 台·天	150	
混凝土拌和站安拆	4-11-11-7	1 座	1	

注:混凝土运输采用 $3m^3$ 和 $6m^3$ 搅拌运输车均为正确;模板提升架安装拆除时间在 1～2 个月范围内均为正确。

【案例 50】 某特大桥跨越 V 形峡谷,施工图设计桥跨布置为(75＋130＋75)m 预应力钢筋混凝土连续刚构,桥宽 26m(单幅桥宽 12.5m)、左右幅桥跨布置相同,主墩高 132m、过渡墩(边墩)高 30m(主墩墩身施工时左右幅均配备了起吊质量 8t 的塔式起重机及双笼施工电梯)。拟采用挂篮悬浇施工,计划工期 10 个月。悬浇主梁节段划分 0 号块、中跨 1～20 号及边跨 1′～20′号共 21 个节段,其中 0 号块为托架现浇(0 号块墩顶梁宽 12.5m,现浇工期按 2 个月计算),边跨 21′～23′号三个节段采用满堂支架现浇(21′～23′号节段总长 9m,现浇支架无需基础处理),其余节段均采用挂篮悬浇(包括中跨合龙段、边跨合龙段,每个节段的工期按 10 天计算,挂篮拼装及拆除时间按 1 个月计算),中跨 1～20 号及边跨 1′～20′号中最大节段混凝土数量为 $71.5m^3$。

问题:

(1)列出预应力混凝土连续刚构上部构造所需的辅助工程项目,并计算相应的工程量。

(2)写出各辅助工程的相关定额代号,并对定额调整做出说明。

分析要点:

本案例主要考查悬浇连续刚构或悬浇连续梁造价(施工图预算)计算需要考虑的辅助工程是哪些以及相关的辅助工程量如何计算的问题。

(1)挂篮设备的数量应依据工期要进行确定,每套挂篮质量的确定应依据最大节段混凝土质量参考《公路工程预算定额》603 页计算;

(2)0 号块的现浇托架的计算可参考《公路工程预算定额》603 页进行计算;

(3)边跨现浇段支架可依据边墩墩高及现浇段长度按立面积计算;

(4)本案例给定了墩身高度,还应计算塔吊及电梯的使用费。

参考答案:

(1)预应力混凝土连续刚构上部构造所需的辅助工程

辅助工程包括:挂篮、0 号块托架、边跨现浇段支架、塔式起重机及施工电梯 4 项。

①悬浇挂篮:

根据题意,该连续刚构上部构造施工计划工期为 10 个月。其中,悬浇共 20 个节段,每个节段的工期为 10 天,则悬浇施工周期为 200 天;0 号块托架现浇时间为 2 个月;悬浇挂篮的拼装及拆除时间为 1 个月,因此,本项目左、右幅必须平行施工才能满足计划工期的要求。即每个 T 构需配备 1 对挂篮,全桥共需 4 对挂篮;最大节段混凝土数量为 $71.5m^3$,质量为 $71.5\times2.5=178.75$t,每个挂篮质量为 140t,则全桥需配备的挂篮质量为 $140\times4\times2=1\ 120$(t)。

挂篮的使用时间为 $200\div30+1=7.67$,按 8 个月调整设备摊销费。

②现浇0号块托架：

按每个T构配1套，全桥共4套考虑，其质量：$12.5\times7\times4=350$(t)

0号块的施工期为2个月，应调整设备摊销费。

③边跨现浇支架：

按每个边跨设置1套，全桥共4套，支架立面积：$30\times9\times4=1\ 080(m^2)$

桥宽为12.5m，需调整定额系数：$12.5/12=1.04$。

④塔式起重机及施工电梯：

连续刚构的悬浇工艺是由0号块向两侧依次对称悬浇的，且本项目桥墩较高，因此，从施工安全的角度考虑，配置必要的塔式起重机及施工电梯是合理的。鉴于主墩施工已考虑塔式起重机及施工电梯的安拆和相应的使用费，因此，上部构造施工仅考虑使用费，不再考虑安拆费用。其数量：[60(0号块施工)+30(挂篮拼装)+20×10(悬浇施工)]×4=1 160(台·天)

(2)定额及调整情况

项目名称	定额代号	定额单位	工程量	定额调整或系数
悬浇挂篮	4-7-31-6	10t	112	设备摊销费调整为7 200元
0号块托架	4-7-31-1	10t	35	设备摊销费调整为1 800元
边跨现浇支架	4-9-3-10	$10m^2$	108	2×1.04
支架预压	4-9-6-1	$10m^3$	边跨现浇段混凝土数量	
塔吊使用费	4-11-16-9	台·天	1 160	
电梯使用费	4-11-15-9	台·天	1 160	

注：定额中支架高度为10m以内，本项目支架高度30m，因此应适当考虑增强支架，确保稳定。

【案例51】 某预应力小箱梁梁桥，桥跨组合为22×30m，基础采用ϕ180cm灌注桩(回旋钻法)，除10号墩桩基长为45m外，其他桩基均长为35m。桥台采用扶壁式桥台，桥墩采用圆柱式桥墩，有系梁支撑。除10号墩为水中施工(水深4~5m)外，其余均为干处施工。混凝土采用商品混凝土，泵送。水上混凝土施工考虑便桥施工方法，便桥费用不计。桩基工期5个月。土方运距5km。

下面列出本项目基础所涉及的定额、定额编号、取费类别、定额调整的相关内容。

定额编号	定额内容	取费类别	定额调整或系数
4-4-5-65	陆上钻孔，桩径200cm，内孔深40m以内，砂土	构造物Ⅱ	
4-4-5-68	陆上钻孔，桩径200cm，内孔深40m以内，砾石	构造物Ⅱ	
4-4-5-70	陆上钻孔，桩径200cm，内孔深40m以内，软石	构造物Ⅱ	
4-4-5-72	陆上钻孔，桩径200cm，内孔深40m以内，坚石	构造物Ⅱ	
4-4-5-273	水中平台上钻孔桩径200cm，内孔深40m以内，砂土	构造物Ⅱ	
4-4-5-276	水中平台上钻孔桩径200cm，内孔深40m以内，砾石	构造物Ⅱ	
4-4-5-278	水中平台上钻孔桩径200cm，内孔深40m以内，软石	构造物Ⅱ	
4-4-5-280	水中平台上钻孔桩径200cm，内孔深40m以内，坚石	构造物Ⅱ	
4-4-8-7	钢护筒干处埋设	构造物Ⅱ	
4-4-8-8	钢护筒水中埋设(水深5m内)	构造物Ⅱ	

续上表

定额编号	定额内容	取费类别	定额调整或系数
4-4-9-1	桩基工作平台(水深 5m 内)	构造物Ⅱ	
4-4-7-18	混凝土,回旋成孔桩径 250 以内	构造物Ⅱ	C25 水下混凝土换算成 C25 泵送商品混凝土
4-4-7-22	钢筋	构造物Ⅱ	
1-1-10-1	$1m^3$ 装载机装土方	机械土方	
1-1-11-13	10t 自卸汽车运土 5km	汽车运土	+1－1－11－14×9

问题:

请审查所列内容有何处需修正。

分析要点:

本案例主要考查桥梁工程基础定额的查套及取费类别。

参考答案:

存在的主要问题有:

(1)桩径 180cm 的灌注桩成孔未按规定进行调整,应将定额乘 0.89 的系数。

(2)水中灌注桩的桩长为 45m,应按孔深 60m 以内的成孔定额计算。

(3)钢护筒及钢筋采用构造物Ⅱ的综合费率,与规定不符,应按钢材及钢结构的综合费率计算。

(4)由于灌注桩混凝土采用的是商品混凝土,按构造物Ⅱ的综合费率计算,与规定不符,应按构造物Ⅲ的综合费率计算,但商品混凝土本身不参与取费。

(5)土方采用 $1m^3$ 装载机装车,机械型号偏小,应采用 $2m^3$ 装载机装车。

定额编号	定额内容	取费类别	定额调整
4-4-5-65	陆上钻孔桩径 200cm,内孔深 40m 以内,砂土	构造物Ⅱ	0.89
4-4-5-68	陆上钻孔桩径 200cm,内孔深 40m 以内,砾石	构造物Ⅱ	0.89
4-4-5-70	陆上钻孔桩径 200cm,内孔深 40m 以内,软石	构造物Ⅱ	0.89
4-4-5-72	陆上钻孔桩径 200cm,内孔深 40m 以内,坚石	构造物Ⅱ	0.89
4-4-5-281	水中平台上钻孔桩径 200cm,内孔深 60m 以内,砂土	构造物Ⅱ	0.89
4-4-5-284	水中平台上钻孔桩径 200cm,内孔深 60m 以内,砾石	构造物Ⅱ	0.89
4-4-5-286	水中平台上钻孔桩径 200cm,内孔深 60m 以内,软石	构造物Ⅱ	0.89
4-4-5-288	水中平台上钻孔桩径 200cm,内孔深 60m 以内,坚石	构造物Ⅱ	0.89
4-4-8-7	钢护筒干处埋设	钢材及钢结构	
4-4-8-8	钢护筒水中埋设(水深 5m 内)	钢材及钢结构	
4-4-9-1	桩基工作平台(水深 5m 内)	构造物Ⅱ	设备摊销费调为3 270.1元
4-4-7-18	混凝土,回旋成孔桩径 250cm 以内	构造物Ⅲ	C25 水下混凝土换算成 C25 泵送商品混凝土,且混凝土不参与取费
4-4-7-22	钢筋	钢材及钢结构	
1-1-10-2	$2m^3$ 装载机装土方	机械土方	定额套用 1－1－10－2
1-1-11-13	10t 自卸汽车运土 5km	汽车运土	+1－1－11－14×9

4.4 隧　道

【案例52】 某隧道工程全长800m,其中Ⅴ级围岩设计开挖断面面积$100m^2$,占隧道总长的20%,实际开挖数量17 000m^3;Ⅳ级围岩设计开挖断面面积$90m^2$,占隧道总长的40%,实际开挖数量30 000 m^3;Ⅲ级围岩设计开挖断面面积$80m^2$,占隧道总长的40%,实际开挖数量26 000m^3;洞外出渣运距为1 700m,超挖部分回填采用M7.5浆砌片石。不考虑通风照明费用。

问题:

请列出该隧道工程施工图预算所涉及的相关定额的名称、单位、定额代号、数量、定额调整等内容并填入表格中,需要时应列式计算或文字说明。

分析要点:

本案例主要考查隧道洞身开挖定额的运用、弃渣运距的计算,一是隧道开挖与弃渣应分别单独计算,二是洞外弃渣运距应扣除定额中已包含的洞口外500m的运距,且运输车辆的选择应与隧道除渣定额的车辆选型相同,三是定额中已综合因超挖及预留变形需回填的混凝土数量,不得将上述因素的工程量计入计价工程量内。

参考答案:

(1)计算洞身开挖数量。

根据定额说明,开挖工程量按设计断面计算,定额中已考虑超挖因素,不得将超挖数量计入工程量。

Ⅴ级围岩开挖数量:$800\times20\%\times100=16\ 000(m^3)$

Ⅵ级围岩开挖数量:$800\times40\%\times90=28\ 800(m^3)$

Ⅲ级围岩开挖数量:$800\times40\%\times80=25\ 600(m^3)$

(2)弃渣洞外运输调整。

定额中洞外出渣距离500m,本隧道出渣距离达1 700m,应增加运距1.2 km,按规定采用路基工程中增运定额计算。当运距尾数不足一个增运定额单位的半数时不计,等于或超过半数时按一个增运定额运距单位计算。故增加运距为1.0km。一般情况下,Ⅴ～Ⅵ围岩运输可按土方考虑,Ⅰ～Ⅳ围岩运输可按石方考虑。

(3)回填工程量计算。

根据定额规定,定额中已综合因超挖及预留变形需回填的混凝土数量,不得将上述因素的工程量计入计价工程量内。

(4)施工图预算所涉及的定额的名称、单位、代号、数量、定额调整等内容如下表所示:

工程细目		定额代号	单位	数量	定额调整或系数
隧道洞身开挖	Ⅴ级围岩	3-1-3-5	$100m^3$	160	—
	Ⅳ级围岩	3-1-3-4	$100m^3$	288	—
	Ⅲ级围岩	3-1-3-3	$100m^3$	256	—
出渣	Ⅲ级围岩	3-1-3-37	$100m^3$	256	—
	Ⅳ、Ⅴ级围岩	3-1-3-38	$100m^3$	448	—
弃渣增运	土方	1-1-11-18	1 000m^3	16	2
	石方	1-1-11-46	1 000m^3	54.4	2

注:弃渣增运定额运输车辆的选择需与弃渣定额中运输车辆一致,即选择12t自卸汽车才正确,选择其他车辆均不正确。

【案例53】 某特长隧道(单洞),隧道总长8 500m,围岩类别全部为Ⅲ级,施工招标划分为两个合同段,A合同段长4 500m、洞身开挖数量为450 000m^3,弃渣场至洞门的运距为2 000m;B合同段长4 000m、洞身开挖数量为400 000m^3,弃渣场至洞门的运距为3 000m。洞身开挖按全断面机械开挖、汽车运输计算,不考虑辅助坑道开挖及通风、照明费用。

问题:

分别列出A、B合同段隧道洞身开挖的预算定额代号、定额工程量、取费类别、定额调整说明等相关内容填写到下表中。

分析要点:

本案例主要考查隧道洞身开挖定额的运用、弃渣运距的计算:一是隧道开挖及出渣在编制概算、预算时,一般应按隧道总长度来考虑选用定额子目,当标段划分的隧道长度不同时,应按不同标段长度的两倍确定隧道长度选用相应的定额子目;二是洞外弃渣运距应扣除定额中已包含的洞口外500m的运距,且运输车辆的选择应与隧道除渣定额的车辆选型相同。

参考答案:

合同段	项目名称	定额代号	定额单位	定额工程量	取费类别	定额调整或系数
A	隧道洞身开挖	3-1-3-21	100m^3	4 500	隧道	
		3-1-3-27	100m^3	4 500	隧道	5
	出渣	3-1-3-46	100m^3	4 500	汽车运输	
		3-1-3-49	100m^3	4 500	汽车运输	5
	弃渣洞外运输	1-1-11-46	1 000m^3	450	汽车运输	3（增运1.5km）
B	隧道洞身开挖	3-1-3-21	100m^3	4 000	隧道	
		3-1-3-27	100m^3	4 000	隧道	4
	出渣	3-1-3-46	100m^3	4 000	汽车运输	
		3-1-3-49	100m^3	4 000	汽车运输	4
	弃渣洞外运输	1-1-11-46	1 000m^3	400	汽车运输	5（增运2.5km）

【案例54】 为保护生态环境,某公路施工图设计有一明洞工程,长51m,其主要工程量见下表:

隧道洞身开挖(m^3)	现浇拱墙		现浇拱部		回填碎石(m^3)
	混凝土(m^3)	钢筋(t)	混凝土(m^3)	钢筋(t)	
8 780	2 500	103	1 700	131	1 959

隧道断面面积为156m^2,其中拱部面积为88m^2。隧道洞身开挖中Ⅴ级围岩占90%,Ⅱ级围岩占10%,弃渣平均运距为3km。

问题:

请根据上述资料列出本隧道工程造价所涉及的相关定额的名称、单位、定额代号、数量等内容,并填入表格中,需要时应列式计算或文字说明。

分析要点:

本案例主要考核明洞的施工工艺过程及定额应用的方法,明洞开挖按路基工程开挖套用定额计价。

参考答案:

开挖土质数量:$8\ 780 \times 0.9 = 7\ 902(m^3)$

开挖石质数量：$8\ 780 \times 0.1 = 878(m^3)$

工程细目				定额代号	单位	数量	定额调整或系数
开挖	土质	$2m^3$ 挖掘机挖装		1-1-9-8	$1\ 000m^3$	7.902	
		12t 自卸汽运输	第一个 1km	1-1-11-17	$1\ 000m^3$	7.902	
			增运 2km	1-1-11-18	$1\ 000m^3$	7.902	4
	石质	135kW 推土机推渣		1-1-15-25	$100m^3$	0.878	
		$2m^3$ 装载机装		1-1-10-8	$1\ 000m^3$	0.878	
		12t 自卸汽运输	第一个 1km	1-1-11-45	$1\ 000m^3$	0.878	
			增运 2km	1-1-11-46	$1\ 000m^3$	0.878	4
明洞修筑		混凝土		3-1-18-4	$10m^3$	420	
		钢筋		3-1-18-5	1t	234	
		混凝土拌和		4-11-11-1	$10m^3$	420	1.02
		混凝土运输		4-11-11-16	$100m^3$	42	1.02
回填		回填碎石		3-1-19-3	$10m^3$	195.9	

注：本题评分时，推土机选用 105 ~ 165kW 推土机施工均为正确；自卸汽车选用 12 ~ 15t，均为正确；装载机选用 2 ~ $3m^3$ 均为正确，但应与自卸汽车配套。

【案例 55】 某隧道工程地处边远山岭区，隧长约 500m，隧道围岩为石灰岩，隧道洞口地势较平坦，隧道弃渣堆放在洞口附近，距隧道洞口 15km 处有一碎石料场，2cm 碎石供应价为 45 元/m^3（含装卸费等杂费），施工单位自办运输。当地交通部门规定的统一运价标准为 0.5 元/(t·km)，人工工资单价 45 元/工日，辅助生产间接费率为 5%，250 × 150 电动碎石机台班预算单价 150 元/台班，滚筒式筛分机台班预算单价 170 元/台班，碎石的单位质量为 1.5 t/m^3，定额规定的检清片石人工消耗 27.7 工日/$100m^3$，机械加工 $100m^3$ 碎石定额消耗为人工 48.3 工日，片石 116.9 m^3，250 × 150 电动碎石机 6.49 台班，滚筒式筛分机 6.6 台班。

问题：

(1)假设隧道弃渣经破碎筛分后能满足隧道混凝土工程需要，请合理确定本项目 2cm 碎石的预算单价。(计算结果均取两位数)

(2)如果隧道弃渣加工的碎石仅能满足 200m 隧道混凝土的工程需要，此时的 2cm 碎石预算单价是多少？(计算结果均取两位数)

分析要点：

本案例主要考核碎石材料外购及自行加工单价的计算。

材料预算价格 =（材料原价 + 运杂费）×（1 + 场外运输损耗率）×（1 + 采购及保管费率）- 包装品回收价值。

编制办法中已给出：碎石的场外运输损耗率为 1%，采购及保管费率为 2.5%；另外编制办法中规定：施工单位自办的运输，单程运距 5 ~ 15km 的汽车运输按当地交通部门规定的统一运价计算运费，当工程所在地交通不便、社会运输力量缺乏时，如边远地区和某些山岭区，允许按当地交通部门规定的统一运价加 50% 计算运费。

参考答案：

(1)外购碎石预算单价计算：$(45 + 15 \times 0.5 \times 1.5 \times 1.5) \times 1.01 \times 1.025 = 64.06$(元/$m^3$)

(2)考虑利用隧道弃渣自行加工碎石预算单价计算：

片石单价计算：$27.7\times45\times1.05\div100=13.09$（元/$m^3$）

碎石单价计算：$(48.3\times45\times1.05+116.9\times13.09+6.49\times150+6.6\times170)\div100=59.08$（元/$m^3$）

（3）综合选定 2cm 碎石价格：

由于利用隧道弃渣加工碎石单价低于外购碎石单价，因此本项目碎石应利用隧道弃渣进行加工。

当隧道弃渣经破碎筛分后能满足隧道混凝土工程需要时，本项目 2cm 碎石预算单价为 59.08 元/m^3。

当隧道弃渣经破碎筛分后仅能满足 200m 隧道混凝土的工程需要时，本项目 2cm 碎石预算单价为：$64.06\times0.6+59.08\times0.4=62.07$（元/$m^3$）

【案例 56】 某分离式山区高速公路隧道，全长 1 462m，主要工程量：

（1）洞门部分：浆砌片石墙体 1 028m^3，浆砌片石截水沟 69.8m^3。

（2）洞身部分：钢支撑 445 t；喷射混凝土 10 050 m^3，钢筋网 138t，ϕ25mm 锚杆 12 600m，ϕ22mm 锚杆 113 600m，拱墙混凝土 25 259 m^3，光圆钢筋 16t，带肋钢筋 145t。

（3）洞内路面：21 930m^2，水泥混凝土面层厚 26cm。

（4）隧道防排水、洞内管沟、装饰、照明、通风、消防等不考虑。

问题：

请列出该隧道工程施工图预算所涉及的相关定额的名称、单位、定额代号、数量、定额调整等内容，并填入表格中，需要时应列式计算或文字说明。

分析要点：

本案例主要考核隧道支护、衬砌、路面的施工工艺过程及定额应用的方法。

参考答案：

（1）锚杆数量计算：$(0.025^2\times12\ 600+0.022^2\times113\ 600)\times\pi\div4\times7.85=387.539$（t）

（2）隧道路面水泥混凝土数量：$21\ 930\times0.26=5\ 701.8$（$m^3$）

<table>
<tr><th colspan="4">工程细目</th><th>定额代号</th><th>单位</th><th>数量</th><th>定额调整或系数</th></tr>
<tr><td rowspan="2">洞门</td><td colspan="3">浆砌片石墙体（装修另计）</td><td>3-2-1-4</td><td>10m³</td><td>102.8</td><td></td></tr>
<tr><td colspan="3">浆砌片石截水沟</td><td>1-2-3-1</td><td>10m³</td><td>6.98</td><td></td></tr>
<tr><td rowspan="15">洞身</td><td rowspan="7">支护</td><td colspan="2">钢支撑</td><td>3-1-5-1</td><td>1t</td><td>445</td><td></td></tr>
<tr><td colspan="2">锚杆</td><td>3-1-6-1</td><td>1t</td><td>387.539</td><td></td></tr>
<tr><td colspan="2">钢筋网</td><td>3-1-6-4</td><td>1t</td><td>138</td><td></td></tr>
<tr><td colspan="2">喷射混凝土</td><td>3-1-8-1</td><td>10m³</td><td>1 005</td><td></td></tr>
<tr><td colspan="2">混凝土拌和</td><td>4-11-11-11</td><td>100m³</td><td>100.5</td><td>1.2</td></tr>
<tr><td colspan="2">混凝土运输</td><td>4-11-11-20</td><td>100m³</td><td>100.5</td><td>1.2</td></tr>
<tr><td colspan="2">混凝土洞内运输</td><td>3-1-9-10</td><td>100m³</td><td>100.5</td><td>1.2</td></tr>
<tr><td rowspan="6">衬砌</td><td colspan="2">拱墙混凝土</td><td>3-1-9-2</td><td>10m³</td><td>2 525.9</td><td></td></tr>
<tr><td colspan="2">混凝土拌和</td><td>4-11-11-11</td><td>100m³</td><td>252.59</td><td>1.17</td></tr>
<tr><td colspan="2">混凝土运输</td><td>4-11-11-20</td><td>100m³</td><td>252.59</td><td>1.17</td></tr>
<tr><td colspan="2">混凝土洞内运输</td><td>3-1-9-10</td><td>100m³</td><td>252.59</td><td>1.17</td></tr>
<tr><td rowspan="2">钢筋</td><td>光圆</td><td>3-1-9-6</td><td>1t</td><td>16</td><td>光圆：1.025；带肋：0</td></tr>
<tr><td>带肋</td><td>3-1-9-6</td><td>1t</td><td>145</td><td>带肋：1.025；光圆：0</td></tr>
</table>

续上表

工程细目		定额代号	单位	数量	定额调整或系数
水泥混凝土路面	厚度20cm	2-2-17-3	1 000m^2	21.93	人工、机械×1.26
	厚度增加6cm	2-2-17-4	1 000m^2	21.93×6	人工、机械×1.26
	混凝土洞内运输	3-1-9-10	100m^3	57.018	1.02
混凝土拌和站安拆		4-11-11-7	1座	1	

【案例57】 某隧道(含进出口各接长8m明洞)长6 800m,洞身设计开挖断面积为160m^2,其中通过斜井开挖正洞长1 400m,围岩为Ⅳ级。

问题:

请计算该隧道正洞开挖及出渣的工程量,并在表中填写预算定额工程细目名称、单位、定额代号、数量及调整系数。

分析要点:

本案例主要考核隧道及斜井开挖和出渣的换算长度,以及根据换算长度查套和调整定额。

参考答案:

(1)工程量计算:

正洞开挖长度:6 800－8×2＝6 784(m)

Ⅳ级围岩开挖工程量:6 784×160＝1 085 440(m^3)

进出口出渣开挖长:6 784－1 400＝5 384(m)

进出口出渣换算隧道长度:6 784－1 400＝5 384(m)

进出口出渣工程量:5 384×160＝861 440(m^3)

斜井出渣工程量:1 400×160＝224 000(m^3)

(2)隧道正洞开挖及出渣涉及的定额细目名称、单位、定额代号、数量及调整系数如下表所示:

工程项目	定额代号	单位	数量	定额调整或系数
正洞开挖	3-1-3-22	100m^3	10 854.4	
正洞开挖	3-1-3-28	100m^3	1 0854.4	3
进出口出渣	3-1-3-47	100m^3	8 614.4	
进出口出渣	3-1-3-50	100m^3	8 614.4	2
斜井出渣(正洞)	3-1-3-44	100m^3	2 240	
斜井出渣(斜井)	3-1-3-53	100m^3	2 240	

第 5 章　公路工程合同管理

5.1　工程量清单

【案例 58】 某大桥为 5×25m 预应力混凝土分体小箱梁桥，桥梁全长 133m，下部构造采用重力式桥台和柱式桥墩，桥台高 8.6m，桥墩高 9.1m。

桥梁下部结构主要工程数量为：U 形桥台 C30 混凝土 487.8m^3，台帽 C40 混凝土190.9m^3；柱式桥墩立柱 C40 混凝土 197.7m^3，盖梁 C40 混凝土 371.7m^3。施工要求采用集中拌和运输，混凝土拌和场设在距离桥位 500m 的一片荒地，拌和站采用 40m^3/h 的规格，拌和站安拆及场地费用不计。

问题：

(1)根据给定桥梁下部结构相关清单子目号、子目名称如下表，编制桥梁下部结构工程量清单。

子　目　号	子 目 名 称	子　目　号	子 目 名 称
410-2	下部结构混凝土	410-2-d	轻型桥台
410-2-a	重力式 U 形桥台	410-2-e	柱式桥墩
410-2-b	肋板式桥台	410-2-f	薄壁式桥墩
410-2-c	柱式桥台	410-2-g	空心桥墩

(2)在相应的清单子目下套取定额。

分析要点：

本案例主要考核工程量清单编制和清单控制价的编制。

参照给定的清单子目号、子目名称编制桥梁下部工程量清单；在相应清单中套取定额，并计算定额用量。

参考答案：

(1)工程量清单如下表所示。

子 目 号	子 目 名 称	计 量 单 位	工 程 数 量
410-2	下部结构混凝土		
410-2-a	重力式 U 形桥台		
410-2-a-1	C30 混凝土台身	m^3	487.8
410-2-a-2	C40 混凝土台帽	m^3	190.9
410-2-e	柱式桥墩		
410-2-e-1	C40 混凝土桥墩	m^3	197.7
410-2-e-2	C40 混凝土盖梁	m^3	371.7

(2)清单子目套取定额如下表所示。

410-2-a-1 C30 混凝土台身为：

工程细目	定额代号	费率	单位	数量	定额调整或系数
梁桥板实体式墩台高 10m 以内	4-6-2-4	08	$10m^3$	48.78	片 C15-32.5-8 换 普 C30-32.5-4
混凝土搅拌站拌和($40m^3/h$ 以内)	4-11-11-11	08	$10m^3$	49.76	
$6m^3$ 搅拌运输车运混凝土第一个 1km	4-11-11-20	03	$10m^3$	49.76	

410-2-a-2 C40 混凝土台帽为：

工程细目	定额代号	费率	单位	数量	定额调整或系数
墩、台帽混凝土非泵送钢模	4-6-3-2	08	$10m^3$	19.09	普 C30-32.5-4 换 普 C40-32.5-4
混凝土搅拌站拌和($40m^3/h$ 以内)	4-11-11-11	08	$10m^3$	19.47	
$6m^3$ 搅拌运输车运混凝土第一个 1km	4-11-11-20	03	$10m^3$	19.47	

410-2-e-1 C40 混凝土桥墩为：

工程细目	定额代号	费率	单位	数量	定额调整或系数
圆柱式墩台混凝土非泵送 10m 以内	4-6-2-9	08	$10m^3$	19.77	普 C25-32.5-4 换 普 C40-32.5-4
混凝土搅拌站拌和($40m^3/h$ 以内)	4-11-11-11	08	$10m^3$	20.17	
$6m^3$ 搅拌运输车运混凝土第一个 1km	4-11-11-20	03	$10m^3$	20.17	

410-2-e-2 C40 混凝土盖梁为：

工程细目	定额代号	费率	单位	数量	定额调整或系数
盖梁混凝土非泵送钢模	4-6-4-2	08	$10m^3$	37.17	普 C30-32.5-4 换 普 C40-32.5-4
混凝土搅拌站拌和($40m^3/h$ 以内)	4-11-11-11	08	$10m^3$	37.913	
$6m^3$ 搅拌运输车运混凝土第一个 1km	4-11-11-20	03	$10m^3$	37.913	

【案例 59】 某公路有一段需要加宽改造,原桥梁由 12m 加宽至 17m,原桥上部结构为预应力先简支后连续箱梁,3 ×30m。招标文件图纸的桥梁上部工程数量表内容如下：

结构名称	预制 C50 混凝土	现浇 C50 横梁混凝土	现浇 C50 整体化混凝土	R235 钢筋	HRB335 钢筋	R235 定位钢筋
单位	m^3			kg		
数量	200.2	6.273	3.6	5 706	28 172	581

招标文件技术规范为《公路工程标准施工招标文件》(2009 年),工程量清单格式如下：

子目编号	子目名称	单位	数量	单价	合价
403-3	上部结构钢筋				
-a	光圆钢筋(HPB235、HPB300)	kg			
-b	带肋钢筋(HRB335、HRB400)	kg			
403-4	附属结构钢筋				
-a	光圆钢筋(HPB235、HPB300)	kg			
-b	带肋钢筋(HRB335、HRB400)	kg			
……					

续上表

子目编号	子 目 名 称	单位	数量	单价	合　　价
410-3	上部结构混凝土				
-e	C50 预制混凝土	m^3			
410-5	上部结构现浇整体化混凝土				
-d	C50 现浇整体化混凝土	m^3			

问题：

请按桥梁上部工程数量表标注的工程量填写《公路工程标准施工招标文件》(2009 年)中的清单中的工程数量。

分析要点：

需要注意的是根据《公路工程标准施工招标文件》(2009 年)中钢筋的计量与支付条款规定，固定、定位架立钢筋不计量。

参考答案：

子目编号	子 目 名 称	单位	数量	单价	合　　价
403-3	上部结构钢筋				
-a	光圆钢筋(HPB235、HPB300)	kg	5 706		
-b	带肋钢筋(HRB335、HRB400)	kg	28 172		
403-4	附属结构钢筋				
-a	光圆钢筋(HPB235、HPB300)	kg			
-b	带肋钢筋(HRB335、HRB400)	kg			
……					
410-3	上部结构混凝土				
-e	C50 预制混凝土	m^3	200.2		
410-5	上部结构现浇整体化混凝土				
-d	C50 现浇整体化混凝土	m^3	9.873		

【案例 60】　某项目主线为双向四车道高速公路，路基宽度 26m，采用沥青混凝土路面结构形式，具体工程数量如下：

路面工程部分数量表

起 止 桩 号	结 构 类 型			
	4cm 厚 SMA-13 上面层	8cm 厚粗粒式沥青混凝土下面层	20cm 厚 5% 水稳碎石基层	SBS 改性乳化沥青黏层
	体积($100m^3$)	体积($100m^3$)	面积($1\ 000m^2$)	面积($1\ 000m^2$)
第 1 合同段合计	98.9	98.9	106.902	98.9

纵向排水管工程数量表

起止桩号	长度(m)	现浇 C25 沟身(m^3)	预制 C30 盖板(m^3)	沥青麻絮伸缩缝(m^2)	盖板钢筋(kg)	砂砾垫层(m^3)
第 1 合同段合计	4 612	553.43	221.37	84.55	51 192.2	507.31

施工组织拟采用集中拌和，摊铺机铺筑，混合料综合平均运距为5km，混合料均采用15t自卸汽车运输，基层稳定土混合料采用300t/h稳定土拌和站拌和，沥青混凝土采用240t/h沥青混合料拌和站拌和。

问题：

(1)编制路面工程工程量清单。

(2)在路面工程的上面层、水稳基层、黏层的清单子目下套取定额。

分析要点：

(1)本案例主要考核工程量清单编制和清单控制价的编制。

(2)首先参照给定的《公路工程标准施工招标文件》(2009年)编制工程量清单，然后在相应清单中套取定额，并计算定额用量。

(3)需注意工程数量表单位与清单单位的换算，以及定额中取用数量单位的调整。另需注意纵向排水管的清单计量规则。

参考答案：

(1)工程量清单

子目号	子目名称	单位	数量
304-3	水泥稳定碎石基层		
-a	20cm水泥稳定碎石基层	m^2	106 902.00
308-2	黏层	m^2	
-a	SBS改性乳化沥青黏层	m^2	98 900.00
309-1	细粒式沥青混凝土上面层		
-a	厚40mm SMA-13	m^2	98 900.00
309-3	粗粒式沥青混凝土下面层		
-a	厚80mm	m^2	98 900.00
314-2	纵向雨水沟(管)		
-a	纵向排水沟	m	4 612.00

(2)清单子目定额套取

304-3-a 20cm水泥稳定碎石基层为：

序号	工程细目	定额代号	费率	单位	数量	定额调整或系数
1	厂拌水泥碎石稳定土(5%)压实厚度15cm	2-7-1-5	其他路面	1 000m^2	106.902	厚度调整为20cm
2	15t以内自卸汽车运稳定土第一个1km	2-1-8-21	汽车运输	1 000m^3	21.38	运距调整为5km
3	12.5m以内摊铺机铺筑基层混合料	2-1-9-11	其他路面	1 000m^2	106.902	人工、压实机械调整

308-2-aSBS改性乳化沥青黏层为：

工程细目	定额代号	费率	单位	数量	定额调整或系数
乳化沥青层黏层	2-2-16-6	其他路面	1 000m^2	98.9	乳化沥青改为SBS改性乳化沥青

309-1-a 厚 40mm SMA-13 为：

工程细目	定额代号	费率	单位	数量	定额调整或系数
沥青玛蹄脂碎石混合料拌和(240t/h 以内)	2-2-12-3	高级路面	1 000m^3	3.956	
15t 以内自卸汽车运沥青混合料第一个 1km	2-1-13-21	汽车运输	1 000m^3	3.956	运距调整为 5km
机械摊铺沥青玛蹄脂碎石混合料(240t/h 以内)	2-2-14-56	高级路面	1 000m^3	3.956	

309-3-a 厚 80mm 粗粒式沥青混凝土为：

工程细目	定额代号	费率	单位	数量	定额调整或系数
粗粒式沥青混凝土拌和	2-2-12-5	高级路面	1 000m^3	7.912	
15t 以内自卸汽车运沥青混合料第一个 1km	2-1-13-21	汽车运输	1 000m^3	7.912	运距调整为 5km
机械摊铺粗粒式沥青混凝土	2-2-14-46	高级路面	1 000m^3	7.912	

314-2-a 纵向排水管为：

工程细目	定额代号	费率	单位	数量	定额调整或系数
现浇 C25 沟身混凝土	1-2-4-5	构造物 I	10m^3	55.343	C20 调整为 C25
C30 盖板预制	1-2-4-8	构造物 I	10m^3	22.137	C20 调整为 C30，定额 ×1.01
盖板安装	1-2-4-11	构造物 I	10m^3	22.137	
盖板钢筋	1-2-4-10	钢材及钢结构	1t	51.192	
砂砾垫层	4-11-5-1	构造物 I	10m^3	50.731	

5.2　工程计量支付台账

【案例 61】　某绕城高速公路项目需编制电子版计量台账，其中某分离式隧道进口端明洞回填工程数量如下：

工程项目	左侧桩号：ZK02 + 177 ~ ZK02 + 197		右侧桩号：K02 + 175 ~ K02 + 185	
	压实度 90% 回填土石方	M7.5 砂浆砌片石	压实度 90% 回填土石方	M7.5 砂浆砌片石
单位	m^3			
数量	928	24.2	963	60.5

该明洞回填工程图纸图号为 S5-4-1-7，隧道明洞回填工程台账编码为 T001S01F01D01H＊，其中“＊”为 01、02……表示第几处。台账编制格式为：

台账编制格式

台账编码	序号	起桩号	止桩号	清单细目号	细目名称	单位	设计数量	单价	设计金额	工程名称及部位	图号

明洞回填工程量清单为：

子目号	子目名称	单位	数量	单价(元)
502-7	洞顶及边墙墙背回填			
502-7-a	压实度 90% 回填土石方	m^3	3 863	22.41
502-7-b	M7.5 砂浆砌片石	m^3	362.1	253.1

问题：

编制该处明洞回填的电子版计量台账。

分析要点：

（1）根据《公路工程标准施工招标文件》（2009 年）中的计量规则，解析明洞衬砌工程的计量项目。

（2）根据台账的编制规则，编制计量台账。

参考答案：

台账编码	序号	起桩号	止桩号	清单代号	细目名称	单位	设计数量	单价（元）	设计金额	工程名称及部位	图号
T001S01F01D01H01	1	ZK02 + 177	ZK02 + 197	502-7-a	压实度 90% 回填土石方	m^3	928	22.41	20 796	左线进口端明洞回填	S5-4-1-7
T001S01F01D01H01	2	ZK02 + 177	ZK02 + 197	502-7-b	M7.5 砂浆砌片石	m^3	24.2	253.1	6 125	左线进口端明洞回填	S5-4-1-7
T001S01F01D01H02	1	K02 + 175	K02 + 185	502-7-a	压实度 90% 回填土石方	m^3	963	22.41	21 581	右线进口端明洞回填	S5-4-1-7
T001S01F01D01H02	2	K02 + 175	K02 + 185	502-7-b	M7.5 砂浆砌片石	m^3	60.5	253.1	15 313	右线进口端明洞回填	S5-4-1-7

【案例 62】 某绕城高速公路项目需编制电子版计量台账，其中互通交叉主线一处护面墙工程数量如下：

桩号：K19 + 760 ~ K19 + 770					
工程项目	M7.5 浆砌片（块）石	C20 预制块	三维植被网护坡	开挖基坑	回填种植土
单位	m^3	m^3	m^2	m^3	m^3
数量	71.90	3.20	72.00	45.32	26.28

该防护工程图纸图号为 S6-2-2-11-6，台账编码为 T001C01Z01F01M01，台账编制格式为：

台账编码	序号	起桩号	止桩号	清单细目号	细目名称	单位	设计数量	单价	设计金额	工程名称及部位	图号

部分工程量清单为：

子 目 号	子 目 名 称	单 位	数 量	单价（元）
203-1	路基挖方（含互通、附属场区等）			
203-1-a	挖土方	m^3	184 638	7.62
203-1-b	挖石方	m^3	599 332	28.18
208-1	植物护坡			
208-1-a	播种草籽	m^2	70 745.2	4.74
208-1-b	三维植被网护坡	m^2	35 499	34.84

续上表

子　目　号	子 目 名 称	单　位	数　量	单价(元)
208-1-c	草皮	m^2	82 002	8.48
208-5	护面墙			
208-5-a	M7.5 浆砌片石	m^3	31 119	301.59
208-5-b	C20 预制块	m^3	1 320	621.94
404-1	挖土方	m^3	10 150	26.89

问题：

编制该处护面墙的电子版计量台账。

分析要点：

(1)根据《公路工程标准施工招标文件》(2009 年)中的计量规则，解析防护工程的计量项目。

(2)根据台账的编制规则，编制计量台账。

参考答案：

台账编码	序号	起桩号	止桩号	清单细目号	细目名称	单位	设计数量	单价(元)	设计金额	工程名称及部位	图号
T001C01Z01F01M01	1	K19 +760	K19 +770	208-5-a	M7.5 浆砌片石	m^3	71.90	301.59	21 684	路堑窗式护面墙护坡	S6-2-2-11-6
T001C01Z01F01M01	2	K19 +760	K19 +770	208-5-b	C20 预制块	m^3	3.20	621.94	1 990	路堑窗式护面墙护坡	S6-2-2-11-6
T001C01Z01F01M01	3	K19 +760	K19 +770	208-1-b	三维植被网护坡	m^2	72.00	34.84	3 031	路堑窗式护面墙护坡	S6-2-2-11-6

【案例 63】　某高速公路项目需编制电子版计量台账，其中路基急流槽工程数量如下：

桩　　号	M7.5 浆砌片石 (m^3)	M10 抹面 (m^2)	C25 预制块 (m^3)	沥青麻絮伸缩缝 (m^2)	挖土方 (m^3)
K3 +583	29.1	49.8	0.03	1.3	37.5
K3 +645	43.7	74.7	0.05	2.0	56.3
K4 +129	34.9	59.8	0.036	1.6	45.0

该排水工程图纸图号为 S3-2-36-4，台账编码为 T001J01P01V01C ＊，其中“ ＊ ”表示第 n 处，如 01、02、03……台账编制格式为：

台账编码	序号	起桩号	止桩号	清单细目号	细目名称	单位	设计数量	单价	设计金额	工程名称及部位	图号

部分工程量清单为：

子目号	子目名称	单位	数量	单价(元)
203-1	路基挖方(含互通、附属场区等)			
203-1-a	挖土方	m^3	184 638	7.62
203-1-b	挖石方	m^3	599 332	28.18
207-4	急流槽(沟)			
207-4-a	M7.5 浆砌片石	m^3	1 455	256.77
207-4-b	C20 混凝土	m^3		
207-4-c	C25 预制块	m^3	1.31	778.88

问题：

编制该段路基急流槽的电子版计量台账。

分析要点：

(1)根据《公路工程标准施工招标文件》(2009 年)中的计量规则，解析路基排水工程的计量项目。

(2)根据台账的编制规则，编制计量台账。

参考答案：

台账编码	序号	起桩号	止桩号	清单细目号	细目名称	单位	设计数量	单价(元)	设计金额	工程名称及部位	图号
TO01J01P01V01C01	1	K3+583	K3+583	207-4-a	M7.5 浆砌片石	m^3	29.1	256.77	7 472	第 1 处急流槽	S3-2-36-4
TO01J01P01V01C01	2	K3+583	K3+583	207-4-c	C25 预制块	m^3	0.03	778.88	23	第 1 处急流槽	S3-2-36-4
TO01J01P01V01C02	1	K3+645	K3+645	207-4-a	M7.5 浆砌片石	m^3	43.7	256.77	11 208	第 2 处急流槽	S3-2-36-4
TO01J01P01V01C02	2	K3+645	K3+645	207-4-c	C25 预制块	m^3	0.05	778.88	39	第 2 处急流槽	S3-2-36-4
TO01J01P01V01C03	1	K4+129	K4+129	207-4-a	M7.5 浆砌片石	m^3	34.9	256.77	8 966	第 3 处急流槽	S3-2-36-4
TO01J01P01V01C03	2	K4+129	K4+129	207-4-c	C25 预制块	m^3	0.036	778.88	28	第 3 处急流槽	S3-2-36-4

【案例 64】 某高速公路项目土建第 2 合同段，需编制电子版计量台账，台账编码一览表部分内容为：

第一分类号	第二分类号	第三分类号	第四分类号	台账编码
D 大桥	J 基础	B01 板桥	Z 桩基	TO02D**J**B01Z**
T 特大桥	X 下部	L01 梁桥	D 墩台身	TO02T**X**L01D**

台账编制办法列有"中心桩号为 K5 +710 的第 2 座大桥板桥 5 号墩基础从左到右第 3 根桩"的台账示例如下：

台账编码	序号	起桩号	止桩号	清单细目号	细目名称	单位	设计数量	单价（元）	设计金额	工程名称及部位	图号
T002D02J05B01Z03	1	K5 +710	K5 +710	403-1-a	光圆钢筋（HPB235）	kg	252.2	5.38	1 357	5 号墩第 3 号桩基	S4-4-2-8
T002D02J05B01Z03	2	K5 +710	K5 +710	403-1-b	带肋钢筋（HRB335）	kg	1 877	5.88	11 039	5 号墩第 3 号桩基	S4-4-2-8
T002D02J05B01Z03	3	K5 +710	K5 +710	405-2-f	桩径 1.5	m	16	2276.7	36 427	5 号墩第 3 号桩基	S4-4-2-8

另有，"中心桩号为 K7 +352 的第 3 座特大梁桥 2 号墩墩身从左到右第 4 根墩柱"工程量如下：

细 目 名 称	光圆钢筋（HPB235）	带肋钢筋（HRB335）	C30 墩身
单位	kg	kg	m^3
数量	349.51	3 385.1	33.41

部分工程量清单为：

清单细目号	细 目 名 称	单 位	数 量	单价（元）
403-2	下部结构钢筋			
403-2-a	光圆钢筋（R235）	kg	191 730	4.91
403-2-b	带肋钢筋（HRB335、HRB400）	kg	4 110 941	5.36
410-2-f	柱式桥墩			
410-2-f-1	C30 盖梁	m^3	4 331.20	735.30
410-2-f-2	C30 墩身	m^3	23 438.10	622.66

问题：

请根据示例编制该墩身电子版计量台账。

分析要点：

（1）根据《公路工程标准施工招标文件》（2009 年）中的计量规则，解析桥梁下部结构的计量项目。

（2）根据示例理解台账的编制规则，编制计量台账。

参考答案：

台账编码	序号	起桩号	止桩号	清单细目号	细目名称	单位	设计数量	单价（元）	设计金额	工程名称及部位	图号
T002T03X02L01Z04	1	K7 +352	K7 +352	403-2-a	光圆钢筋（HPB235）	kg	349.51	4.91	1 716	2 号墩第 4 号墩柱	S4-3-3-121
T002T03X02L01Z04	2	K7 +352	K7 +352	403-2-b	带肋钢筋（HRB335）	kg	3 385.1	5.36	18 144	2 号墩第 4 号墩柱	S4-3-3-121
T002T03X02L01Z04	3	K7 +352	K7 +352	410-2-f-2	C30 墩身	m^3	33.41	622.66	20 803	2 号墩第 4 号墩柱	S4-3-3-121

【案例 65】 某高速公路项目实行信息化管理，需要编制电子版计量台账，隧道台账编码一览表部分内容如下表所示：

隧道台账编码一览表部分内容

合同信息编码	第一分类码	第二分类码	第三分类码	第四分类码	台账编码
TO 土建合同	S 隧道工程	W01 洞身开挖	F 分离式隧道	W 洞身开挖	TO＊＊S＊＊W01F＊＊W＊＊
		C01 洞身衬砌		P 喷射混凝土支护	TO＊＊S＊＊C01F＊＊P＊＊
				M 锚杆支护	TO＊＊S＊＊C01F＊＊M＊＊
				W 钢筋网支护	TO＊＊S＊＊C01F＊＊W＊＊
				Y 仰拱、铺底	TO＊＊S＊＊C01F＊＊Y＊＊
				E 二次衬砌	TO＊＊S＊＊C01F＊＊E＊＊
		S01 隧道排水		F 复合防水层	TO＊＊S＊＊S01F＊＊F＊＊

说明：(1)合同信息编码(第 1 ~ 4 位)第 3、4 位表示合同段序号，取值 01、02、03……

(2)分项工程编码(第 5 ~ 16 位)：

①第一分类：第 5 位 S 为隧道单位工程分类号；第 6、7 位为该分类号下的序号，取值 01、02、03……

②第二分类：第 8 位为隧道分部工程分类号；第 9、10 位为该分类号下的序号，固定为 01。

③第三分类：第 11 位为隧道类型分类号；第 12、13 位为该分类号下的序号，取值 01 为左幅、02 为右幅、03 为不分左右幅。

④第四分类：第 14 位为隧道分项工程分类号；第 15、16 位为该分类号下子分期工程的分段号，取值 01、02、03……

土建第 15 合同段第 2 座隧道为分离式隧道，右幅其中 YK82 + 465 ~ YK82 + 575 段围岩级别为Ⅲ级，设计衬砌类型为 S3，采用水泥混凝土路面方案，衬砌每延米工程数量如下表所示：

每延米工程数量表

S3 衬砌每延米工程数量表(水泥路面方案)				
项目			单位	数量
Ⅲ级围岩开挖			m^3	82.4
二次衬砌	C25 防水混凝土	拱部及边墙	m^3	7.78
	C25 混凝土	基础	m^3	0.68
C20 喷射混凝土			m^3	2.37
ϕ22 早强药卷锚杆			m	42.5
垫板、螺母(1.25kg/套)			kg	21.25
ϕ8 钢筋网			kg	58.18
拱顶压浆回填	水泥砂浆		kg	0.25
复合防水层	1.2mm 厚 EVA 防水卷材		m^2	22.9
	300g/m^2 无纺布		m^2	22.9
12cm 厚 C20 混凝土整平层			m^3	0.882

该隧道工程图纸图号为 S5-4-3-10，台账编制格式为：

台账编码	序号	起桩号	止桩号	清单细目号	细目名称	单位	设计数量	单价（元）	设计金额	工程名称及部位	图号

部分工程量清单为：

细目号	细目名称	单位	数量	单价(元)
503-1	洞身开挖			
503-1-a	土石方	m^3	218 126.1	94.00
503-3	喷锚支护			
503-3-a	C20 喷射混凝土	m^3	10 120.9	778.01
503-3-e	锚杆(规格)			
503-3-e-1	ϕ22 药卷锚杆	m	120 446.5	36.31
503-3-f	钢筋网(HPB235)	kg	187 264.4	6.05
504-1	洞身衬砌			
504-1-c	现浇混凝土			
504-1-c-1	C25 混凝土	m^3	11 826.4	387.81
504-1-c-2	C25 防水混凝土	m^3	20 933.5	488.86
504-1-d	光圆钢筋(HPB235)	kg	102 101	5.43
504-1-e	带肋钢筋(HRB335)	kg	1 091 657.7	5.55
504-2	仰拱、铺底混凝土			
504-2-a	C25 仰拱混凝土	m^3	8 000	377.77
504-2-b	C20 铺底混凝土	m^3	1 035.8	354.65
504-2-c	C15 片石混凝土仰拱填充	m^3	6 858.3	302.07
505-1	防水与排水			
505-1-a	复合防水层			
505-1-a-1	1.2mmEVA 防水卷材	m^2	55 626.4	35.85
505-1-a-2	300g/m^2 无纺土工布	m^2	55 626.4	11.16

另外，为了方便工程数量的统计和工程计量，该项目招标文件专用条款还规定：

(1)二次衬砌 C25 混凝土基础工程数量按 C25 仰拱混凝土计列。

(2)拱顶压浆回填包含在综合单价中，不另行计量。

(3)12cm 厚 C20 混凝土整平层按 C20 铺底混凝土计列。

问题：

(1)按照该项目招标文件规定，上述 S3 衬砌工程数量表中，哪些工程数量是包含在其他细目单价中不另行计量的？

(2)该段衬砌，如果从其起点开始按间距 50m 划分子分部工程，一共可划分几段？每段长度分别是多少？

(3)按问题(2)划分子分部工程，台账编码从 TO＊＊S＊＊＊01F＊＊＊15 开始编制，列出仅上述内容所涉及的所有台账编码。

(4)以按问题2划分的第2段子分部工程为例,仅上述内容编制该段计量台账。

分析要点:

(1)根据《公路工程标准施工招标文件》(2009年)及该项目招标文件中的计量规则,解析隧道开挖、衬砌、防排水的计量项目。

(2)根据台账的编制规则,编制计量台账。

参考答案:

(1)垫板、螺母(1.25kg/套)、拱顶压浆回填水泥砂浆包含在其他细目单价中不另行计量的。

(2)一共可分成3段,每段长度分别为50m、50m、10m。

(3)涉及的所有台账编码为:

TO15S02W01F02W15	TO15S02W01F02W16	TO15S02W01F02W17
TO15S02C01F02P15	TO15S02C01F02P16	TO15S02C01F02P17
TO15S02C01F02M15	TO15S02C01F02M16	TO15S02C01F02M17
TO15S02C01F02W15	TO15S02C01F02W16	TO15S02C01F02W17
TO15S02C01F02E15	TO15S02C01F02E16	TO15S02C01F02E17
TO15S02C01F02Y15	TO15S02C01F02Y16	TO15S02C01F02Y17
TO15S02C01F02Y15	TO15S02C01F02Y16	TO15S02C01F02Y17
TO15S02S01F02F15	TO15S02S01F02F16	TO15S02S01F02F17
TO15S02S01F02F15	TO15S02S01F02F16	TO15S02S01F02F17

(4)按问题(2)划分的第2段分期工程计量台账:

台账编码	序号	起桩号	止桩号	清单细目号	细目名称	单位	设计数量	单价(元)	设计金额	工程名称及部位	图号
TO15S02 W01F02W16	1	YK82+515	YK82+565	503-1-a	土石方	m^3	4 120.00	94	387 280	洞身开挖第16段	S5-4-3-10
TO15S02 C01F02P16	1	YK82+515	YK82+565	503-3-a	C20喷射混凝土支护	m^3	118.50	778.01	92 194	喷射混凝土支护第16段	S5-4-3-10
TO15S02 C01F02M16	1	YK82+515	YK82+565	503-3-e-1	ϕ22早强药卷锚杆	m	2 125.00	36.31	77 159	锚杆支护第16段	S5-4-3-10
TO15S02 C01F02W16	1	YK82+515	YK82+565	503-3-f	钢筋网(HPB235)	kg	2909.00	6.05	17 599	钢筋网支护第16段	S5-4-3-10
TO15S02 C01F02E16	1	YK82+515	YK82+565	504-1-c-2	C25防水混凝土	m^3	389.00	488.86	190 167	衬砌第16段	S5-4-3-10
TO15S02 C01F02Y16	1	YK82+515	YK82+565	504-2-a	C25仰拱混凝土	m^3	34.00	377.77	12 844	仰拱第16段	S5-4-3-10
TO15S02 C01F02Y16	2	YK82+515	YK82+565	504-2-b	C20铺底混凝土	m^3	44.10	354.65	15 640	仰拱第16段	S5-4-3-10
TO15S02 S01F02F16	1	YK82+515	YK82+565	505-1-a-1	1.2mmEVA防水卷材	m^2	1 145.00	35.85	41 048	复合防水层第16段	S5-4-3-10
TO15S02 S01F02F16	2	YK82+515	YK82+565	505-1-a-2	300g/m^2无纺土工布	m^2	1 145.00	11.16	12 778	复合防水层第16段	S5-4-3-10

【案例 66】 某高速公路项目实行信息化管理，需要编制电子版计量台账，其中桥梁上部台账编码一览表部分内容为：

<table>
<tr><th>合同信息编码</th><th>第一分类码</th><th>第二分类码</th><th>第三分类码</th><th>第四分类码</th><th>台 账 编 码</th></tr>
<tr><td rowspan="2">TO
土建合同</td><td rowspan="2">Q
桥梁工程</td><td>Y01
上部预制</td><td rowspan="2">D
大桥</td><td>L
预制梁、板
（按每跨排列）</td><td>TO * * Q * * Y01D * * L * *</td></tr>
<tr><td>S01
上部现浇</td><td>Q
其他构件浇筑</td><td>TO * * Q * * S01D * * Q * *</td></tr>
<tr><td colspan="6">说明：(1)合同信息编码（第 1 ~ 4 位）第 3、4 位表示合同段序号，取值 01、02、03……
(2)分项工程编码（第 5 ~ 16 位）：
①第一分类：第 5 位 Q 为桥梁单位工程分类号；第 6、7 位为该分类号下的序号，取值 01、02、03……
②第二分类：第 8 位为桥梁分部工程分类号；第 9、10 位为该分类号下的序号，固定为 01。
③第三分类：第 11 位为桥梁类型分类号；第 12、13 位为该分类号下的序号，取值 01 为左幅、02 为右幅、03 为不分左右幅。
④第四分类：第 14 位为桥梁分项工程分类号；第 15、16 位为该分类号下子分期工程的分段号，取值 01、02、03……</td></tr>
</table>

土建第 11 合同段第 3 座桥为 4 × 30m 整体式后张法预应力简支转结构连续 T 形梁桥，中心桩号为 K58 + 110，墩台号从 0 开始依次排列，桥台处为 D80 型伸缩缝，其余为 D160 伸缩缝。

该桥上部单跨 T 形梁混凝土及钢筋工程数量如下（单幅每跨 3 片中梁，2 片边梁）：

单跨 T 形梁混凝土及钢筋工程数量表

<table>
<tr><th colspan="5">预 制 部 分</th></tr>
<tr><td rowspan="2">细目名称</td><td rowspan="2">单位</td><td colspan="2">边跨</td><td rowspan="2">中跨</td></tr>
<tr><td>80 型</td><td>160 型</td></tr>
<tr><td>C50 混凝土</td><td>m^3</td><td></td><td></td><td></td></tr>
<tr><td>HPB235 钢筋</td><td>kg</td><td>6 487.15</td><td>6510.46</td><td>6 484.49</td></tr>
<tr><td>HRB335 钢筋</td><td>kg</td><td>24 121.73</td><td>24 084.64</td><td>26 674.68</td></tr>
<tr><td>ϕ^S15.2 钢绞线</td><td>kg</td><td>4 634.73</td><td>4 634.73</td><td>4 235.78</td></tr>
<tr><th colspan="5">现浇部分（现浇连续段每联首尾两跨各一半）</th></tr>
<tr><td rowspan="2">细目名称</td><td rowspan="2">单位</td><td colspan="2">边跨</td><td rowspan="2">中跨</td></tr>
<tr><td>80 型</td><td>160 型</td></tr>
<tr><td>C50 混凝土</td><td>m^3</td><td></td><td></td><td></td></tr>
<tr><td>HPB235 钢筋</td><td>kg</td><td>3 832.70</td><td>3 844.03</td><td>3 926.54</td></tr>
<tr><td>HRB335 钢筋</td><td>kg</td><td>3 803.84</td><td>3 755.10</td><td>5 209.55</td></tr>
<tr><td>ϕ^S15.2 钢绞线</td><td>kg</td><td>938.23</td><td>938.23</td><td>1 876.45</td></tr>
</table>

其中，一片 T 形梁的混凝土工程数量见下表：

一片主梁 C50 混凝土数量表					
位置＼项目		预制(m^3)	现浇(m^3)		
		预制 T 形梁(含齿板)	横隔板、翼板	连续段	桥面现浇层
80 型边跨	边梁	29.82	2.22	1.47	5.76
	中梁	29.34	4.44	2.42	5.76
160 型边跨	边梁	29.87	2.25	1.47	5.76
	中梁	29.33	4.49	2.42	5.76
中跨	边梁	30.57	2.19	2.95	5.76
	中梁	30.12	4.39	4.84	5.76

该 T 形梁工程图纸图号为 TL-2-30,台账编制格式为:

台账编码	序号	起桩号	止桩号	清单细目号	细目名称	单位	设计数量	单价(元)	设计金额	工程名称及部位	图号

部分工程量清单为:

清单细目号	细目名称	单位	数量	单价(元)
403-3	上部结构钢筋			
403-3-a	光圆钢筋(HPB235)	kg	571 190.30	5.55
403-3-b	带肋钢筋(HRB335)	kg	1 803 436.70	5.84
410-3-c	混凝土 T 形梁			
410-3-c-1	C40 现浇	m^3		
410-3-c-2	C40 预制	m^3		
410-3-c-3	C50 现浇	m^3	2 760.90	660.87
410-3-c-4	C50 预制	m^3	9 441.40	1 258.87
411-5	后张法预应力钢绞线	kg	371 179.10	12.16

(计算结果采用四舍五入保留两位小数)

问题:

(1)请将单跨 T 形梁混凝土及钢筋工程数量表填写完整。(桥面现浇层计入 T 形梁现浇)

(2)请你说出右幅第 4 跨上部预制 T 形梁、左幅第 7 跨上部其他构件现浇的台账编码。

(3)请编制右幅末联上部 T 形梁现浇计量台账。(桥面现浇层计入 T 形梁现浇)

分析要点:

(1)根据《公路工程标准施工招标文件》(2009 年),解析桥梁上部结构的计量项目。

(2)根据台账的编制规则,编制计量台账。

参考答案:

(1)单跨 T 形梁混凝土及钢筋工程数量表如下表:

单跨 T 形梁混凝土及钢筋工程数量表

预制部分				
细目名称	单位	边跨		中跨
		80 型	160 型	
C50 混凝土	m^3	147.66	147.73	151.50
HPB235 钢筋	kg	6 487.15	6 510.46	6 484.49
HRB335 钢筋	kg	24 121.73	24 084.64	26 674.68
ϕ^S15.2 钢绞线	kg	4 634.73	4 634.73	4 235.78
现浇部分(现浇连续段每联首尾两跨各一半)				
细目名称	单位	边跨		中跨
		80 型	160 型	
C50 混凝土	m^3	56.76	56.97	66.77
HPB235 钢筋	kg	3 832.70	3 844.03	3 926.54
HRB335 钢筋	kg	3 803.84	3 755.10	5 209.55
ϕ^S15.2 钢绞线	kg	938.23	938.23	1 876.45

(2)右幅第 4 跨上部预制 T 形梁、左幅第 7 跨上部其他构件现浇的台账编码分别为 TO11Q03Y01D02L04、TO11Q03S01D01Q07。

(3)右幅末联上部 T 形梁计量台账:

台账编码	序号	起桩号	止桩号	清单细目号	细目名称	单位	设计数量	单价(元)	设计金额	工程名称及部位	图号
TO11Q03 S01D02Q13	1	K58 +110	K58 +110	410-3-c-3	C50 现浇	m^3	56.97	660.87	37 650.00	第 13 跨 T 形梁现浇	TL-2-30
TO11Q03 S01D02Q13	2	K58 +110	K58 +110	403-3-a	光圆钢筋(HPB235)	kg	3 844.03	5.55	21 334.00	第 13 跨 T 形梁现浇	TL-2-30
TO11Q03 S01D02Q13	3	K58 +110	K58 +110	403-3-b	带肋钢筋(HRB335)	kg	3 755.10	5.84	21 930.00	第 13 跨 T 形梁现浇	TL-2-30
TO11Q03 S01D02Q13	4	K58 +110	K58 +110	411-5	后张法预应力钢绞线	kg	938.23	12.16	11 409.00	第 13 跨 T 形梁现浇	TL-2-30
TO11Q03 S01D02Q14	1	K58 +110	K58 +110	410-3-c-3	C50 现浇	m^3	66.77	660.87	44 126.00	第 14 跨 T 形梁现浇	TL-2-30
TO11Q03 S01D02Q14	2	K58 +110	K58 +110	403-3-a	光圆钢筋(HPB235)	kg	3 926.54	5.55	21 792.00	第 14 跨 T 形梁现浇	TL-2-30
TO11Q03 S01D02Q14	3	K58 +110	K58 +110	403-3-b	带肋钢筋(HRB335)	kg	5 209.55	5.84	30 424.00	第 14 跨 T 形梁现浇	TL-2-30
TO11Q03 S01D02Q14	4	K58 +110	K58 +110	411-5	后张法预应力钢绞线	kg	1 876.45	12.16	22 818.00	第 14 跨 T 形梁现浇	TL-2-30
TO11Q03 S01D02Q15	1	K58 +110	K58 +110	410-3-c-3	C50 现浇	m^3	66.77	660.87	44 126.00	第 15 跨 T 形梁现浇	TL-2-30

续上表

台账编码	序号	起桩号	止桩号	清单细目号	细目名称	单位	设计数量	单价(元)	设计金额	工程名称及部位	图号
TO11Q03 S01D02Q15	2	K58 +110	K58 +110	403-3-a	光圆钢筋(HPB235)	kg	3 926.54	5.55	21 792.00	第15跨 T形梁现浇	TL-2-30
TO11Q03 S01D02Q15	3	K58 +110	K58 +110	403-3-b	带肋钢筋(HRB335)	kg	5 209.55	5.84	30 424.00	第15跨 T形梁现浇	TL-2-30
TO11Q03 S01D02Q15	4	K58 +110	K58 +110	411-5	后张法预应力钢绞线	kg	1 876.45	12.16	22 818.00	第15跨 T形梁现浇	TL-2-30
TO11Q03 S01D02Q16	1	K58 +100	K58 +110	410-3-c-3	C50 现浇	m^3	56.76	660.87	37 511.00	第16跨 T形梁现浇	TL-2-30
TO11Q03 S01D02Q16	2	K58 +100	K58 +110	403-3-a	光圆钢筋(HPB235)	kg	3 832.7	5.55	21 271.00	第16跨 T形梁现浇	TL-2-30
TO11Q03 S01D02Q16	3	K58 +100	K58 +110	403-3-b	带肋钢筋(HRB335)	kg	3 803.835	5.84	22 214.00	第16跨 T形梁现浇	TL-2-30
TO11Q03 S01D02Q16	4	K58 +100	K58 +110	411-5	后张法预应力钢绞线	kg	938.225	12.16	11 409.00	第16跨 T形梁现浇	TL-2-30

5.3 变更和索赔

【案例67】 某高速公路某合同段,签约合同价为6 000万元,工期为9个月。招标文件按《公路工程标准施工招标文件》(2009年)编制。合同约定按实际完成工程量以合同清单单价进行结算。合同项目专用条款约定开工预付款为签约合同价的10%,计量累计达签约合同价的30%时开始扣回,至计量累计达到签约合同价的80%时扣完。合同约定月支付的最低限额为300万元。合同约定预留质量保证金为月支付额的5%,与计量支付同步扣留。计量支付按月进行。

开工后各月实际完成并经监理人确认合格的工程量(假定各月计量与实际完成工程量完全一致)如下表:

月份	1	2	3	4	5	6	7	8	9
完成额(万元)	200	650	850	850	850	320	850	850	850

问题:

(1)工程价款结算的方式有哪些?

(2)计算本工程的预付款起扣月份和数额,完成扣回的月份。

(3)计算按月支付的工程进度款。

(4)计算本工程的竣工结算工程款。

分析要点:

本案例主要考核工程结算方式,按月结算工程款的计算方法,预付支付与扣回方法,预留质量保证金的扣留方法,最低支付限额的概念。

参考答案：

(1)工程价款的结算方式

工程价款的结算方式主要分为按月结算、竣工后一次结算、分段结算、目标结算和双方议定的其他方式。

(2)预付款的起扣时间和数额、扣完时间

起扣点：6 000×30% =1 800(万元)

前三个月累计完成 200+650+850=1 700(万元)，显然从第 4 个月开始扣回。

当月扣回数额：预付款为合同价的 10%，超过起扣点后每次计量扣回的比例为 10%/(80% −30%)=20%，(200+650+850+850−1 800)×20% =150(万元)

扣回完成点：6 000×80% =4 800(万元)，第 7 个月累计完成 4 570 万元小于 4 800 万元，第 8 个月累计完成 5 420 万元大于 4 800 万元，应在第 8 个月完成预付款的扣回。

(3)按月支付的工程款

第 1 个月：未达到合同约定的付款最低限额，不能签发计量支付证书。

第 2 个月：(200+650)×(1−5%)=807.5(万元)

第 3 个月：850×(1−5%)=807.5(万元)

第 4 个月：850×(1−5%)−150=657.5(万元)

第 5 个月：850×(1−20% −5%)=637.5(万元)

第 6 个月：320×(1−20% −5%)=240(万元)，小于 300 万元，不签发支付证书。

第 7 个月：(320+850)×(1−20% −5%)=877.5(万元)

第 8 个月：本月应扣质量保证金 850×5% =42.5(万元)

本月应扣回预付款(4 800−4 570)×20% =46(万元)

本月支付 850−42.5−46=761.5(万元)

第 9 个月：850×(1−5%)=807.5(万元)

(4)竣工结算

累计完成额：200+650+850+850+850+320+850+850+850=6 270(万元)

累计支付：600+807.5+807.5+657.5+637.5+877.5+761.5+807.5=5 956.5(万元)

质量保证金：6 270×5% =313.5(万元)

累计完成额−质量保证金：6 270−3 13.5=5 956.5(万元)(与累计支付相吻合)

上式中，600 万元为预付款，质量保证金 313.5 万元在缺陷责任期满后支付。

因此，本项目的竣工结算工程款为 6 270 万元。

【案例 68】　某路基土、石方工程，主要的分项工程包括开挖土方、填方等，按我国施工合同示范文本签订的施工承包合同规定按实际完成工程量计价。根据合同的规定，承包人必须严格按照施工图及承包合同规定的内容及技术规范要求施工，工程量由监理人负责计量，工程的总价款根据承包人取得计量证书的工程量进行结算。工程开工前，承包人向业主提交了施工组织设计和施工方案并得到批准。

问题：

(1)根据该工程的合同特点，监理人提出了计量支付的程序要求如下，试改正其不恰当和错误的地方。

①对已完成的分项工程向业主申请质量认证。

②在协议约定的时间内向监理人申请计量。

③监理人对实际完成的工程量进行计量,签发计量证书给承包人。

④承包人凭质量认证和计量证书向业主提出付款申请。

⑤监理人复核申报资料,确定支付款项,批准向承包人付款。

(2)在工程施工过程中,当进行到施工图所规定的处理范围边缘时,承包人为了使压实质量得到保证,将压实范围适当扩大,施工完成后,承包人将扩大范围的施工工程量向监理人提出计量付款的要求,但遭到拒绝。试问监理人为什么会作出这样决定?

(3)在工程施工过程中,承包人根据业主指示就部分工程进行了变更施工,试问变更部分合同价款应根据什么原则进行确定?

(4)在土方开挖过程中,有两项重大原因使工期发生较大的拖延:一是土方开挖时遇到了一些地质勘探没有探明的孤石,排除孤石拖延了一定的时间;二是施工过程中遇到数天季节性小雨,由于雨后土中含水率过大不能立即进行压实施工,从而耽误了工期。随后,承包人按照正常索赔程序向监理人提出延长工期并补偿停工期间窝工损失要求。试问监理人是否该受理这两起索赔事件? 为什么?

分析要点:

本案例主要考核工程计量及工程款支付程序,监理人在工程合同管理中的地位和作用,监理人的工作职责,工程变更价款的确定原则,以及因工程地下障碍、气候条件等事件引起工程费用增加和工期延长的责任的划分原则。

参考答案:

(1)计量支付的要点

①对已完成的分项工程向业主代表申请质量认证。

②取得质量认证后在协议约定的时间内向监理人申请计量。

③监理人按照规定的计量方法对合同规定范围内的工程量进行计量,签发计量证书给承包人。

④承包人凭质量认证和计量证书向监理人提出付款申请。

⑤监理人审核申报资料,确定支付款额,向业主提供付款证明文件。

(2)监理人拒绝的原因

①该部分的工程量超出了施工图的要求,一般来讲,也就超出了合同约定的工程范围,不属于监理人计量的范围。监理人无权处理合同以外的工程内容。

②该部分的施工是承包人为了保证施工质量而采取的技术措施,监理人或造价工程师认可的是承包人的保证施工质量的技术措施,一般在业主没有批准追加相应费用的情况下,技术措施费用应由承包人自己承担。

(3)变更价款原则的确定

①合同中已有适用于变更工程的价格,按合同中已有的价格计算,变更合同价款。

②合同中只有类似于变更工程的价格,可以参照类似价格变更合同价款。

③合同中没有类似于或适用于变更工程的价格,由承包人提出适当的变更价格,监理人批准执行。这一批准的变更价格,应与承包人达成一致,否则由工程造价管理部门裁定。

(4)对两项索赔的处理

①对处理孤石引起的索赔,这是预先无法估计的情况,应予受理。

②由于阴雨天气属正常季节性的，这是有经验的承包人预先应估计的因素，在合同期内应作考虑，因而索赔理由不成立，索赔应予驳回。

【案例69】 某高速公路某合同段，主要工程量包含一座大型互通式立交桥。红线周边居民较密集。经公开招标确定承包人并按招标文件签订了施工合同。工程开工前承包人上报了施工组织计划并获得批准。工程开工后发生了如下事件：

(1)原计划4月30日全部完成的拆迁至5月15日才完成，导致部分桩基无法按计划进行施工，其中某部分处于进度网络图关键线路的桩基计划开工时间为5月6日，因此推迟至16日开工，造成窝工600工日(每工日工资40元)，设备A闲置60台班(计日工单价为1 500元/台班，投标预算书中该设备固定费用1 000元/台班)，设备B闲置75台班(计日工单价为1 200元/台班，投标预算书中该设备固定费用800元/台班)。

(2)至6月10日，因部分桩基与红线外民房距离较近，冲击振动影响较大，被居民阻工，被迫停工10天，该工序位于批准的施工组织计划关键线路中。经施工、监理、业主共同研究决定改用回旋钻成孔。调运更换机械及窝工损失20万元，因更改施工工艺导致后续施工费用增加30万元。

(3)进入上部结构施工后，突然接到业主通知因市政规划原因暂时停工，等待重新设计。接到通知时，主线除外，匝道桥已搭设支架800t，经测算搭拆工费为400元/t，已制作模板4 000m^2，每平方综合费用80元，完成钢筋制作400t，钢筋清单综合单价6 000元/t，当时的废钢材回收价格为1 000元/t，地面硬化及其他费用20万元。90天后业主下发了新施工图并要求按新设计进行施工。新设计导致原设计匝道部分全部不能利用，报废工程500万元(实体已计量)。

事件(1)发生后，承包人向监理人提交了索赔报告，要求延长工期15天，并补偿费用204 000元(计算式$600\times40+60\times1\,500+75\times1\,200$)、利润20 400元。

事件(2)发生后，承包人向监理人提交了索赔报告，要求延长工期10天，并补偿费用50万元。

事件(3)发生后，承包人向监理人提交了索赔报告，要求延长工期90天，并补偿费用824万元(计算式$800\times400+4\,000\times80+400\times6\,000+200\,000+5\,000\,000$)。

问题：

(1)请问上述三项索赔能否成立？为什么？

(2)分别计算应批准延长工期为几天。

(3)分别计算各事件的索赔费用。

分析要点：

本案例主要考核索赔成立的条件与索赔责任的划分。

参考答案：

(1)问题(1)

①事件(1)的索赔成立。

造成工期延误的原因在于业主拆迁未能按时完成，因此索赔成立。

②事件(2)的索赔不成立。

承包人选择适当的施工方法并确保沿线居民的生产生活不受影响是承包人的责任，由此导致的一切纠纷及损失由承包人承担。

③事件(3)的索赔成立。

由于规划原因导致设计变更,非承包人和业主责任。

(2)问题(2)

事件(1)应批准延长的工期为10天,因为关键线路上的延误为10天,事件(2)应批准延长的工期为90天。

(3)问题(3)

①事件(1)设备闲置所产生的费用为固定费用,未发生燃料、动力费等运行费用,按计日工单价计算不妥,按合同规定索赔只计费用不计利润,因此对于承包人的利润要求不予支持。

设备闲置费用:$60 \times 1\ 000 + 75 \times 800 = 120\ 000$(元)

人员窝工工资:$600 \times 40 = 24\ 000$(元)

合计:$120\ 000 + 24\ 000 = 144\ 000$(元)

②事件(3)计算索赔时钢材应计算回收价值,报废工程已按工程实体进行了计量,索赔时不予计算,结算时按实际完成数量和清单综合单价进行结算,并在结算书中填写“报废工程一览表”。

承包人应获得的补偿费用:$800 \times 400 + 4\ 000 \times 80 + 400 \times (6\ 000 - 1\ 000) + 200\ 000 = 2\ 840\ 000$(元)

【案例70】 某高速公路某合同段,开工前承包人提交了总体施工组织计划并通过监理人的批准。

由于某段填方路基红线外有数户民房距红线距离较近,3月5日施工单位进行路基碾压时,由于振动导致一户民房开裂,因此导致10万元损失赔偿。此后村民不再允许振动压路机压实路基,承包人只得改用静力压实,减小铺筑厚度并报监理人批准执行。因此增加工程费用15万元,并因工效降低,较原计划工期延长50天。

路基填筑到96天后,未施工任何坡面防护工程。进入雨季,降雨频繁,路基边坡冲刷严重。6月20日A地点因泥沙冲积淹没了附近水田、鱼塘,B地点一段路基被水浸泡,边坡滑塌,同时淹没一片花圃。为此,承包人在A地赔偿损失11万元,清理泥沙发生费用5万元,在B地处理边坡滑塌发生费用1万元,赔偿花圃损失3万元。随后监理人下发指令,要求承包人修整边坡,修建临时防护排水设施。为此承包人修整边坡发生费用3万元,修建临时排水设施发生费用4万元。B地积水原因在于设计疏忽,一处堰塘泄洪水沟被路基截断,未做任何设计处理,业主巡视后决定增设一圆管涵并委托设计单位进行了设计补充。设计单位提供的补充图纸按原地面设计,工程量为:基坑开挖土方$250m^3$、回填土$150m^3$、圆管50m。雨季结束后承包人按设计单位提供的补充施工图进行了施工。实际发生工程量为:开挖土方$1\ 000m^3$、回填土方$900m^3$、圆管涵50m。

承包人于3月7日向监理人提交报告,要求业主承担由于施工振动产生的民房赔偿费用10万元,理由是由于业主拆迁范围过小,民房离红线距离太近,不能避免施工影响,同时上报了更改施工工艺的建议。经监理人批准施工工艺变更后,3月20日承包人再次提交报告要求因施工工艺改变补偿费用15万元,工期延长50天。

承包人于6月23日向监理人提交报告,要求补偿费用27万元,理由是①由于暴雨影响非承包人原因造成;②监理人指令增加临时工程。

问题:

（1）你认为承包人的索赔理由成立吗？如果成立哪些费用可得到补偿？

（2）业主指令增加圆管涵后，承包人提交了变更申请，申请支付的细目为：开挖土方 1 000m^3、结构物回填土方 900m^3、圆管涵 50m。但是监理人认为圆管涵以延米计量，开挖回填等均作为附属工作不另行计量，只给予计量圆管涵 50m，你认为妥当吗？如有不妥请按合理的方式给予计量。

分析要点：

本案例主要考核索赔成立的条件与索赔责任的划分，以及变更费用的确定。

参考答案：

（1）承包人索赔的理由部分成立，可以批准的索赔金额为 4 万元。

①路线沿线情况在图纸中已有反映，按照招标程序，承包人已对工程现场进行了勘察，应认为有经验的承包人在投标时已充分考虑了可能影响工程施工组织及造价的全部因素。合同规定承包人应采取可靠措施确保沿线居民的生产生活不受影响，确保邻近的构筑物不受损坏，由此造成的一切损失由承包人承担。合同价格不因选择施工方法的不同而改变。因此 3 月 5 日及 3 月 20 日上报的索赔不成立。

②降雨是季节性的自然现象，作为有经验的承包人应在雨季到来之前妥善安排好雨季施工措施，结合永久性工程做好必要的临时性防护及排水工程，切实保证工程安全。由于承包人未能切实作好相关措施导致的一切损失由承包人承担。监理人指令增加临时防护排水工程是为了更好地保护已完工程，避免更大损失，不能作为索赔依据。

③B 地由于设计不完善造成积水，引起工程损失和周边财产损失，不是承包人的责任。因此应由业主承担相关责任，费用损失合计为 4 万元。

（2）不妥，虽然合同约定圆管涵按延米计量，其他工作作为附属不另计量。这是在正常施工条件下的计量规则。此处路基已填高，后增设圆管涵，必然导致已填筑路基的开挖和重新填筑。原地面以下的开挖和回填应认为包含在合同约定的综合单价内以延米计量，因此除圆管涵 50m 正常计量外，尚应增加开挖土方 750m^3、结构物回填土方 750m^3 两项计量细目。

【案例 71】　北方某高速公路，合同约定按实际完成工程量以合同清单单价进行结算。合同约定每拖延工期一天，交纳违约金 1 万元，反之，奖励 1 万元。某大桥 3 号墩桩基钻孔（关键工作面）过程中多次遇到设计中未标示的溶洞和裂隙，导致多次塌孔、漏浆，成孔较计划推迟 30 天完成，并因处理塌孔漏浆增加费用 5 万元。完成桩基施工后，经检测发现其中一根桩存在严重缺陷，经设计单位验算，需补桩一根，同时加大承台。业主根据设计单位提供的变更施工图下达了变更指令。此项变更增加一根钻孔灌注桩，按合同单价计算金额为 18 万元，钢筋混凝土承台体积增加，按合同单价计算金额为 3 万元。并因此在关键的工作面上再延误 20 天。现浇箱梁推迟开工 50 天。此时监理人下达指令，要求承包人调整计划，确保按合同工期竣工。因工期缩紧，不得不安排冬季施工（原计划冬季不进行施工），增加冬季施工措施费 60 万元。同时为了方便支架搭设，承包人将桥下一灌溉渠拆除，箱梁完成施工后又进行了恢复。因冬季施工工效较低，养护时间延长，经过努力最终工程完工时间仍超出合同约定时间 10 天。

问题：

（1）塌孔漏浆发生后，承包人按合同约定程序提交了索赔意向，该桩完成钻孔后承包人向监理人提交了一份索赔申请，要求补偿费用 5 万元、增加管理费 3 000 元/天（经监理人核准）、利润 1 万元/天，合计增加 44 万元，延长工期 30 天。业主下发了变更设计图后，承包人向监理人提交了变更报告,变更增加工程价款21万元,同时提交一份索赔报告要求延长工期20天。请问上述两项索赔及变更是否成立?

(2)3号墩基桩及承台完成施工并经检验合格后,当期计量承包人将钻孔灌注桩及承台钢筋混凝土均按合同清单单价以实际完成数量进行了计量。桥下灌溉渠恢复后,承包人在当期计量中按合同清单中的拆除圬工、改渠浆砌片石细目以实际工程量进行了计量申请。请问作为计量工程师应如何办理上述两处计量?

(3)监理人下达要求调整施工计划的通知后,承包人立即上报了调整施工计划,获得监理人批准后,承包人随即上报了索赔报告,要求增加冬季施工措施费60万元,理由是因为无法预知的地质情况影响工期。完工后承包人又以工期提前20天为由要求给予奖励20万元。试问上述两项要求应当如何处理?

分析要点:

本题主要考核索赔成立的条件、工程计量的原则。

参考答案:

(1)问题1

①因在图纸中未标明有地下溶洞,是承包人无法预知的情况,因此发生塌孔漏浆,产生额外费用,并延误了工期。承包人提出的索赔理由应予以支持。应批准的索赔费用为处理费用5万元、管理费9万元,延长工期30天。索赔费用为承包人所发生的必要人工、机械、材料、管理成本,不包含利润,所以不能获得利润的索赔。

②由于承包人施工造成工程质量缺陷,由此产生的返工、修复费用及损失由承包人承担。因此增加基桩及加大承台的工程量不能按给予计量支付。工期延长的请求不予支持。

(2)问题2

①桩基变更由于承包人施工质量原因造成,增加的工程量不能得到计量与支付,应按原设计数量予以修正。

②施工支架作为临时工程,应满足工程需要和规范规定,确保工程质量和安全,如何设计和选择适当的形式由承包人决定,其费用已综合在相关工程细目单价之中,不另行支付。桥下灌溉渠本不需拆除,为搭设支架方便,承包人将其拆除,然后进行恢复,所产生的费用应由承包人承担。因此不能进入计量支付。

(3)工期延误由两个事件造成,第一个事件不是承包人的责任,第二个事件由承包人承担责任,因此工期延误应由两事件分别承担。由于第一事件,承包人已获得工期索赔和损失补偿,因此为挽回工期损失而增加的措施费用不能获得索赔支持。工期较合同工期仅延长了10天,扣除批准的工期索赔后实际上提前了20天完成。因此应给予奖励20万元。

【案例72】 某项目招标文件专用条款规定,新增单价优先直接或间接套用相似工程项目单价,A承包人在某隧道施工过程中,洞口仰边坡防护增设砂浆锚杆。合同工程量清单中,隧道内砂浆锚杆支护单价为16.00元/kg,A承包人向业主提出,按专用条款,隧道洞口仰边坡防护砂浆锚杆单价直接套用隧道内砂浆锚杆单价。

问题:

请问你觉得A承包人的要求合理吗?如果不合理,该如何确定隧道洞口仰边坡防护砂浆锚杆的单价?

分析要点:

直接或间接套用相似工程单价，是确定工程变更新增单价常用的方法，此处虽同为砂浆锚杆，但隧道洞内 1 洞外施工存在人工、机械消耗上的差异，因此，不能直接套用。

参考答案：

不合理。因为虽然同为砂浆锚杆，但洞内施工的功效与洞外仰边坡的施工功效存在一定的差异，所以不宜直接套用。

此处洞口砂浆锚杆防护可以间接套用洞内砂浆锚杆支护单价，只要计算出洞内外的差价就可以了。

洞内外差价计算

序号	工程细目名称	单位	工程量	定额代号	取费类别	定额系数或调整
1	洞内砂浆锚杆	1t	1	3-1-6-1	钢材及钢结构	
2	洞外砂浆锚杆	1t	−1	3-1-6-1	钢材及钢结构	人工、机械系数(1/1.26)

注：工程量相同，一正一负即可。

【案例 73】　某跨线桥工程基坑开挖后发现有城市供水管道横跨基坑，须将供水管道改线并对地基进行处理，为此业主以书面形式通知承包人停工 10 天，并同意合同期顺延 10 天，为确保继续施工，要求工人、施工机械等不要撤离施工现场，但在通知中未涉及由此造成承包人停工损失如何处理。承包人认为对其损失过大，意欲索赔。

问题：

(1)索赔能否成立，索赔证据是什么？

(2)由此引起的损失费用项目有哪些？

(3)如果提出索赔要求，应向业主提供哪些索赔文件？

分析要点：

本案例主要考核工程索赔成立的条件，索赔的内容与证据，索赔文件的种类、内容及形式。

参考答案：

(1)索赔成立，索赔证据为业主提出的要求停工的通知书。

(2)费用损失主要包括：10 天的工人窝工、施工机械停置及管理费用。

(3)应向业主提供的索赔文件主要有：

①致业主的索赔信函，提出索赔要求。

②索赔报告：提出索赔事实和内容，引用文件说明索赔的合理与合法性，提出索赔费用的计算依据及要求的赔偿金额。

③索赔费用计算书及索赔证据复印件。

【案例 74】　某工程实行总价合同承包。工程招标文件参考资料中提供的用砂地点距工地 4km，但开工后，发现该砂不符合质量要求，承包人只得从另一距工地 20km 供砂点采购，而在一个关键工作面上又发生了几种原因造成的暂时停工：4 月 20 日至 4 月 26 日承包人的施工设备出现了从未出现过的故障；应于 4 月 24 日交给承包人的后续图纸直到 5 月 10 日才交付；5 月 7 日到 5 月 12 日工地下了该季节罕见的特大暴雨，造成了 5 月 11 日到 5 月 14 日该地区的供电全面中断。

问题：

(1)由于供砂距离的增大，必然引起费用的增加，承包人经过仔细计算后，在业主指令下达的第 3 天，向业主的监理人提交了将原用砂单价每吨提高 5 元人民币的索赔要求。作为一名监理人您批准该索赔要求吗？为什么？

(2)由于几种情况的暂时停工,承包人在5月15日向业主的监理人提交了延长工期22天,成本损失费人民币2万元/天(此费率已经监理人核准)和利润损失费人民币2 000元/天的索赔要求,共计索赔款人民币55万元。

①作为一名监理人,您批准的索赔款额是多少万？为什么？

②作为一名监理人,您认为会在业主给承包人工程款的支付中扣除竣工拖期违约损失赔偿金吗？为什么？

(3)索赔成立的条件是什么？

(4)若承包人对因业主造成的窝工损失,要求设备窝工按台班计算,人工的窝工按日计价是否合理？如不合理应怎样计算？

分析要点:

本案例主要考核工程索赔的概念、成立的条件、施工进度的拖延和费用增加的责任如何处理,工期和费用索赔的计算与审查方法。

参考答案:

(1)对承包人提出的因砂场地点变化的索赔不予批准,原因是:

承包人应对自己就招标文件的理解负责并考虑相关的风险。

承包人应对自己报价的正确性和完备性负责。

对当地砂、石材料的供应情况变化是一个有经验的承包人能够合理预见到的。

(2)批准索赔款额24万元,原因是:

4月20日至4月26日的停工属于承包人自身的原因造成的,应由承包人承担,因此,不考虑承包人的索赔要求。

4月27日至5月6日的停工属于业主的原因造成的,应由业主承担,应考虑承包人的索赔要求,但不考虑承包人提出的利润索赔要求,索赔额为10×2 =20(万元)。

5月7日至5月12日的停工是由于不可抗力造成的,属于业主和承包人共同承担的风险,在题中没有明示工程会因此引起竣工延期时不考虑承包人的索赔要求。

5月13日至5月14日的停工是因为供电中断造成的,而提供工地正常供电是业主的义务,因此该停工的责任应由业主承担,但不考虑承包人的利润索赔要求,索赔额为2×2 =4万元。

由上述事件引起的工程进度拖延不等于竣工工期的延误。原因是:如果不能够通过施工方案的调整将延误的工期补回,将会造成竣工延误,支付中要扣除拖期违约金(延长工期);如果能够通过施工方案的调整将延误的工期补回,不会造成竣工延误,不产生拖期违约金,支付中不扣除(不延长工期)。

(3)承包人的索赔要求成立必须同时具备如下四个条件:

与合同相比较,已造成了实际的额外费用增加或工期损失。

造成费用增加或工期损失的原因不是由于承包人的过失。

按合同规定不应由承包人承担的风险。

承包人在事件发生后的规定时限内提出了索赔的书面意向通知。

(4)不合理。

因窝工而闲置的设备按折旧费或停置台班费或租赁费计价,不包括运转费部分。人工费损失应考虑这部分工作的工人调做其他工作时工效降低的损失费用,一般用工日单价乘以一个测算的降效系数计算这一部分损失，而且只按成本费用计算，不包括利润。

【案例 75】　某工程深基坑支护系统包括围护桩、顶梁、钢筋混凝土水平支撑、锚杆、钢围檩等，围护桩为干挖桩。业主通过招标确定由 A 承包人中标。

A 承包人报价明细如下：

序号	项 目 名 称	单位	工 程 量	预算单价(元)	优惠后单价(元)	优惠后总价(万元)
1	顶梁不含土方	m^3	1 015.67	685.07	527.50	53.57
2	干挖桩不含土方	m^3	5 901.70	936.96	721.40	425.70
3	钢筋混凝土支撑	m^3	398.00	777.60	598.80	23.80
4	凿除桩头	m^3	305.50	68.17	43.00	1.30
A	工程费合计					1 054.30
B	设计费					8.90
C	风险费					26.80
D	监理费					40.00
E	包干费					50.00
	报价合计	A + B + C + D + E				1 180.00

业主认可 A 承包人优惠后的报价，并以 1 180 万元就合同内容一次包死。由于当时业主意向性认可土方开挖仍由 A 承包人施工，故围护施工中顶梁围护桩的土方纳入今后土方开挖总量包干。可是，进入土方开挖阶段，业主以 640 万元的总价将 18 万 m^3 的土方任务包给 B 承包人，并明确 640 万元中凿除桩头费用为 10 万元，降水费 1.5 元/ m^3。

A 承包人由于未接到土方开挖任务但实际已开挖土方，因此，向业主提出：要求按业主与 B 承包人签订的土方单价补偿 A 承包人在围护桩施工期间实际发生的土方费用。

问题：

(1) A 承包人要求是否合理？

(2) 监理人应如何核算该部分费用？

分析要点：

本案例主要考核工程索赔成立的条件和索赔费用的计算。

参考答案：

(1) A 承包人在围护施工期间完成的土方任务，属合同之外的内容，但已发生，A 承包人要求补偿是合理的。

(2) 土方开挖总价 640 万元，土方实际单价应扣除凿桩头及降水费用。即：

$(6\ 400\ 000 - 100\ 000 - 1.5 \times 180\ 000) \div 180\ 000 = 33.5$(元/ m^3)

$33.5 \times (1\ 015.67 + 5\ 901.7) = 231\ 731.90$(元)

业主应支付给 A 承包人 231 731.90 元土方开挖费用。

【案例 76】　某山岭重丘区公路路基土、石方工程中，承包人在合同中标明有软石的地方未遇到软石，因此，该施工段的工期提前 1 个月。但另一施工段在合同中没有标明有岩石的地方遇到了较多的次坚石，使开挖工作变得更加困难，工期因此拖延了 5 个月。由于工期拖延，使得施工不得不在雨季进行。按一般公认标准计算，影响工期 2 个月，由于实际遇到的地质条件比原合理预计的复杂，造成了实际生产率比原计划低得多，折算影响工期 3 个月。为此，承包人准备提出索赔。

问题：

该索赔计划有关索赔的内容、理由、证据、通知、文件编写等，用文字简要说明其要点。

分析要点：

本案例主要考核工程索赔成立的条件与索赔责任的划分，索赔的内容与证据，索赔文件的种类、内容及形式。

参考答案：

（1）索赔的内容：本事件使承包人由于意外地质条件造成施工困难，导致工期延长，相应产生额外的工程费用，因此，应包括费用索赔和工期索赔。

（2）索赔的理由：施工中遇到在合同中未标明的较多次坚石，施工现场的施工条件与原来的勘察有很大差异，超出合同提供的条件，属于业主的责任范围。

（3）索赔的证据：

①工程照片，各项由业主代表或监理人签认的签证，工程施工现场实施情况记录，与本事件相关的合同文件（如标书、图纸、设计交底记录、变更指令等）。这些证明用以说明施工条件变化的程度及是否真实等情况。

②施工进度表、施工备忘录、会议记录或纪要，以及以上各种记录报告，用以分析计算延误的工期情况并证实其可信性。

③与本事件相关的人工报表、材料报表、机械设备报表，用以分析计算多用了人工或延长工作时间，增加了设备数量、种类或工作时间，以及多用材料数量。

（4）索赔的文件主要包括：索赔信、索赔报告、详细计算书与证据。

（5）索赔的通知：应在索赔事件发生后合同规定的有效期内向业主或监理人提出索赔要求，在发出通知后，承包人应进一步开展索赔的取证工作，以备要求进一步补充索赔理由和证据。

索赔通知的参考形式如下：

索 赔 通 知

致业主代表或监理人：

我方希望你对土方开挖中工程地质条件变化问题引起重视。

一、在合同文件中标明有软石的地方未遇到预计的软石。

二、在合同文件中未标明有岩石的地方遇到较多的次坚石。

由于第一条，我方实际工期提前。

由于第二条，我方实际生产效率降低，而引起工期拖延，并不得不在雨季施工。

综合上述情况，由于施工条件变化造成我方实际工期拖延 4 个月，并由此使得我方费用比合同预计的增加很多。所以，我方就施工现场的施工条件与原勘察设计有很大不同，向你方提出工期索赔及费用索赔，具体工期索赔及费用索赔依据及数额的计算在随后的索赔报告中体现。

【案例 77】 某公路工程公司于某年 3 月 10 日与某业主签订一工程施工承包合同。合同中有关工程价款及其支付的条款摘要如下：

（1）合同总价为 6 000 万元。

（2）开工预付款为合同总价的 25%，于 3 月 20 日前拨付给承包人。

(3)工程进度款由承包人逐月(每月月末)申报,经审核后于下月 5 日前支付。

(4)开工预付款在进度款累计金额达到合同总额的 30% 之后,每完成合同总价 1%,扣回开工预付款的 2%,全部金额在累计金额达到合同总价的 80% 时扣完。

(5)工程竣工并交付竣工结算报告后 30 天内,支付工程总价款的 95%,留 5% 为工程质量保证金,保修期(1 年)满后,全部结清。

合同中有关工程工期的规定为:4 月 1 日开工,9 月 20 日竣工;工程款逾期支付按每日 8‰的利率计息;逾期竣工,按每天 10 000 元罚款。根据经业主代表批准的施工进度,各月计划完成产值(合同价)如下表所示:

月份(月)	4	5	6	7	8	9
完成产值(万元)	800	1 000	1 200	1 200	1 000	800

在工程施工至 8 月 16 日时,因施工设备出现故障,停工 2 天,造成窝工 50 工日(每工日工资 19.50 元),8 月实际产值比原计划少 30 万元。工程施工至 9 月 6 日,因业主提供的某种材料质量不合格、效果差,业主决定更换材料,造成拆除用工 60 工日(每工日工资 19.50 元),机械多闲置 3 个台班(每台班按 4 000 元计),材料费损失 5 万元,其他费用损失 1 万元,重新修建费 10 万元,因拆除、重修使工期延长 5 天,最终工程于 9 月 29 日竣工。

问题:

(1)按原施工进度计划,为业主提供一份完整的逐月拨款计划。

(2)承包人分别于 8 月 20 日提出延长工期 3 天,费用索赔额 975 元,于 9 月 28 日提出延长工期 6 天,费用索赔额 173 170 元。请问该两项索赔能否成立?应批准延长工期为几天?索赔费为多少元?

(3)8 月和 9 月,承包人应申报的工程结算款分别为多少?

分析要点:

本案例主要考核工程结算按月结算的计算方法及工程索赔费用的计算。

参考答案:

(1)按原施工进度计划的逐月拨款计划:

①预付备料款:6 000 × 0.25 = 1 500(万元)

②预付备料款的起扣点:6 000 × 0.3 = 1 800(万元)

③逐月拨款计划:

a. 4 月份

本月完成产值 800 万元,累计完成 800 万元,占合同额的 13.33%。

未达起扣点,本月不扣回预付款。

本月扣留的质量保证金:800 × 5% = 40(万元),累计扣留 40 万元。

本月拨付工程款:800 − 40 = 760(万元),累计拨付 760 万元。

b. 5 月份

本月完成产值 1 000 万元,累计完成 1 800 万元,占合同额的 30.00%。

刚达起扣点,本月不扣回预付款。

本月扣留的质量保证金:1 000 × 5% = 50(万元),累计扣留 90 万元。

本月拨付工程款:1 000 − 50 = 950(万元),累计拨付 1 710 万元。

c.6 月份

已达到起扣点,从本月开始应扣回预付款。

预付款的扣回金额 =(当月累计已完成工作量 - 起扣点)/合同总价 ×100 × 预付款扣回比例 × 预付款额 - 上月扣回预付款额

本月完成产值 1 200 万元,累计完成 3 000 万元,占合同额的 50.00%。

本月扣回的预付款:(3 000 - 1 800)/6 000 ×100 ×2% ×1 500 =600(万元),累计扣回 600 万元。

本月扣留的质量保证金:1 200 ×5% =60(万元),累计扣留 150 万元。

本月拨付工程款:1 200 - 600 - 60 =540(万元),累计拨付 2 250 万元。

d.7 月份

本月完成产值 1 200 万元,累计完成 4 200 万元,占合同额的 70.00%。

本月扣回的预付款:(4 200 - 1 800)/6 000 ×100 ×2% ×1 500 - 600 =600(万元),累计扣回 1 200 万元。

本月扣留的质量保证金:1 200 ×5% =60(万元),累计扣留 210 万元。

本月拨付工程款:1 200 - 600 - 60 =540(万元),累计拨付 2 790 万元。

e.8 月份

本月完成产值 1 000 万元,累计完成 5 200 万元,占合同额的 86.67%。

根据合同约定,全部金额在累计金额达到合同总价的 80% 时扣完开工预付款,因此,本月扣回的预付款:1 500 - 1 200 =300(万元)。

本月扣留的质量保证金:1 000 ×5% =50(万元),累计扣留 260 万元。

本月拨付工程款:1 000 - 300 - 50 =650(万元),累计拨付 3 440 万元。

f.9 月份

本月完成产值 800 万元,累计完成 6 000 万元。

本月扣留的质量保证金:800 ×5% =40(万元),累计扣留 300 万元。

本月拨付工程款:800 - 40 =760(万元),累计拨付 4 200 万元。

累计拨付工程 + 预付款 + 质量保证金 =4 200 +1 500 +300 =6 000(万元),与累计完成产值相一致。

(2)第一项不予批准。第二项应予批准,应批准延长工期为 5 天,费用索赔额:

60 ×19.5 +3 ×4 000 +50 000 +10 000 +100 000 =173 170(元)

(3)8 月份承包人应申报的工程结算款:

1 000 - 30 - 300 - (1 000 - 30) ×5% =621.5(万元)

9 月份承包人应申报的工程结算款:

800 +30 - (800 +30) ×5% +17.317 0 =805.817(万元)

【案例 78】 国内某工程参照 FIDIC 合同条件规定,承包人要求索赔成立的条件必须具备如下四个条件:

(1)与合同相比较已经造成实际的额外费用增加或工期损失;

(2)造成费用增加或工期损失的原因不是由于承包人的过失;

(3)按合同规定不应由承包人承担的风险;

(4)承包人在事件发生后的规定时限内提出了书面的索赔意向通知。

由于该工程项目工程变更，使钢筋混凝土项目与原合同估算工程量 8 300m^3（单价 150 美元/m^3，超过 25% 以上才允许调整单位价格）增加成 12 500m^3。因此承包人按上述条件要求在规定的时限内向业主提出了书面的索赔通知。

问题：

通过监理人的努力，最后业主与承包人达成一致意见，超出部分的钢筋混凝土单价为 135 美元/m^3。请问业主应付给承包人总计多少美元？

分析要点：

本案例主要考核工程量变更后，工程价款的计算原则。

参考答案：

（1）工程量的变化

增加的工程量：$12\ 500 - 8\ 300 = 4\ 200(m^3)$

$4\ 200 \div 8\ 300 = 50.6(\%)$，已超过原工程量的 25%，25% 以内的钢筋混凝土按原合同单价计算，25% 以外的钢筋混凝土按新单价计算。

（2）费用计算

$$8\ 300 \times (1 + 0.25) \times 150 + [12\ 500 - 8\ 300 \times (1 + 0.25)] \times 135$$
$$= 8\ 300 \times 1.25 \times 150 + (12\ 500 - 8\ 300 \times 1.25) \times 135 = 1\ 843\ 125(\text{美元})$$

第6章 施工管理

6.1 标后预算

【案例79】 某公路工程采用沥青混凝土路面,施工图设计的路面面层为中粒式沥青混凝土,厚为18cm(4cm+6cm+8cm)。其中某标段路线长度25km,面层数量为610 350m²。承包人在中标后,组织相关人员对现场进行了详细踏勘,发现在距路线两端1/3处各有一块比较平坦的场地,可以作为拌和站的场地,且与路线紧邻。合同约定的施工工期为5个月。

问题:

假定承包人的企业预算定额比部颁《公路工程预算定额》的工效提供5%,拌和站场地处理费用不考虑。请根据上述资料列出本标段路面工程标后预算直接费所涉及的相关定额的名称、单位、定额代号、数量等内容,并填入表格,需要时应列式计算或文字说明。

分析要点:

本案例主要考核沥青面层施工的工序,以及面层混合料拌和设备随具体施工情况配备。先根据沥青拌和设备的工作能力确定拌和设备的台数,再确定面层混合料的平均运距。

参考答案:

(1)混合料拌和设备数量计算。

结合承包人现有机械设备情况,沥青混合料拌和设备按240t/h考虑,拌和设备利用系数按0.85考虑,沥青混凝土的压实干密度按2.36t/m³计算,拌和设备每天的工作时间按10小时计算,根据合同约定的工期,考虑拌和站的安拆等内容,路面实际施工时间按4个月考虑。则混合料拌和设备的需要量:610 350×0.18×2.36÷240÷30÷4÷10÷0.85=1.06(台)。

(2)混合料综合平均运距计算。

如设置一处沥青混合料拌和站,其混合料综合平均运距:25÷3÷2÷3+25÷3×2÷2×2÷3=6.94(km),按7km考虑。

如设置两处沥青混合料拌和站,其混合料综合平均运距:25÷3÷2×2÷3+25÷3÷2÷2÷3=3.47(km),按3.5km考虑。

(3)不同施工组织的必选。

设置一处拌和站的拌和站安拆及混合料运输费用:518 775÷(610 350×0.18)+(5 473+445×12)÷1000=15.54(元/m³)

设置两处拌和站的拌和站安拆及混合料运输费用:518 775×2÷(610 350×0.18)+(5 473+445×5)÷1000=17.14(元/m³)

再加上拌和站场地处理和临时占地费用,设置一处拌和站比设置两处拌和站经济。

同时,从施工管理的角度来看,通过加强施工管理,缩短拌和站安拆的时间及提供设备的利用率,设置一处拌和站是可以在合同约定的工期内完成项目施工的。

综合各方面考虑,设置一处拌和站是合理的。

(4)标后预算直接费所涉及的相关定额的名称、单位、定额代号、数量如下表所示:

<table>
<tr><th colspan="2">工程细目</th><th>定额代号</th><th>单位</th><th>数量</th><th>定额调整或系数</th></tr>
<tr><td colspan="2">沥青透层</td><td>2-2-16-3</td><td>1 000m²</td><td>646.971</td><td>人工、机械×0.95</td></tr>
<tr><td colspan="2">中粒式沥青混凝土沥青混合料拌和</td><td>2-2-11-11</td><td>1 000m³</td><td>109.863</td><td>人工、机械×0.95</td></tr>
<tr><td rowspan="2">15t 以内自卸汽车运沥青混合料</td><td>第一个 1km</td><td>2-2-13-21</td><td>1 000m³</td><td>109.863</td><td>人工、机械×0.95</td></tr>
<tr><td>每增运 0.5km</td><td>2-2-13-23</td><td>1 000m³</td><td>109.863</td><td>定额×12,人工、机械×0.95</td></tr>
<tr><td colspan="2">机械摊铺沥青混凝土</td><td>2-2-14-47</td><td>1 000m³</td><td>109.863</td><td>人工、机械×0.95</td></tr>
<tr><td colspan="2">沥青黏层</td><td>2-2-16-5</td><td>1 000m²</td><td>1220.7</td><td>人工、机械×0.95</td></tr>
<tr><td colspan="2">沥青混合料拌和设备安装、拆除</td><td>2-2-15-5</td><td>1 座</td><td>1</td><td>人工、机械×0.95</td></tr>
</table>

【案例 80】　某三级公路编制清单预算中,浆砌片石边沟主要数量见下表。

项 目 名 称	单　位	数　量
浆砌片石边沟	m^3	3 700
水泥砂浆抹面	m^2	13 800
基础开挖土方	m^3	3 700

该项目其他工程费综合费率Ⅰ为 4%,其他工程费综合费率Ⅱ为 0,规费费率为 40%,企业管理费综合费率为 6%,税率为 3.22%。若该工程各项预算价格,均以定额基价上调 20% 计算,其中人工费占直接工程费 8%。

问题:

请测算该浆砌片石边沟每立方米成本价。

分析要点:

本案例主要考核运用经验估算法测算项目清单某支付细目成本价的方法。

参考答案:

(1)直接费的计算

①直接工程费:根据题意,该浆砌片石边沟的直接工程费以定额基价上调 20% 计算,其构成内容如下:

项 目 名 称	定额号	单位	数量	基价(元)	合计(元)
浆砌片石边沟	1-2-3-1	$10m^3$	370	1 714	634 180
水泥砂浆抹面	4-11-6-17	$100m^2$	138	713	98 394
基础开挖土方	1-2-1-2	$1\ 000m^3$	3.7	11 513	42 598
合计					775 172

直接工程费:775 172×(1+20%)=930 206(元)

②其他工程费:直接工程费×其他工程费综合费率=930 206×4%=37 208(元)

③直接费:直接工程费+其他工程费=930 206+37 208=967 414(元)

(2)间接费的计算

①规费:各类工程人工费×规费费率=930 206×8%×40%=29 767(元)

②企业管理费:直接费×企业管理费综合费=967 414×6%=58 045(元)

③间接费:规费+企业管理费=29 767+58 045=87 812(元)

(3)税金计算

税金:(直接费+间接费)×综合税率=(967 414+87 812)×3.22%=33 978(元)

(4)浆砌片石边沟每立方米成本价。

(967 414+87 812+33 978)÷3 700=294.38(元/m^3)

【案例81】 某工地有一台水泥混凝土拌和站,其动力依靠工地配备的柴油发电机组供应。假定当地柴油价格为8.8元/kg,人工工资单价为60.00元/工日,发电机组总功率为300kW,拌和站和发电机组的基本情况如下表所示。

项目	机械名称	
	水泥混凝土拌和站	发电机组
折旧费(元/台班)	800	200
大修理费(元/台班)	150	90
经常修理费(元/台班)	250	200
安装拆卸及辅助设施费(元/台班)	0	10
人工(工日/台班)	8	2
电[(kW·h)/台班]	700	
柴油(kg/台班)		300

问题:

请计算水泥混凝土拌和站的机械台班预算单价。

分析要点:

本案例主要考核机械台班单价的计算方法。

参考答案:

(1)计算发电机组的台班预算单价

不变费用=200+90+200+10=500(元/台班)

可变费用=2×60+300×8.8=2 760(元/台班)

发电机组台班单价=500+2 760=3 260(元/台班)

(2)计算自发电电价

根据编制办法中电价计算公式A=0.24×发电机组台班单价÷发电机组总功率;

电价=0.24×3 260÷300=2.61[元/(kW·h)]

(3)计算水泥混凝土拌和站台班预算单价

不变费用=800+150+250=1 200(元/台班)

可变费用=8×60+700×2.61=2 307(元/台班)

计算水泥混凝土拌和站台班预算单价=1 200+2 307=3 507(元/台班)

【案例82】 某隧道工程长900m,断面为160m^2,Ⅲ级围岩。施工单位采用机械开挖自卸汽车运输,开挖时按照实施性施工组织设计,每个断面炸药量为140kg,非电毫秒雷管200个,每次爆破掘进1m,炸药单价为8元/kg,非电毫秒雷管1.9元/kg。另外,经测算每开挖100m³需要人工60个工日,人工单价为100元/工日。定额人工、材料和机械设备消耗量和单价如下表所示。

隧道长度1 000m以内Ⅲ级围岩开挖定额

项目	单位	消耗量	单价(元)	备注
人工	工日	47.0	49.2	
原木	m^3	0.024	1 120	
锯材	m^3	0.022	1 350	
钢管	t	0.013	5 610	
空心钢钎	kg	10.8	7	
50mm以内合金钻头	个	5	27.21	
铁钉	kg	0.2	6.97	
8~12号铁丝	kg	2.1	6.1	
硝铵炸药	kg	98.5	6	
非电毫秒雷管	个	113	1.52	
导爆索	m	60	1.1	
水	m^3	25	0.5	
其他材料费	元	26.7	1	
气腿式凿岩机	台班	6.79	18.4	
$10m^3/min$以内电动空压机	台班	0.26	358.94	
$20m^3/min$以内电动空压机	台班	1.30	563.25	
小型机具使用费	元	108.8	1	
基价		4 595		

问题:

假如除计取10%管理费外不计取其他任何费用,则每开挖100m³需要的施工成本是多少?

分析要点:

本题主要考虑的是实施性施工组织设计时工料机用量和单价发生变化时对定额的改变,也就是常用的单价分析表。

参考答案:

每次掘进1m,每个断面炸药量为140kg,非电毫秒雷管200个,开挖量$160\times1=160(m^3)$。则每开挖100m³炸药用量:$140\div1.6=87.5(kg)$,非电毫秒雷管用量:$180\ 000\div1\ 440=125$个。将人工、炸药、非电毫秒雷管的实际用量及单价分别替换上表中的数据,则可得开挖

$100m^3$ Ⅲ级围岩的直接工程费。

开挖 $100m^3$ Ⅲ级围岩单价

项　　目	单　位	消 耗 量	单价(元)	备　注
人工	工日	60.0	100	单价变化
原木	m^3	0.024	1 120	
锯材	m^3	0.022	1 350	
钢管	t	0.013	5 610	
空心钢钎	kg	10.8	7	
50mm 以内合金钻头	个	5	27.21	
铁钉	kg	0.2	6.97	
8~12 号铁丝	kg	2.1	6.1	
硝铵炸药	kg	87.5	8	用量及单价变化
非电毫秒雷管	个	125	1.9	
导爆索	m	60	1.1	
水	m^3	25	0.5	
其他材料费	元	26.7	1	
气腿式凿岩机	台班	6.79	18.4	
$10m^3$/min 以内电动空压机	台班	0.26	358.94	
$20m^3$/min 以内电动空压机	台班	1.30	563.25	
小型机具使用费	元	108.8	1	
直接工程费	元	8 457.35		

施工管理费:8 457.35×10% =845.74(元)

每开挖 $100m^3$ 的施工成本:8 457.35+845.74=9 303.09(元)

【案例 83】 某土石方运输工程施工时有 10 台 10t 自卸车运土,这 10 台自卸车买价均为 48 万/台,已经使用了 3 年。按每台使用 6 年计,采用直线折旧法折旧。大修按折旧费的 10%计算,经常修理费按 1 万/年。全年计 240 个台班,机上人工费为 100 元/台班,柴油市场价为 7.5 元/kg,车船使用税为 4 元/台班。10t 自卸车台班定额如下:

10t 自卸车台班定额

不变费用					可变费用		
折旧费	大修理费	经常修理费	安拆及辅助设施费	小计	人工(工日)	柴油(kg)	车船使用税
140.52	22.51	75.18		238.21	1	55.32	

问题:

请问这 10 台 10t 自卸汽车的台班单价为多少?

分析要点:

本题主要考虑实际施工时机械台班单价的确定。机械台班的计算一般包含可变费用和不变费用。不变费用包含折旧费、大修理费、经常修理费和安拆及辅助设施费,但自卸车台班定额中没有安拆及辅助设施费。可变费用有机上人工和燃油料和车船使用税。自卸汽车折旧费有直线式、加速折旧法几种计算方法。本题考的是直线式。

参考答案：

折旧费用：18 ÷ 6 = 3(万元/年)

大修按折旧费的10%计算，大修费用：3 × 10% = 0.3(万元/年)

每年不变费用：3 + 0.3 + 1 = 4.3(万元)，摊到每个台班：43 000 ÷ 240 = 179.17(元)

台班单价：179.17 + 100 × 1 + 55.32 × 7.5 + 4 = 698.07(元)

【案例84】 某工程混凝土施工采用搅拌站拌和、$3m^3$ 混凝土搅拌运输车运输，该运输车的运输效率为0.95。搅拌站到混凝土浇筑地的平均运距为5km，满车平均时速为40km/h，空回平均时速为50km/h，每一循环等待、装卸、掉头和清洗车辆等工作总计需要25min(此时间已包含机械工人的休息等时间)。

问题：

(1)假设该运输车的幅度差为1.15，请问每运输 $100m^3$ 混凝土需要多少个台班？

(2)如该工程混凝土为20 $000m^3$，工期为4个月，每个月有效工作日为25天，完成该工程需要配备多少台 $3m^3$ 混凝土搅拌运输车？

分析要点：

本题主要考的是实际施工时混凝土运输的台班产量。

参考答案：

(1) $3m^3$ 搅拌运输每一工作循环需要的时间

满载运行时间：5 ÷ 40 × 60 = 7.5(min)

空回时间：5 ÷ 50 × 60 = 6(min)

等待、装卸、掉头和清洗车辆等工作和机械工人的休息总计需要25min，则 $3m^3$ 搅拌运输车每一工作循环需要的时间：(7.5 + 6 + 25) ÷ 0.95 = 40.53(min)

(2)运输 $100m^3$ 需要的台班数量

运输 $100m^3$ 需要的时间：40.53 × (100 ÷ 3) = 1 351(min)

则运输 $100m^3$ 需要的台班：1 351 ÷ 60 ÷ 8 × 1.15 = 3.24(台班)

(3)为完成该混凝土工程，需要配备的运输车数量。

运输20 $000m^3$ 需要的 $3m^3$ 搅拌运输车数量：20 000 ÷ 100 × 3.24 ÷ (25 × 4) = 6.48(台)

即需要7台 $3m^3$ 混凝土搅拌运输车。

【案例85】 简述一下标后预算的依据及采用企业定额编制标后预算的原则和步骤。

参考答案：

标后预算的依据主要有：①主合同文件及标价的工程量清单；②项目实施性施工组织设计；③材料进场价；④同类施工项目工程造价的经验数据或企业定额；⑤机械的租赁单价；⑥现场人工单价；⑦混合料生产配合比；⑧有关定岗、定员、工资总额控制办法及有关计算标准等。

采用企业定额编制标后预算的原则有：①采用企业定额编制标后预算的工程量和费用基数仍然是主合同工程量清单列出的预估工程量和有效合同价费用总额；②合同总价中的暂定金和专项暂定金额是项目经理部变更索赔努力的目标。

采用企业定额编制标后预算的步骤有：①现场调查。现场调查的目的是获取编制标后预算的第一手资料，应对施工现场进行详细的调查，收集更多的数据、资料；②熟悉设计图纸、合同文件，填写数据准备表，根据计算规则对有关数量、材料进行调整；③进行计算；④根据企业积累的经验成本价对预算进行合理的调整；⑤领导审核；⑥向项目经理部下达协商函，征求项目经理对标后预算的意见和建议；⑦根据项目经理部对标后预算反馈的意见对标后预算进行调整；⑧由企业领导最终审批标后预算。

【案例 86】 简述工程决算与竣工决算(财务决算)的关系。

分析要点：

本题主要考的是工程决算与竣工决算的作用及其之间的关系。

参考答案：

工程决算是从工程管理的角度出发，侧重于工程实体形成过程中"量"、"价"、"费"的分析，以建安工程费用为重点，以签订的合同为基础，以实施工程量、合同单价及合同相关条款为核算依据，同时反映工程管理过程中量的变化引起的费用变化和非量变化引起的费用变化，最终形成以建设项目的费用构成为表现形式并反映项目分部、分项工程的工程量大小以及综合单价的高低。通过工程决算的编制，能够真实地反映项目费用形成，考核各项费用支出的必要性和合理性，与批准的概(预)算对比反映概(预)算执行情况，从而达到规范管理，堵塞漏洞的目的。

竣工决算则是从财务管理的角度出发，侧重于对资金的流向、大小和在时间上分布的分析，以现行的财税制度为依据，通过对资金的流动情况为重点进行分析，形成符合基本建设财务管理办法的科目体系，来反映竣工工程从开始建设起到竣工为止的全部资金来源和运用情况，达到核定使用资产价值的目的。它侧重于对财务制度执行情况的反映，能够确定资金流动的真实性和合法性，是办理资产交付使用手续的依据。

作为工程建设过程中缺一不可的两个管理体系——工程管理和财务管理、是紧密联系、相互制约的，那么同为对管理成果的直接反映，工程决算和竣工决算也是相辅相成的：工程决算是在基础数据表所反映的内容的基础上对工程管理过程的监督，在一定程度上满足了工程管理人员对有关造价信息的需求，也是编制竣工决算的基础和依据；而竣工决算是通过对财务管理过程中日常费用支出的监督检查，达到规范管理的目的，同时也是对工程决算的归纳和总结。

6.2 网络和流水

【案例 87】 某公路涵洞基础工程初始网络图如图 1 所示。图中箭线上方字母为工作名称，下方为持续时间。在施工中，由于施工组织和工艺要求，工作 A、D、H 需要使用同一台施工机械，工作 C、E 需要同一班组工人完成作业。为此该施工计划需要做出相应的调整。

问题：

1. 请对图 1 所示的进度计划做出相应的调整，绘制出调整后的施工网络进度计划，计算总工期是否发生变化，并指出关键线路。

2. 试分析工作 A、D、H 的最早开始时间、最早完成时间。如果该三项工作均以最早开始时间开始作业，该种施工机械需在场多长时间？闲置多长时间？若保持总工期不变，尽量使该种施工机械在场闲置时间最短，该三项工作应如何安排？

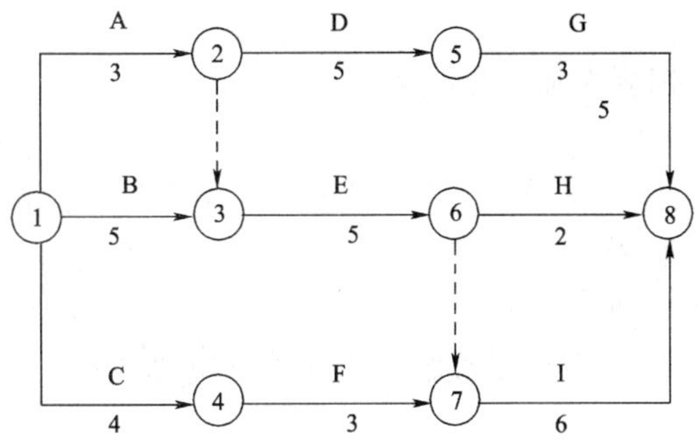

分析要点：

本题主要考虑网络图的绘制，关键线路及总工期的计算，总时差、单时差的调整对关键线路的影响。

答案：

1. 答：根据题意，调整后的图如图 2 所示。关键线路如图中粗线所示，总工期仍为 16 天，没有发生变化。

2. 答：如果该三项工作均以最早开始时间开始作业，该种施工机械需要在现场时间由工作 A 的最早开始时间和工作 H 的最早完成时间确定，即为 12 - 0 = 12 天。A、D、H 工作时间为 3 天、5 天、2 天，共计 10 天。现场闲置时间为 12 - 10 = 2 天。

若要使该施工机械在现场闲置时间最短，则应计算工作 A、D 的总时差和单时差。工作 A、D 两项工作的总时差分别为 2 天、5 天，单时差均为 0 天。由于工作 A、D 单时差为 0，则说明工作 A、D 最早开始时间的调整会影响关键线路的改变。而该两项工作的总时差的最小值为 2，所以最多只能调整工作 A 的最早开始时间 2 天，即工作 A 的最早开始时间为 2（即第 3 天开始作业），此时工作 A 也将成为关键工作。工作 D 的最早开始时间 5，持续 5 天后即开始工作 H。此时，该施工机械在现场闲置时间为 0，而这种利用总时差的安排将不会影响原总工期。

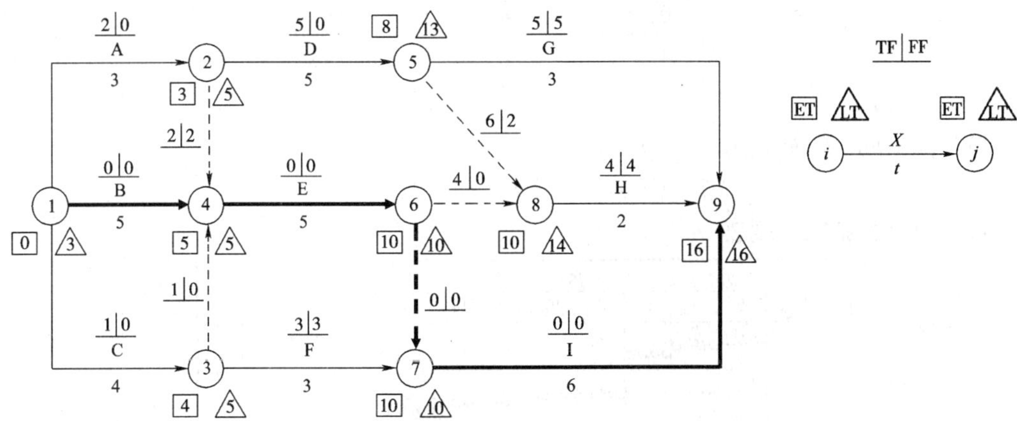

【案例 88】　某工程由 A、B、C、D 四个施工过程组成，施工顺序为：A→B→C→D，分别在四个施工段上，各施工过程相应的流水节拍为：t_A = 2 天，t_B = 4 天；t_C = 4 天，t_D = 2 天。在劳动力相对固定的条件下，试确定流水施工方案。

分析要点：

本案例主要考核异节拍流水施工的计算。

参考答案：

从流水节拍特点看，可组织异节拍专业流水；但因劳动力不能增加，无法做到等步距。为了保证专业工作队连续施工，按无节奏专业流水方式组织施工。

（1）确定施工段数、工序数

为使专业工作队连续施工，取施工段数等于施工过程数，即：$m=n=4$。

（2）求累加数列

A：2，4，6，8；　　B：4，8，12，16；

C：4，8，12，16；　　D：2，4，6，8。

（3）确定流水步距

①$K_{A,B}$：

$$\begin{array}{rrrrrr} & 2 & 4 & 6 & 8 & 0 \\ -) & 0 & 4 & 8 & 12 & 16 \\ \hline & 2 & 0 & -2 & -4 & -16 \end{array}$$

$K_{A,B}=2$。

②$K_{B,C}$：

$$\begin{array}{rrrrrr} & 4 & 8 & 12 & 16 & 0 \\ -) & 0 & 4 & 8 & 12 & 16 \\ \hline & 4 & 4 & 4 & 4 & -16 \end{array}$$

$K_{B,C}=4$。

③$K_{C,D}$：

$$\begin{array}{rrrrrr} & 4 & 8 & 12 & 16 & 0 \\ -) & 0 & 2 & 4 & 6 & 8 \\ \hline & 4 & 6 & 8 & 10 & -8 \end{array}$$

$K_{C,D}=10$。

（4）计算工期

$$T=(2+4+10)+2\times4=24(天)$$

（5）绘制流水施工进度表

施工过程名称	施工进度（天）											
	2	4	6	8	10	12	14	16	18	20	22	24
A	①	②	③	④								
B	$K_{A,B}$	①		②		③		④				
C		$K_{B,C}$		①		②		③		④		
D						$K_{C,D}$			①	②	③	④

附录1　概算、清单预算示例

附录1.1　概 算 示 例

某高速公路,初步设计的工程量见设计文件(略)。

下面以交通主管部门认证的某软件为例,进行清单预算操作演示(限于篇幅,仅摘一部分工程量)。

步骤一:打开软件。

步骤二:新建项目:先后点击"项目概算"、"新建项目"。新建设项目是指整个工程项目。输入项目名称,此处以"某省某高速公路"代替,输入路线长度、编制人等主要信息,并保存。然后新建本项目的单价文件(人工、材料、机械的单价将保存在此文件中)和费率文件(根据《公路工程基本建设项目概算预算编制办法》选取有关费率)。新建项目示意图如附图1所示。

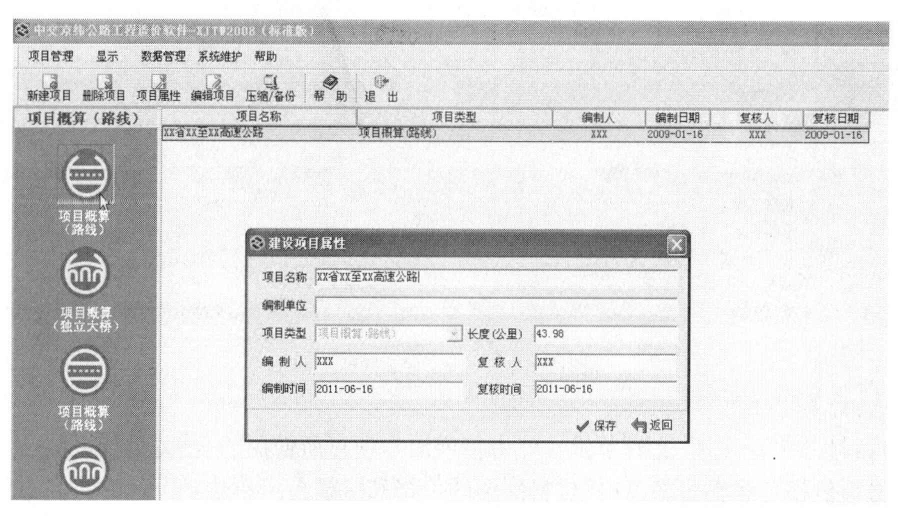

附图1　新建项目

步骤三:打开项目文件,建立项目分段文件。一个项目下可按需要任意建立多个分段(设计标段或比较方案)。为分段文件关联单价文件和费率文件。

步骤四:为分段文件输入工程量,分段文件建立后第一、第二、第三部分以及项均按标准建立,是不可更改顺序和名称的,目、节、细目可在软件的左侧按工程实际情况勾选标准目、节、细目,或采用一定格式的电子表格文件,导入工程项目设计的项、目、节、细目及相应的工程量。附图2为导入项、目、节、细目后的树形结构(仅显示至目)。

步骤五:为各项目节输入或选择定额,并按具体情况进行定额调整。

中交京纬公路工程造价软件-XJTW2008（标准版）

项目分段　显示　帮助

造价计算　打印　套用定额　上移　下移　删除　复制数据　剪切数据　粘贴数据　帮助　返回

显示到：目　节　细目　全部　查找　自动按定额单位换算工程量（仅适用于定额子目）

项	目	节	细目	工程或费用名称	定额子目名称	单位1	工程量1	单位2
				第一部分　建筑安装工程费		公路公里	43.98	
				临时工程		公路公里	43.98	
	10			临时道路		km	39.49	
	20			临时便桥		m/座	65.5	
	30			临时轨道铺设		km	27.925	
	40			临时电力线路		km	26.2	
	50			临时电信线路		km	32	
	71			水泥混凝土拌和站		座	15	
				路基工程		km	20.657	
	10			场地清理		km	20.657	
	20			挖方		m³	6 938 724	
	30			填方		m³	4 708 320	
	35			路基零星工程		km	20.657	
	50			排水工程		km	20.657	
	60			防护与加固工程		km	20.657	
				路面工程		km	43.98	
	50			沥青混凝土面层		m²	734 924	
	60			水泥混凝土面层		m²	20 094	
	80			路槽、路肩及中央分隔带		km	20.657	
	90			路面排水		km	20.657	
	95			路面拌和站		座	20	
				桥梁涵洞工程		km	11.845	
	20			涵洞工程		m/道	3 989	
	40			中桥工程		m/座	86	
	50			大桥工程		m/座	8 308	
				交叉工程		处	25	
	66			XXX互通式立体交叉		处	1	
				隧道工程		km/座	11.478	
				公路设施及预埋管线工程		公路公里	43.98	
				绿化及环境保护工程		公路公里	43.98	
				管理、养护及服务房屋		m²		
	10			管理房屋		m²		

附图 2　导入工程后的软件界面

步骤七：计算。

步骤八：打开单价文件，此时单价文件中将列出本项目所使用的全部材料、机械的名称，根据调查的材料价格与运输价格，计算材料到场的价格和机械台班单价。

步骤九：返回分段文件，再次计算得到概算的第一部分结果。

步骤十：填写第二部分费用：设备购置费可列表计算，办公和生活用家具购置费，以每公里按概算标准计列，在软件里可在左侧选择第二部分，然后按具体的项目名称逐项填写数据，软件数据见附图 3。

步骤十一：计算第三部分费用：土地征用及补偿，按国家及地方标准分类列表计算，建设项目管理费，按《公路工程基本建设项目概算预算编制办法》的规定进行计算，软件输入界面见附图 4。

附图 3　第二部分费用输入界面　　　　附图 4　第三部分费用输入界面

附录 1.2　清单预算示例

某高速公路某合同段，路线长 14km，采用《公路工程标准施工招标文件》(2009 年)进行招标，计量支付条款未作修改。招标清单见附表 1(部分摘录)。

招 标 清 单

附表 1

细目号	细 目 名 称	单　位	数　量	单价(元)	合价或金额(元)
202-1	清理与掘除				
-a	清理现场	m^2	324 450		
203-1	路基挖方				
-a	挖土方	m^3	592 967		
-b	挖石方	m^3	208 480		
204-1	路基填筑(包括填前压实)				
-b	利用土方	m^3	484 274		
-c	利用石方	m^3	226 608		
-e	借土填方	m^3	173 509		
209-1	砌体挡土墙				
-a	M7.5 浆砌片(块)石	m^3	15 610		

续上表

细目号	细目名称	单位	数量	单价(元)	合价或金额(元)
302-1	碎石垫层				
-a	厚 150mm	m^2	331 476		
304-1	水泥稳定碎石底基层(水泥 4%)				
-a	厚 200mm	m^2	312 650		
304-3	水泥稳定碎石基层(水泥 5%)				
-a	厚 340mm	m^2	306 542		
308-1	透层	m^2	306 542		
308-2	黏层	m^2	298 556		
309-2	中粒式沥青混凝土				
-a	厚 60mm	m^2	298 556		
309-3	粗粒式沥青混凝土				
-a	厚 80mm	m^2	298 556		
310-2	封层	m^2	306 542		
311-1	细粒式改性沥青混合料路面				
-a	厚 40mm	m^2	298 556		

注:借土运距为 2km。

下面以中交京纬公路造价软件 XJTW-2008 为例,进行清单预算操作演示:

步骤一:打开软件。

步骤二:新建项目:先后点击“清单预算”、“新建项目”。新建设项目是指整个工程项目。输入项目名称,此处以“某公路”代替,输入编制人等主要信息,并保存新建项目如附图 5 所示。然后新建本项目的单价文件(人工、材料、机械的单价将保存在此文件中)。再创建费率文件(根据《公路工程基本建设项目概算预算编制办法》选取有关费率)。

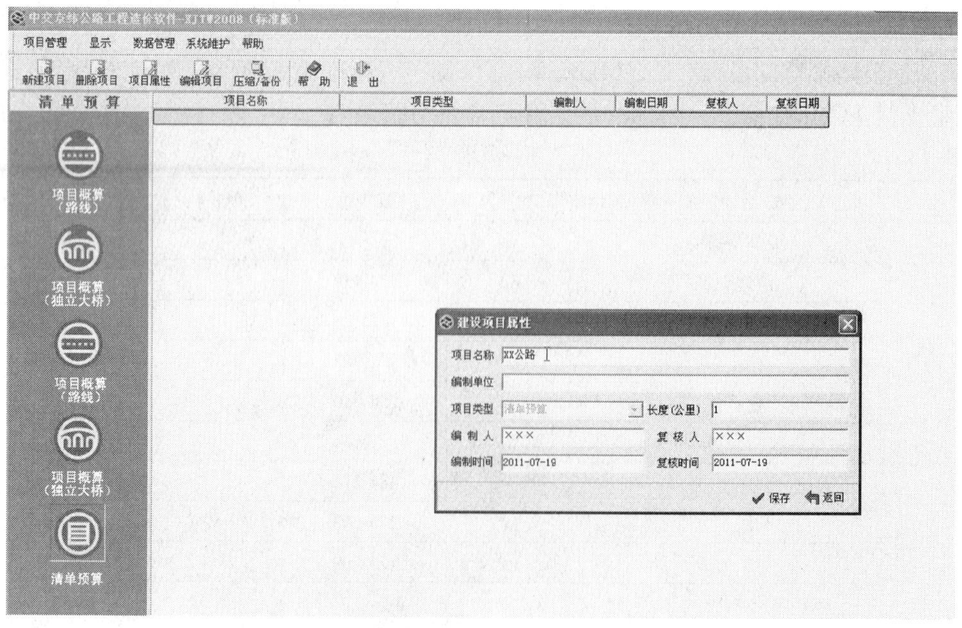

附图 5 新建项目示意图

步骤三：打开项目文件，建立项目分段文件，一个项目下可按需要任意建立多个分段（标段）。为分段文件关联单价文件和费率文件。

步骤四：为分段文件导入工程量清单，可在软件的左侧按招标清单所列勾选标准清单项，或导入电子表格中的清单。导入清单后软件界面如附图6所示。

改　分摊　调价　套用定额　上移　下移　删除　复制数据　剪切数据　粘贴数据　帮助　返回

显示到：◉ 目　○ 节　○ 细目　○ 全部　　查找　□ 自动按定额单位换算工程量（仅适用于定额子目）

项	目	节	细目	章节	工程或费用名称	定额子目名称	单位1	工程量1	单位2	工程
⊟					第100章至700章(2009)					
					第100章 总则					
⊟					第200章 路基					
	⊟ 1			202-1	清理与掘除					
		10		-a	清理现场		m^2	324 450		
	⊟ 4			203-1	路基挖方					
		10		-a	挖土方		m^3	592 967		
		20		-b	挖石方		m^3	208 480		
		30		-c	挖除非适用材料（不含淤泥）		m^3	156 00		
	⊟ 6			204-1	路基填筑（包括填前压实）					
		20		-b	利用土方		m^3	484 274		
		30		-c	利用石方		m^3	226 608		
		50		-e	借土填方		m^3	173 509		
	⊟ 3			209-1	砌体挡土墙					
		10		-a	M7.5浆砌片（块）石		m^3	15 610		
⊟					第300章 路面					
	⊟ 1			302-1	碎石垫层					
		10		-a	厚150mm		m^2	331 476		
	⊟ 7			304-1	水泥稳定碎石底基层					
		10		-a	厚200mm		m^2	312 650		
	⊟ 8			304-3	水泥稳定碎石基层					
		10		-a	厚340mm		m^2	306 542		
	2			308-1	透层		m^2	306 542		
	2			308-2	黏层		m^2	298 556		
	⊟ 2			309-2	中粒式沥青混凝土					
		10		-a	厚60mm		m^2	298 556		
	⊟ 2			309-3	粗粒式沥青混凝土					
		10		-a	厚80mm		m^2	298 556		
	2			310-2	封层		m^2	306 542		
	⊟ 2			311-1	细粒式改性沥青混合料路面					
		10		-a	厚40mm		m^2	298 556		

附图6　导入清单后软件界面

步骤五：为各项清单输入定额，并按具体情况进行定额调整。

(1)清理与掘除

采用推土机清除表土，按规范要求清除深度为0～30cm，本预算按平均清除深度20cm考虑。因表土不能利用，需考虑装车并运输。

(2)路基挖方

设计文件及地质报告显示，挖方中的松土为表层土，按弃方处理。根据工程技术人员编制的施工组织方案，经统计整理土石方调配方案及拟采用的机械见附表2。

路基土石方施工运量统计表 附表2

起讫桩号	推土机施工				挖掘机配自卸车施工			
	松土 (m^3)	普通土 (m^3)	硬土 (m^3)	增运量 ($m^3\cdot km$)	松土 (m^3)	普通土 (m^3)	硬土 (m^3)	增运量 ($m^3\cdot km$)
…								
…								
合计								

起讫桩号	推土机施工(爆破)				推土机、挖掘机配自卸车施工(爆破)			
	软石 (m^3)	增运量 ($m^3\cdot km$)	次坚石 (m^3)	增运量 ($m^3\cdot km$)	软石 (m^3)	次坚石 (m^3)	坚石 (m^3)	增运量 ($m^3\cdot km$)
…								
…								
合计								

203-1-a 清单“挖土方”子目的定额选用及数量见附表3。

定额选用及数量表 附表3

序号	工 程 细 目	定额代号	单位	数量	定额调整或系数
1	165kW 内推土机第1个20m 普通土	1-1-12-18	1 000m^3	37.642	平均增运 3×10m
2	165kW 内推土机第1个20m 硬土	1-1-12-19	1 000m^3	23.689	平均增运 3×10m
3	2.0m^3 内挖掘机挖装土方松土	1-1-9-7	1 000m^3	18.956	
4	2.0m^3 内挖掘机挖装土方普通土	1-1-9-8	1 000m^3	285.043	
5	2.0m^3 内挖掘机挖装土方硬土	1-1-9-9	1 000m^3	227.637	
6	12t 内自卸车运土第1个1km	1-1-11-17	1 000m^3	531.636	平均增运 2×0.5km

挖石方的定额取用及调整与此类似。

(3)路基填方

路基填方分为三个子目进行计量,其余未列清单的与此有关的工作内容均不能单独计量,因此其费用应分摊至该三个子目之中,按工程量比例进行分摊,分摊计算见附表4。

土石方工程不予单独计量的工作分摊计算表(m^3) 附表4

项 目	填方数量	分摊比例	填前压实	机械整修路拱	刷坡
合计数量	884 391	1	325 350	202 440	28 920
土方	484 274	0.548	178 155	110 852	15 836
石方	226 608	0.256	83 365	51 871	7 410
借方	173 509	0.196	63 831	39 717	5 674

注:1. 刷坡数量依据填方横断面,两侧各加宽50cm计算得到。

2. 填筑压实数量按设计数量与加宽数量之和计算,但考虑刷坡土的利用,不增加借土挖方及运输的数量。

借方体积按压实方计量，普通土压实系数为1.16，运输损耗0.03，则需借土开挖及运输的天然土体积为压实方的1.19倍。

(4)防护工程

以挡土墙为例，计量以浆砌圬工的体积计量，预算时应将基础坑开挖计入。

(5)路面工程

①路面拌和场的建设按施工组织方案拟定的工程量，计入100章的“承包人驻地建设(标准文件中拌和场包含在该细目中)”子目中。此处计算预算单价时不考虑。

②规范规定的水泥稳定碎石压实的厚度不能大于20cm，基层34cm厚应分两层(可按2×17cm计)进行摊铺压实。定额数量应乘以2，然后再计算厚度增减定额的数量，定额厚度为15cm，计算两层后还需按增加1cm的定额调整4倍。

③路面底基层的水泥用量为4%，定额含量为5%，应进行定额含量调整。

④根据设计路面上面层要求采用改性沥青、玄武岩碎石。定额中采用的一般材料，需进行定额材料的抽换，添加“新增材料”，具体操作见附图7。

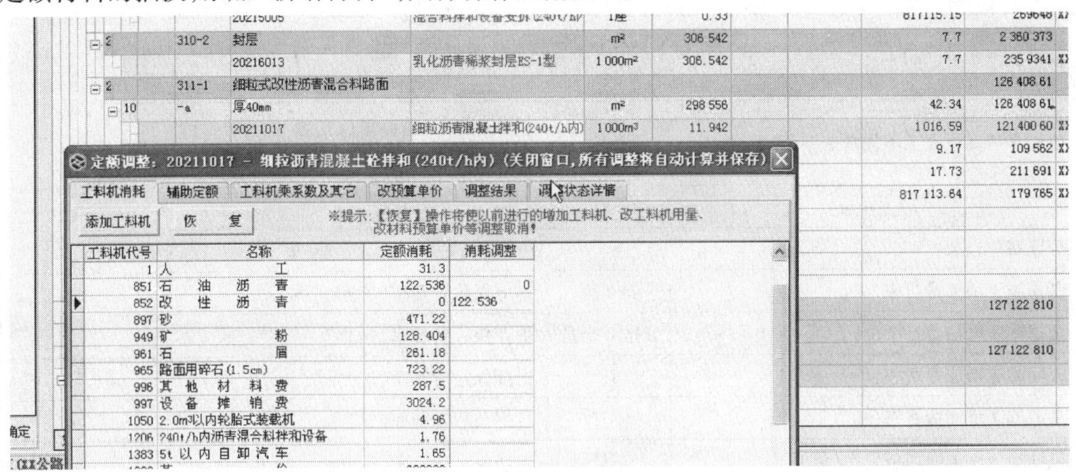

附图7　添加“新增材料”后界面

⑤应分摊至各项子目的费用主要为拌和设备的安装与拆除。按拟定的施工组织计划提供的机械设备数量，分摊列表如附表5所示。

分摊列表　　附表5

序号	项目	面积(m^2)	厚度(mm)	混合料体积(m^3)	混合料质量(t)	所占比例	拌和设备分摊	
							规格(t/h)	数量(台)
1	基层料合计			166 754.28	379 699.5	1.000	300	2.00
1.1	底基层	312 650	200	62 530	142 380.8	0.375		0.75
1.2	基层	306 542	340	104 224.28	237 318.7	0.625		1.25
2	面层料合计			53 740.08	122 067.6	1.000	240	1.00
2.1	下面层	298 556	80	23 884.48	54 528.3	0.447		0.45
2.2	中面层	298 556	60	17 913.36	40 645.4	0.333		0.33
2.3	上面层	298 556	40	11 942.24	26 893.9	0.220		0.22

⑥混合料运距计算，路线全长为14km，根据施工组织计划拌和场距路线中点0.5km，在路

线中点上路。则混合料的平均运输距离为 $14/(2\times2)+0.5=4(\text{km})$。

本项目选用的基本数据,如附表6所示。

基本数据表 附表6

建设项目名称:	某公路		
分段编制范围:	第×合同		
文件类型:	清单预算	工程类型:	工程量清单
费率文件名:	某公路	单价文件名:	××公路
补充概算定额文件名:		补充预算定额文件名:	
路线或桥梁长度(km):	14	公路等级:	高速公路
路基或桥梁宽度(m):	26		
编制:	×××	复核:	×××
分段单价信息:			
辅助生产费率(%):	5	人工采料、装卸、运输高原施工增加费率(%):	0
机械采料高原施工增加费费率(%):	0	机械装卸、运输高原施工增加费费率(%):	0
分段费率选项:			
冬季施工增加费费率(%)	准Ⅰ区	养老保险费费率(%)	20
雨季施工增加费费率(%)	Ⅱ区6个月	失业保险费费率(%)	2
夜间施工增加费费率(%)	计	医疗保险费费率(%)	7.2
高原施工增加费费率(%)	不计	住房公积金费率(%)	9
风沙地区施工增加费费率(%)	不计	工伤保险费费率(%)	0.9
沿海施工增加费费率(%)	不计	基本费用费率(%)	计
行车干扰增加费费率(%)	不计	主副食运输费费率(%)	3km
安全及文明施工措施费费率(%)	计	职工探亲路费费率(%)	计
临时设施费费率(%)	计	职工取暖补贴费费率(%)	不计
施工辅助费费率(%)	计	财务管理费费率(%)	计
工地转移费费率(%)	100km		
利润率(%)	7	综合税率(%)	3.41

清单预算数据表如附表7所示。

清单预算数据表 附表7

项	细目或定额号	细目或费用名称	单位1	数量1	单位2	数量2	采用费率
		第100章至700章(2009)					
一		第100章 总则					
二		第200章 路基					
	202-1	清理与掘除					

续上表

项	细目或定额号	细目或费用名称	单位1	数量1	单位2	数量2	采用费率
	-a	清理现场	m^2	324 450			
	10101012	清除表土(135kW 内推土机)	$100m^3$	648.9			机械土方
	10109004	1.0m^3 内挖掘机挖装土方松土	1 000m^3	64.89			机械土方
	10111017	12t 内自卸车运土第1个1km	1 000m^3	64.89			汽车运输
	203-1	路基挖方					
	-a	挖土方	m^3	592 967			
	10112018	165kW 内推土机第1个20m 普通土	1 000m^3	37.642			机械土方
		辅助定额调整	1.101 120 20 值:3,165kW 内推土机每增 10m				
	10112019	165kW 内推土机第1个20m 硬土	1 000m^3	23.689			机械土方
		辅助定额调整	1.10112020 值:3,165kW 内推土机每增 10m				
	10109007	2.0m^3 内挖掘机挖装土方松土	1 000m^3	18.956			机械土方
	10109008	2.0m^3 内挖掘机挖装土方普通土	1 000m^3	285.043			机械土方
	10109009	2.0m^3 内挖掘机挖装土方硬土	1 000m^3	227.637			机械土方
	10111017	12t 内自卸车运土第1个1km	1 000m^3	531.636			汽车运输
		辅助定额调整	1.101 110 18 值:2,12t 内自卸车运土增 0.5km(5km 内)				
	-b	挖石方	m^3	208 480			
	10115036	240kW 内推土机第1个20m 软石	1 000m^3	26.377			机械石方
		辅助定额调整	1.101 150 39 值:3,240kW 内推土机每增 10m				
	10115037	240kW 内推土机第1个20m 次坚石	1 000m^3	42.825			机械石方
		辅助定额调整	1.101 150 40 值:4,240kW 内推土机每增 10m				
	10115036	240kW 内推土机第1个20m 软石	1 000m^3	117.522			机械石方
	10115037	240kW 内推土机第1个20m 次坚石	1 000m^3	21.756			机械石方
	10109013	2.0m^3 内挖掘机装石方软石	1 000m^3	117.522			机械石方
	10109014	2.0m^3 内挖掘机装石方次坚石	1 000m^3	21.756			机械石方
	10111045	12t 内自卸车运石第1个1km	1 000m^3	139.278			汽车运输
		辅助定额调整	1.101 110 46 值:1,12t 内自卸车运石增 0.5km(5km 内)				
	204-1	路基填筑(包括填前压实)					
	-b	利用土方	m^3	484 274			
	10105004	填前夯(压)实 12~15t 光轮压路机	1 000m^2	178.155			机械土方
	10118004	高速一级路 15t 内振动压路机压土	1 000m^3	500.11			机械土方
	10120001	机械整修路拱	1 000m^2	110.852			机械土方

续上表

项	细目或定额号	细目或费用名称	单位1	数量1	单位2	数量2	采用费率
	10121002	刷坡检底普通土	1 000m^3	15.836			人工土方
	-c	利用石方	m^3	226 608			
	10105004	填前夯(压)实12～15t光轮压路机	1 000m^2	83.365			机械土方
	10118017	高速一级路15t内振动压路机压石	1 000m^3	234.018			机械石方
	10120001	机械整修路拱	1 000m^2	51.871			机械土方
	10121003	刷坡检底硬土	1 000m^3	7.41			人工土方
	-e	借土填方	m^3	173 509			
	10109008	2.0m^{3}内挖掘机挖装土方普通土	1 000m^3	206.476			机械土方
	10111017	12t内自卸车运土第1个1km	1 000m^3	206.476			汽车运输
		辅助定额调整	1.101 110 18 值:2,12t内自卸车运土增0.5km(5km内)				
	10105004	填前夯(压)实12～15t光轮压路机	1 000m^2	63.83			机械土方
	10118004	高速一级路15t内振动压路机压土	1 000m^3	179.183			机械土方
	10120001	机械整修路拱	1 000m^2	39.717			机械土方
	10121002	刷坡检底普通土	1 000m^3	5.674			人工土方
	209-1	砌体挡土墙					
	-a	M7.5浆砌片(块)石	m^3	15 610			
	40103003	基坑小于等于1 500m^{3}1.0m^{3}内挖掘机挖土	1 000m^3	4.579			构造物Ⅰ
	40103009	基坑小于等于1 500m^{3}石方	1 000m^3	1.678			构造物Ⅰ
	50115005	浆砌片石基础	10m^3	493.9			构造物Ⅰ
	50115007	浆砌片石墙身	10m^3	1 067.1			构造物Ⅰ
三		第300章　路面					
	302-1	碎石垫层					
	-a	厚150mm	m^2	331 476			
	20101015	机械铺碎石垫层厚15cm	1 000m^2	331.476			其他路面
	304-1	水泥稳定碎石底基层(水泥4%)					
	-a	厚200mm	m^2	312 650			
	20107005	厂拌水泥碎石4:96厚度15cm	1 000m^2	312.65			其他路面
		稳定土混合料配合比调整	值:4:96				
		改工程细目名称	厂拌水泥碎石4:96厚度15cm				
	20107006	厂拌水泥碎石增减1cm	1 000m^2	1 563.25			其他路面
		改工料机用量	832 值:0.893 6				

续上表

项	细目或定额号	细目或费用名称	单位1	数量1	单位2	数量2	采用费率
		改工料机用量	958 值:14.845				
	20108021	稳定土运输15t内第1个1km	1 000m^3	62.53			汽车运输
		辅助定额调整	1.201 080 22 值:6,15t内自卸车增0.5km(5km内)				
	20109012	摊铺机铺筑底基层(12.5m内)	1 000m^2	312.65			其他路面
	20110004	厂拌设备安拆(300t/h内)	1座	0.75			构造物I
	304-3	水泥稳定碎石基层(水泥5%)					
	-a	厚340mm	m^2	306 542			
	20107005	厂拌水泥碎石5:95厚度15cm	1 000m^2	613.084			其他路面
	20107006	厂拌水泥碎石增减1cm	1 000m^2	1 226.168			其他路面
	20108021	稳定土运输15t内第1个1km	1 000m^3	104.224			汽车运输
		辅助定额调整	1.201 080 22 值:6,15t内自卸车增0.5km(5km内)				
	20109011	摊铺机铺筑基层(12.5m内)	1 000m^2	613.084			其他路面
	20110004	厂拌设备安拆(300t/h内)	1座	1.25			构造物I
	308-1	透层	m^2	306 542			
	20216004	乳化沥青半刚性基层透层	1 000m^2	306.542			其他路面
	308-2	黏层	m^2	298 556			
	20216006	乳化沥青沥青层黏层	1 000m^2	298.556			其他路面
	309-2	中粒式沥青混凝土					
	-a	厚60mm	m^2	298 556			
	20211011	中粒沥青混凝土拌和(240t/h内)	1 000m^3	17.913			高级路面
	20213021	混合料运输15t内第1个1km	1 000m^3	17.913			汽车运输
		辅助定额调整	1.202 130 22 值:6,15t内自卸车增0.5km(5km)				
	20214047	机铺沥青混凝土中粒式240t/h内	1 000m^3	17.913			高级路面
	20215005	混合料拌和设备安拆(240t/h内)	1座	0.33			构造物I
	309-3	粗粒式沥青混凝土					
	-a	厚80mm	m^2	298 556			
	20211005	粗粒沥青混凝土拌和(240t/h内)	1 000m^3	23.884			高级路面
	20213021	混合料运输15t内第1个1km	1 000m^3	23.884			汽车运输
		辅助定额调整	1.202 130 22 值:6,15t内自卸车增0.5km(5km)				
	20214046	机铺沥青混凝土粗粒式240t/h内	1 000m^3	23.884			高级路面
	20215005	混合料拌和设备安拆(240t/h内)	1座	0.45			构造物I
	310-2	封层	m^2	306 542			
	20216013	乳化沥青稀浆封层ES-1型	1 000m^2	306.542			其他路面
	311-1	细粒式改性沥青混合料路面					
	-a	厚40mm	m^2	298 556			
	20211017	细粒沥青混凝土拌和(240t/h内)	1 000m^3	11.942			高级路面

续上表

项	细目或定额号	细目或费用名称	单位1	数量1	单位2	数量2	采用费率
		改工料机用量	852 值:122.536				
		改工料机用量	851 值:0				
		改工料机用量	972 值:884.4				
		改工料机用量	965 值:0				
		改工料机用量	961 值:0				
	20213021	混合料运输15t内第1个1km	1 000m^3	11.942			汽车运输
		辅助定额调整	1.202 130 22 值:6,15t内自卸车增0.5km(5km)				
	20214048	机铺沥青混凝土细粒式(240t/h内)	1 000m^3	11.942			高级路面
	20215005	混合料拌和设备安拆(240t/h内)	1座	0.22			构造物Ⅰ
四		第400章　桥梁、涵洞					
五		第500章　隧道					
六		第600章　安全设施及预埋管线					
七		第700章　绿化及环境保护					

(http://www.zjjw.net/downhtml/3/20110725133351.html 可获取本例完整的数据电子文件)

步骤七:计算。

步骤八:打开单价文件,此时单价文件中将列出本项目所使用的全部材料、机械的名称,根据调查的材料价格与运输价格,计算材料的预算价格和机械台班单价。

步骤九:返回分段文件,再次计算得到最终清单预算结果。

步骤十:输出报表。

参考结果见附件1~附件15。

附件1

总　概　算　表

建设项目名称：某省某高速公路

编　制　范　围：K线（K××+×××～K××+×××）　单价文件名：20090104DJ－SY　费率文件名：yys3　打印日期：2011年7月1日

项	目	节	细目	工程或费用名称	单位	数量	概算金额（元）	技术经济指标	各项费用比例（%）	备注
				第一部分　建筑安装工程费	公路公里	43.98	382 648 964	8 700 522.15	34.47	
一				临时工程	公路公里	43.98	10 169 377	231 227.31	0.92	
	10			临时道路	km	39.49	4 525 482	114 598.18	0.41	
			10	临时便道的修建与维护	km	31.96	4 525 482	141 598.31	0.41	
	30			临时轨道铺设	km	27.925	2 564 722	91 843.22	0.23	
	71			水泥混凝土拌和站	座	15	3 079 173	205 278.2	0.28	
二				路基工程	km	20.657	179 181 611	8 674 135.21	16.14	
	10			场地清理	km	20.657	791 928	38 337.03	0.07	
		10		清理与掘除	m^2	1 151 200	791 928	0.69	0.07	
			10	清除表土	m^3	207 220	539 715	2.6	0.05	
			20	伐树、挖根、除草	m^2	1 952 100	252 213	0.13	0.02	
	20			挖方	m^3	6 938 724	117 197 302	16.89	10.56	
		10		挖土方	m^3	3 781 265	24 078 179	6.37	2.17	
			10	挖路基土方	m^3	3 781 265	24 078 179	6.37	2.17	
		20		挖石方	m^3	3 157 459	93 119 123	29.49	8.39	
			10	挖路基石方	m^3	3 045 277	87 092 979	28.6	7.85	
			15	控制爆破石方	m^3	112 182	6 026 144	53.72	0.54	
	30			填方	m^3	4 708 320	22 749 610	4.83	2.05	
		10		路基填方	m^3	4 708 320	22 426 526	4.76	2.02	
			20	利用土方填筑	m^3	4 672 706	22 039 909	4.72	1.99	
			40	利用石方填筑	m^3	35 614	386 617	10.86	0.03	
		30		结构物台背回填	m^3	2 605.3	323 084	124.01	0.03	
			11	填透水性材料	m^3	2 605.3	323 084	124.01	0.03	

续上表

项	目	节	细目	工程或费用名称	单位	数量	概算金额（元）	技术经济指标	各项费用比例（%）	备注
	35			路基零星工程	km	20.657	1 255 901	60 797.84	0.11	
		1		路基零星工程	km	20.657	1 255 901	60 797.84	0.11	
	60			防护与加固工程	km	20.657	37 186 870	1 800 206.71	3.35	
		20		坡面圬工防护	m^3/m^2	84 570.188/430 318	37 186 870	439.72/86	3.35	
			51	路堤拱形骨架边坡防护	m^3/m^2	50 486.723/336 246	21 761 965	431.04/65	1.96	
			52	路堑边坡拱形骨架防护	m^3/m^2	34 083.465/94 072	15 424 905	452.56/164	1.39	
三				路面工程	km	43.98	161 499 270	3 672 107.09	14.55	
	50			沥青混凝土面层	m^2	734 924	151 825 139	206.59	13.68	
		1		沥青混凝土面层	m^2	450 786	151 825 139	336.8	13.68	
			1	沥青混凝土上面层	m^2	450 786	18 312 072	40.62	1.65	
			2	沥青混凝土下面层	m^2	453 435	26 581 777	58.62	2.39	
			3	沥青稳定碎石基层（$h=16cm$）	m^2	459 646	55 796 430	121.39	5.03	
			4	级配碎石下基层	m^2	489 862	10 012 907	20.44	0.9	
			5	水稳碎石底基层	m^2	495 372	23 389 748	47.22	2.11	
			6	黏层	m^2	1 830 550	5 023 415	2.74	0.45	
			7	透层	m^2	946 709	6 928 764	7.32	0.62	
			8	下封层	m^2	482 683	5 780 026	11.97	0.52	
	60			水泥混凝土面层	m^2	20 094	2 394 625	119.17	0.22	
		1		水泥混凝土路面	m^2	10 494	2 394 625	228.19	0.22	
	80			路槽、路肩及中央分隔带	km	20.657	3 643 122	176 362.59	0.33	
		30		土路肩加固	m^2	38 150	3 643 122	95.49	0.33	
			10	现浇混凝土	m^2	38 150	756 947	19.84	0.07	
			40	碎石垫层	m^3	34 684	2 678 455	77.22	0.24	

续上表

项	目	节	细目	工程或费用名称	单位	数量	概算金额（元）	技术经济指标	各项费用比例（%）	备注
			50	水泥砂浆抹面	m^2	19 070	207 720	10.89	0.02	
	95			路面拌和站	座	20	3 636 384	181 819.2	0.33	
		1		稳定土拌和站	座	3	1 334 244	444 748	0.12	
		2		沥青混合料拌和站	座	2	2 302 140	1 151 070	0.21	
四				桥梁涵洞工程	km	11.845	31 798 706	2 684 567.83	2.86	
	20			涵洞工程	m/道	3 989/58	25 856 611	6 481.98/445 804	2.33	
		20		盖板涵	m/道	3 989/58	25 856 611	6 481.98/445 804	2.33	
			22	1－2.0m×2.0m 钢筋混凝土盖板涵	m/道	3 696.9/53	25 856 611	6 994.13/487 861	2.33	
	40			中桥工程	m/座	86/1	5 942 095	69 094.13/5 942 095	0.54	
		1		某中桥（T－20m）	m/m^2	86/2 064	5 942 095	69 094.13/2 879	0.54	
			1	基坑开挖	m^3	1 575.6	66 332	42.1	0.01	
			3	基础	m^3	692.721	1 415 668	2 043.63	0.13	
			4	承台及系梁混凝土	m^3	86.229	114 872	1 332.17	0.01	
			5	桥台	m^3	153.882	451 659	2 935.1	0.04	
			6	桥墩	m^3	407.825	659 839	1 617.95	0.06	
			7	上部构造	m^3	821.46	2 557 575	3 113.45	0.23	
			8	水泥混凝土桥面铺装	m^3	153.44	296 713	1 933.74	0.03	
			9	支座	个	50	78 621	1 572.42	0.01	
			10	伸缩缝	m	48	76 678	1 597.46	0.01	
			11	防撞护栏	m	344	119 197	346.5	0.01	
			12	混凝土拌和、运输	m^3	2 680.25	104 941	39.15	0.01	
				第二部分　设备及工具、器具购置费	公路公里	43.98	21 357 066	485 608.59	1.92	
一				设备购置费	公路公里	43.98	20 587 416	468 108.59	1.85	

续上表

项	目	节	细目	工程或费用名称	单位	数量	概算金额（元）	技术经济指标	各项费用比例（%）	备注
	10			需安装的设备	公路公里	43.98	20 587 416	468 108.59	1.85	
		40		供电照明系统设备	公路公里	43.98	11 726 376	266 629.74	1.06	
		50		消防系统设备	公路公里	43.98	3 536 040	80 401.09	0.32	
		60		其他设备	公路公里	43.98	5 325 000	121 077.76	0.48	
三				办公及生活家具购置费	公路公里	43.98	769 650	17 500	0.07	
				第三部分　工程建设其他费用	公路公里	43.98	666 400 558	15 152 354.66	60.03	
一				土地征用及拆迁补偿费	公路公里	43.98	366 345 175	8 329 812.98	33	
	10			土地补偿费	公路公里	43.98	366 345 175	8 329 812.98	33	
二				建设项目管理费	公路公里	43.98	11 488 665	261 224.76	1.03	
	10			建设单位(业主)管理费	公路公里	43.98	1 760 185	40 022.4	0.16	
	20			工程质量监督费	公路公里	43.98	573 973	13 050.77	0.05	
	30			工程监理费	公路公里	43.98	7 652 979	174 010.44	0.69	
	40			工程定额测定费	公路公里	43.98	459 179	10 440.63	0.04	
	50			设计文件审查费	公路公里	43.98	382 649	8 700.52	0.03	
	60			竣(交)工验收试验检测费	公路公里	43.98	659 700	15 000	0.06	
三				研究试验费	公路公里	43.98	1 500 000	34 106.41	0.14	
四				建设项目前期工作费	公路公里	43.98	9 566 224	217 513.05	0.86	
八				联合试运转费	公路公里	43.98	191 324	4 350.25	0.02	
九				生产人员培训费	公路公里	43.98	200 000	4 547.52	0.02	
十一				建设期贷款利息	公路公里	43.98	277 109 170	6 300 799.68	24.96	
				第一、二、三部分费用合计	公路公里	43.98	1 070 406 588	24 338 485.4	96.43	
				预备费	公路公里	43.98	39 664 871	901 884.29	3.57	
				2. 基本预备费	公路公里	43.98	39 664 871	901 884.29	3.57	

续上表

项	目	节	细目	工程或费用名称	单位	数量	概算金额（元）	技术经济指标	各项费用比例（%）	备注
				概(预)算总金额	公路公里	43.98	1 110 071 459	25 240 369.69	100	
				其中:回收金额	公路公里	43.98	78 246	1 779.13	0.01	
				公路基本造价	公路公里	43.98	1 109 993 213	25 238 590.56	99.99	

编制:×××　　复核:×××

附件 2

人工、主要材料、机械台班数量汇总表

建设项目名称:某省某高速公路

编 制 范 围:K 线(K××+×××~K××+×××) 单价文件名:20090104DJ-SY 费率文件名:yys3 打印日期:2011年7月1日

序号	材料规格名称	单位	代号	总数量	分项统计							场外运输耗损	
					临时工程	路基工程	路面工程	桥梁涵洞工程	…	辅助生产	其他	%	数量
1	人工	工日	1	961 400	40 046	574 934	39 378	167 818			139 224		
2	机械工	工日	2	185 072	3 526	153 799	16 531	11 216					
3	锯材	m^3	102	229	31	13	11	174					
4	光圆钢筋	t	111	255	2		81	172					
5	型钢	t	182	45	1		2	41					
6	电焊条	kg	231	4 424				4 424					
7	钢管立柱	t	247	0									
8	组合钢模板	t	272	77	3		1	73					
9	铁件	kg	651	47 588	1 190		528	45 870					
10	镀锌铁件	kg	652	0									
11	20~22 号铁丝	kg	656	3 144			428	2 716					
12	铝合金标志	t	668	0									
13	电线	m	711	0									
14	热熔涂料	kg	738	0									
15	反光玻璃珠	kg	739	0									
16	反光膜	m^2	740	0									
17	防撞筒	个	745	0									
18	32.5级水泥	t	832	32 804	551	8 765	13 909	9 578				1	
19	汽油	kg	862	74 205		45 610	25 424	3 171					
20	柴油	kg	863	8 661 524	78 318	7 887 079	641 975	54 151					
21	电	kW·h	865	2 132 766	2 342	24 517	1 167 646	938 262					
22	水	m^3	866	270 064	6 597	187 214	35 422	40 830					
23	中(粗)砂	m^3	899	62 533	1 204	36 475	7 573	17 281				2.5	1

续上表

序号	材料规格名称	单位	代号	总数量	分项统计							场外运输耗损	
					临时工程	路基工程	路面工程	桥梁涵洞工程	…	辅助生产	其他	%	数量
24	碎石(4cm)	m^3	952	48 366	982		28 795	18 589				1	1
25	其他材料费	元	996	3 724 188	4 035	3 483 225	35 556	201 371					
26	热熔标线设备	台班	1227	0									
27	500mm 以内路面铣刨机	台班	1253	0									
28	4t 以内载货汽车	台班	1372	577		577							
29	8t 以内自卸汽车	台班	1385	0									
30	5t 以内汽车式起重机	台班	1449	321		198		123					
31	32kVA 内交流电弧焊机	台班	1726	697				697					
32	小型机具使用费	元	1998	1 261 676	995	1 195 652	8 130	56 899					

编制：×××　　复核：×××

附件 3

建筑安装工程费计算表

建设项目名称:某省某高速公路

编 制 范 围:K线(K××+×××~K××+×××) 单价文件名:20090104DJ－SY 费率文件名:yys3 打印日期:2011年7月1日

序号	工程名称	单位	工程量	直接费(元)						间接费(元)	利润(元)费率7%	税金(元)综合税率3.41%	建筑安装工程费	
				直接工程费				其他工程费	合计				合计(元)	单价(元)
				人工费	材料费	机械使用费	合计							
1	临时便道的修建与维护	km	31.96	548 479	2 164 830	837 292	3 550 601	196 348	3 746 949	356 894	272 411	149 230	4 525 482	141 598.3
2	临时轨道铺设	km	27.925	268 079	1 712 536		1 980 615	128 938	2 109 553	215 131	155 466	84 573	2 564 722	91 843.2
3	水泥混凝土拌和站	座	15	1 065 608	860 414	211 984	2 138 006	139 184	2 277 190	532 626	167 820	101 537	3 079 173	205 278.2
4	清除表土	m^3	207 220	38 957		398 276	437 234	18 757	455 991	32 769	33 158	17 797	539 715	2.6
5	伐树、挖根、除草	m^2	1 952 100	147 951		13 288	161 239	6 631	167 870	63 816	12 210	8 317	252 213	0.1
6	挖路基土方	m^3	3 781 265	3 863 780		15 070 852	18 934 632	742 362	19 676 994	2 181 751	1 425 442	793 991	24 078 179	6.4
7	挖路基石方	m^3	3 045 277	10 975 416	9 350 142	49 980 583	70 306 141	2 363 013	72 669 154	6 319 973	5 231 915	2 871 938	87 092 979	28.6
8	控制爆破石方	m^3	112 182	1 572 803	769 467	2 187 635	4 529 905	181 722	4 711 627	774 388	341 414	198 715	6 026 144	53.7
9	利用土方填筑	m^3	4 672 706	658 852		17 507 259	18 166 110	779 326	18 945 436	990 058	1 377 636	726 778	22 039 909	4.7
10	利用石方填筑	m^3	35 614	135 080		142 133	277 213	12 114	289 328	63 502	21 039	12 749	386 617	10.9
11	填透水性材料	m^3	2 605.3	69 796	173 578		243 374	13 459	256 833	36 925	18 672	10 654	323 084	124
12	路基零星工程	km	20.657	700 101	19 641	66 658	786 401	51 195	837 595	315 164	61 727	41 414	1 255 901	60 797.8
13	路堤拱形骨架边坡防护	m^3/m^2	50 486.723	5 183 689	10 038 916	644 851	15 867 457	1 032 971	16 900 428	2 898 430	1 245 494	717 612	21 761 965	431
14	路堑边坡拱形骨架防护	m^3/m^2	34 083.465	3 675 462	6 919 174	651 829	11 246 465	732 145	11 978 610	2 054 875	882 776	508 644	15 424 905	452.6
15	沥青混凝土上面层	m^2	450 786	42 627	13 883 039	1 337 318	15 262 984	878 265	16 141 249	409 570	1 157 403	603 850	18 312 072	40.6
16	沥青混凝土下面层	m^2	453 435	62 400	20 077 568	2 015 920	22 155 887	1 274 585	23 430 472	594 686	1 680 071	876 548	26 581 777	58.6
17	沥青稳定碎石基层(h=16cm)	m^2	459 646	172 979	40 220 053	5 591 493	45 984 525	2 521 162	48 505 687	1 925 341	3 525 486	1 839 917	55 796 430	121.4
18	级配碎石下基层	m^2	489 862	151 955	6 831 624	1 222 656	8 206 235	453 805	8 660 040	393 084	629 602	330 181	10 012 907	20.4
19	水稳碎石底基层	m^2	495 372	316 642	15 876 218	3 047 407	19 240 267	1 025 974	20 266 241	880 523	1 471 696	771 289	23 389 748	47.2

续上表

序号	工程名称	单位	工程量	直接费(元)						间接费（元）	利润（元）费率7%	税金（元）综合税率3.41%	建筑安装工程费	
				直接工程费				其他工程费	合计				合计（元）	单价（元）
				人工费	材料费	机械使用费	合计							
20	黏层	m^2	1 830 550		4 111 139	31 036	4 142 175	229 062	4 371 238	168 730	317 798	165 650	5 023 415	2.7
21	透层	m^2	946 709		5 669 135	44 141	5 713 276	315 944	6 029 220	232 728	438 336	228 480	6 928 764	7.3
22	下封层	m^2	482 683	149 728	3 949 115	617 805	4 716 648	260 831	4 977 479	250 076	361 873	190 599	5 780 026	12
23	水泥混凝土路面	m^2	10 494	83 403	1 616 392	257 786	1 957 581	111 667	2 069 248	97 033	149 330	78 964	2 394 625	228.2
24	现浇混凝土	m^2	38 150	144 161	352 140	80 285	576 586	31 885	608 471	79 277	44 257	24 961	756 947	19.8
25	碎石垫层	m^3	34 684	75 639	2 005 082	102 902	2 183 623	120 754	2 304 378	118 221	167 533	88 323	2 678 455	77.2
26	水泥砂浆抹面	m^2	19 070	49 296	102 219		151 515	9 864	161 379	27 598	11 893	6 850	207 720	10.9
27	稳定土拌和站	座	3	209 188	557 604	264 361	1 031 152	57 023	1 088 175	122 959	79 113	43 997	1 334 244	444 748
28	沥青混合料拌和站	座	2	392 741	1 053 263	342 788	1 788 793	103 571	1 892 364	198 165	135 698	75 914	2 302 140	1 151 070
29	1－2.0m×2.0m钢筋混凝土盖板涵	m/道	3 696.9	7 160 891	9 770 342	1 605 358	18 536 591	1 202 767	19 739 358	3 810 142	1 454 476	852 636	25 856 611	6 994.1
30	基坑开挖	m^3	1 575.6	39 666			39 666	3 165	42 831	18 122	3 192	2 187	66 332	42.1
31	基础	m^3	692.721	128 950	517 559	441 816	1 088 325	80 015	1 168 340	114 351	86 295	46 682	1 415 668	2 043.6
32	承台及系梁混凝土	m^3	86.229	14 217	65 339	8 450	88 006	6 095	94 101	10 077	6 907	3 788	114 872	1 332.2
33	桥台	m^3	153.882	71 812	245 746	23 678	341 235	23 488	364 724	45 286	26 755	14 894	451 659	2 935.1
34	桥墩	m^3	407.825	78 253	387 018	43 697	508 968	34 269	543 237	55 082	39 762	21 759	659 839	1 617.9
35	上部构造	m^3	821.46	340 182	1 491 985	128 131	1 960 297	132 212	2 092 510	227 541	153 188	84 337	2 557 575	3 113.5
36	水泥混凝土桥面铺装	m^3	153.44	26 932	194 612	9 664	231 208	15 707	246 915	21 925	18 039	9 784	296 713	1 933.7
37	支座	个	50	6 789	53 581	343	60 712	4 400	65 112	6 114	4 802	2 593	78 621	1 572.4
38	伸缩缝	m	48	1 263	61 157	576	62 996	3 698	66 694	2 636	4 819	2 528	76 678	1 597.5

续上表

序号	工程名称	单位	工程量	直接费(元)						间接费（元）	利润（元）费率7%	税金（元）综合税率3.41%	建筑安装工程费	
				直接工程费				其他工程费	合计				合计（元）	单价（元）
				人工费	材料费	机械使用费	合计							
39	防撞护栏	m	344	18 496	68 421	966	87 883	7 013	94 896	13 298	7 073	3 931	119 197	346.5
40	混凝土拌和、运输	m^3	2 680.25			88 101	88 101	3 651	91 753	3 088	6 639	3 460	104 941	39.2
	合　计	km												

编制：×××　　　　复核：×××

附件4

其他工程费及间接费综合费率计算表

建设项目名称:某省某高速公路

编 制 范 围:K线(K××+×××~K××+×××)　　费率文件名:yys3　　打印日期:2011年7月1日

序号	工程类别	其他工程费费率(%)													间接费费率(%)											
															规费						企业管理费					
		冬季施工增加费	雨季施工增加费	夜间施工增加费	高原地区施工增加费	风沙地区施工增加费	沿海地区施工增加费	行车干扰工程施工增加费	安全文明施工措施费	临时设施费	施工辅助费	工地转移费	综合费率 I	综合费率 II	养老保险费	失业保险费	医疗保险费	住房公积金	工伤保险费	综合费率	基本费用	主副食运费补贴	职工探亲路费	职工取暖补贴	财务费用	综合费率
1	人工土方		0.42						0.59	1.57	0.89	0.43	3.9		18	2	7.7	10	1	38.7	3.36	0.25	0.1		0.23	3.94
2	机械土方		0.43						0.59	1.42	0.49	1.36	4.29		18	2	7.7	10	1	38.7	3.26	0.19	0.22		0.21	3.88
3	汽车运土		0.43						0.21	0.92	0.16	0.81	2.53		18	2	7.7	10	1	38.7	1.44	0.2	0.14		0.21	1.99
4	人工石方		0.32						0.59	1.6	0.85	0.45	3.81		18	2	7.7	10	1	38.7	3.45	0.19	0.1		0.22	3.96
5	机械石方		0.39						0.59	1.97	0.46	0.96	4.37		18	2	7.7	10	1	38.7	3.28	0.18	0.22		0.2	3.88
6	高级路面		0.39						1	1.92	0.8	1.68	5.79		18	2	7.7	10	1	38.7	1.91	0.12	0.14		0.27	2.44
7	其他路面		0.37						1.02	1.87	0.74	1.53	5.53		18	2	7.7	10	1	38.7	3.28	0.12	0.16		0.3	3.86
8	构造物Ⅰ		0.31						0.72	2.65	1.3	1.53	6.51		18	2	7.7	10	1	38.7	4.44	0.18	0.29		0.37	5.28
9	构造物Ⅱ		0.34	0.35					0.78	3.14	1.56	1.81	7.98		18	2	7.7	10	1	38.7	5.53	0.2	0.34		0.4	6.47
10	构造物Ⅲ		0.69	0.7					1.57	5.81	3.03	3.59	15.39		18	2	7.7	10	1	38.7	9.79	0.36	0.55		0.82	11.52
11	技术复杂大桥		0.39	0.35					0.85	2.92	1.68	2.04	8.24		18	2	7.7	10	1	38.7	4.72	0.16	0.2		0.46	5.54
12	隧道								0.73	2.57	1.23	1.44	5.97		18	2	7.7	10	1	38.7	4.22	0.16	0.27		0.39	5.04
13	钢材及钢结构			0.35					0.53	2.48	0.56	1.95	5.87		18	2	7.7	10	1	38.7	2.42	0.16	0.16		0.48	3.22

编制:×××　　复核:×××

附件 5

设备、工具、器具购置费计算表

建设项目名称：某省某高速公路

编 制 范 围：K 线（K××+×××~K××+×××）　　打印日期：2011年7月1日

序号	设备、工具、器具规格名称	单位	数 量	单 价(元)	金 额(元)	说 明
	第二部分　设备及工具、器具购置费	公路公里	43.98		21 357 066	
一	设备购置费	公路公里	43.98		20 587 416	
1	需安装的设备	公路公里	43.98		20 587 416	
(1)	供电照明系统设备	公路公里	43.98		11 726 376	
	隧道供电照明系统设备	总额	1	11 726 376	11 726 376	
(2)	消防系统设备	公路公里	43.98		3 536 040	
	隧道消防系统设备	总额	1	3 536 040	3 536 040	
(3)	其他设备	公路公里	43.98		5 325 000	
	隧道射流风机	台	71	75 000	5 325 000	
三	办公及生活家具购置费	公路公里	43.98		769 650	
1	路线工程	公路公里	43.98	17 500	769 650	

编制：×××　　复核：×××

附件6

工程建设其他费用及回收金额计算表

建设项目名称:某省某高速公路

编 制 范 围:K线(K××+×××~K××+×××)　　　　打印日期:2011年7月1日

序号	费用名称及回收金额项目	说明及计算式	金额(元)	备注
	第三部分 工程建设其他费用		666 400 558	
一	土地征用及拆迁补偿费		366 345 175	
1	土地补偿费		366 345 175	
(1)	土地征用及拆迁补偿费	1元×366 345 175元/元	366 345 175	
二	建设项目管理费		11 488 665	
1	建设单位(业主)管理费	382 648 964元×0.46%	1 760 185	
2	工程质量监督费	382 648 964元×0.15%	573 973	
3	工程监理费	382 648 964元×2%	7 652 979	
4	工程定额测定费	382 648 964元×0.12%	459 179	
5	设计文件审查费	382 648 964元×0.1%	382 649	
6	竣(交)工验收试验检测费	43.98km×15 000元/km	659 700	
三	研究试验费		1 500 000	
1	研究试验费	1项×1 500 000元/项	1 500 000	
四	建设项目前期工作费		9 566 224	
1	建设项目前期工作费	382 648 964元×2.5%	9 566 224	
八	联合试运转费	382 648 964元×0.05%	191 324	
九	生产人员培训费		200 000	
1	生产人员	100人×2 000元/人	200 000	
十一	建设期贷款利息		277 109 170	
1	贷款类型	Σ(上年度付息贷款本息累计+本年度付息贷款额÷2)×年利率	277 109 170	
(1)	第1年	贷款额:361 356 000元,利率:5.94%	10 732 273	
(2)	第2年	贷款额:722 712 000元,利率:5.94%	43 566 590	
(3)	第3年	贷款额:722 712 000元,利率:5.94%	89 083 538	

续上表

序号	费用名称及回收金额项目	说明及计算式	金额(元)	备注
(4)	第4年	贷款额:602 260 000元,利率:5.94%	133 726 769	
	第一、二、三部分费用合计		1 070 406 588	
	预备费		39 664 871	
	2.基本预备费	793 297 418元×5%	39 664 871	
	概(预)算总金额		1 110 071 459	
	其中:回收金额		78 246	
	1.型钢	17.388t×4 500元/t	78 246	
	公路基本造价		1 109 993 213	

编制:×××　　复核:×××

附件 7

人工、材料、机械台班单价汇总表

建设项目名称:某省某高速公路

编　制　范　围:K线(K××+×××~K××+×××)　单价文件名:20090104DJ-SY　打印日期:2011年7月1日

序号	名　称	单位	代号	预算单价(元)	备注	序号	名　称	单位	代号	预算单价(元)	备注
1	人工	工日	1	47		24	四氟板式橡胶组合支座	dm^3	401	82	
2	机械工	工日	2	47		25	板式橡胶支座	dm^3	402	59.45	
3	原木	m^3	101	1 045.5		26	D-80 伸缩缝	m	547	1 143.32	
4	锯材	m^3	102	1 260.75		27	铸铁	kg	561	4.71	
5	枕木	m^3	103	1 250.5		28	钢绞线群锚(5孔)	套	574	128.13	
6	光圆钢筋	t	111	3 833.5		29	钢绞线群锚(6孔)	套	575	153.75	
7	带肋钢筋	t	112	3 751.5		30	钢绞线群锚(7孔)	套	576	179.37	
8	钢绞线	t	125	6 109		31	无	无	591		
9	波纹管钢带	t	151	5 125		32	无	无	592		
10	型钢	t	182	4 120.5		33	铁件	kg	551	5.28	
11	钢板	t	183	3 843.75		34	铁钉	kg	553	5.64	
12	钢管	t	191	6 006.5		35	8~12 号铁丝	kg	555	5.84	
13	钢钎	kg	211	5.64		36	20~22 号铁丝	kg	656	6.36	
14	空心钢钎	kg	212	7.17		37	铸铁管	kg	682	5.13	
15	ϕ50mm 以内合金钻头	个	213	21.01		38	油漆	kg	732	12.3	
16	钢丝绳	t	221	7 082.75		39	桥面防水涂料	kg	735	6.2	
17	钢纤维	t	225	4 100		40	玻璃纤维布	m^2	771	2.46	
18	电焊条	kg	231	6.15		41	草籽	kg	821	77.64	
19	钢管桩	t	262	5 050		42	油毛毡	m^2	825	3.59	
20	钢护筒	t	263	4 545		43	32.5级水泥	t	832	414.1	
21	钢模板	t	271	4 545		44	42.5级水泥	t	833	424.45	
22	组合钢模板	t	272	4 545		45	硝铵炸药	kg	841	11.07	
23	门式钢支架	t	273	4 545		46	导火线	m	842	1.23	

续上表

序号	名　称	单位	代号	预算单价(元)	备注	序号	名　称	单位	代号	预算单价(元)	备注
47	普通雷管	个	845	1.23		70	碎石	m^3	958	48.18	
48	非电毫秒雷管	个	847	2.15		71	石屑	m^3	961	61.5	
49	石油沥青	t	851	4 305		72	路面用碎石(1.5cm)	m^3	965	128.13	
50	改性沥青	t	852	5 022.5		73	路面用碎石(2.5cm)	m^3	966	112.75	
51	乳化沥青	t	853	4 305		74	路面用碎石(3.5cm)	m^3	967	92.25	
52	重油	kg	861	2.56		75	块石	m^3	981	66.63	
53	汽油	kg	862	5.74		76	粗料石	m^3	984	199.87	
54	柴油	kg	863	5.13		77	75kW 以内履带式推土机	台班	1003	620.86	
55	煤	t	864	341.63		78	105kW 以内履带式推土机	台班	1005	816.58	
56	电	kW·h	865	0.64		79	135kW 以内履带式推土机	台班	1006	1 201.25	
57	水	m^3	866	1.23		80	165kW 以内履带式推土机	台班	1007	1 405.92	
58	青(红)砖	千块	877	307.5		81	$12m^3$ 内拖式铲运机(含头)	台班	1025	1 412.97	
59	砂	m^3	897	56.37		82	$0.6m^3$ 以内履带式单斗挖掘机	台班	1027	503.93	
60	中(粗)砂	m^3	899	61.5		83	$1.0m^3$ 以内履带式单斗挖掘机	台班	1035	835.87	
61	砂砾	m^3	902	51.25		84	$2.0m^3$ 以内履带式单斗挖掘机	台班	1037	1 421.85	
62	天然级配	m^3	908	51.25		85	$1.0m^3$ 以内轮胎式装载机	台班	1048	412.18	
63	黏土	m^3	911	15.37		86	$3.0m^3$ 以内轮胎式装载机	台班	1051	927.97	
64	片石	m^3	931	37.93		87	120kW 以内自行式平地机	台班	1057	925.43	
65	矿粉	t	949	235.75		88	6～8t 光轮压路机	台班	1075	253.64	
66	碎石(2cm)	m^3	951	56.37		89	8～10t 光轮压路机	台班	1076	283.4	
67	碎石(4cm)	m^3	952	52.28		90	12～15t 光轮压路机	台班	1078	418.68	
68	碎石(6cm)	m^3	953	48.18		91	0.6t 以内手扶式振动碾	台班	1083	100.27	
69	碎石(8cm)	m^3	954	44.07		92	20t 以内振动压路机	台班	1089	1 023.34	

续上表

序号	名　　称	单位	代号	预算单价(元)	备注	序号	名　　称	单位	代号	预算单价(元)	备注
93	液压喷播机	台班	1139	208.93		116	8t以内载货汽车	台班	1375	426.58	
94	300t/h内稳定土厂拌设备	台班	1160	988.96		117	15t以内载货汽车	台班	1378	700.29	
95	9.5m以内稳定土摊铺机	台班	1165	1 907.53		118	5t以内自卸汽车	台班	1383	391.1	
96	4 000L内液态沥青运输车	台班	1185	415.11		119	12t以内自卸汽车	台班	1387	638.4	
97	4 000L以内沥青洒布车	台班	1193	423.87		120	15t以内自卸汽车	台班	1388	702.41	
98	320t/h内沥青混合料拌和设备	台班	1207	38 174.37		121	20t以内自卸汽车	台班	1390	858.79	
99	12.5m内沥青混合料摊铺机	台班	1214	3 269.75		122	20t以内平板拖车组	台班	1393	727.85	
100	2.5～3.5m稀浆封层机	台班	1216	2 690.44		123	40t以内平板拖车组	台班	1395	1 119.51	
101	9～16t轮胎式压路机	台班	1223	531.61		124	4 000L以内洒水汽车	台班	1404	474.55	
102	16～20t轮胎式压路机	台班	1224	625.98		125	6 000L以内洒水汽车	台班	1405	524.47	
103	20～25t轮胎式压路机	台班	1225	769.39		126	1t以内机动翻斗车	台班	1408	125.91	
104	滑模式水泥混凝土摊铺机	台班	1234	2 357.73		127	15t以内履带式起重机	台班	1432	595.66	
105	混凝土电动刻纹机	台班	1243	199.84		128	5t以内汽车式起重机	台班	1449	395.62	
106	混凝土电动切缝机	台班	1245	141.13		129	12t以内汽车式起重机	台班	1451	714.36	
107	250L以内混凝土搅拌机	台班	1272	99.33		130	20t以内汽车式起重机	台班	1453	1 058.3	
108	$3m^3$内混凝土搅拌运输车	台班	1304	703.95		131	30t以内汽车式起重机	台班	1455	1 403.86	
109	$6m^3$内混凝土搅拌运输车	台班	1307	1 243.71		132	40t以内汽车式起重机	台班	1456	2 047.52	
110	$15m^3/h$以内混凝土搅拌站	台班	1323	653.42		133	75t以内汽车式起重机	台班	1458	3 065.85	
111	$60m^3/h$以内混凝土搅拌站	台班	1327	1 983.03		134	30kN内单筒慢动卷扬机	台班	1499	88.27	
112	钢绞线拉伸设备	台班	1349	136.95		135	50kN内单筒慢动卷扬机	台班	1500	102.35	
113	波纹管卷制机	台班	1352	228.18		136	600kN内振动打拔桩锤	台班	1583	593.52	
114	4t以内载货汽车	台班	1372	311.35		137	ϕ1 500mm以内回旋钻机	台班	1600	1 138.1	
115	6t以内载货汽车	台班	1374	341.28		138	泥浆搅拌机	台班	1624	60.89	

续上表

序号	名　称	单位	代号	预算单价(元)	备注	序号	名　称	单位	代号	预算单价(元)	备注
139	ϕ150mm 电动单级离心水泵	台班	1653	168.43		143	250mm×400mm 电动颚式破碎机	台班	1757	154.91	
140	32kVA 内交流电弧焊机	台班	1726	110.32		144	滚筒式筛分机	台班	1775	164.26	
141	100kVA 以内交流对焊机	台班	1746	184.46		145	$9m^3$/min 内机动空压机	台班	1842	559.3	
142	150mm×250mm 电动颚式破碎机	台班	1756	115.89							

编制：×××　　　　复核：×××

附件8

机械台班单价计算表

建设项目名称:某省某高速公路

编 制 范 围:K线(K××+×××~K××+×××) 单价文件名:20090104DJ-SY 打印日期:2011年7月1日

序号	定额号	机械规格名称	台班单价(元)	不变费用(元)		可变费用(元)																	
				调整系数:1		人工 47 (元/工日)		汽油 5.74 (元/kg)		柴油 5.13 (元/kg)		重油 2.56 (元/kg)		煤 341.63 (元/t)		电 0.64 [元/(kW·h)]		水 1.23 (元/m³)		木柴 0.61 (元/kg)		养路费及车船税 (元/台班)	合计
				定额	调整值	定额	金额	定额	金额	定额	金额	定额	金额	定额	金额	定额	金额	定额	金额	定额	金额		
1	1003	75kW以内履带式推土机	620.86	245.1	245.14	2	94			54.97	281.72												375.72
2	1005	105kW以内履带式推土机	816.57	330.4	330.41	2	94			76.52	392.16												486.16
3	1006	135kW以内履带式推土机	1 201.2	604.7	604.69	2	94			98.06	502.56												596.56
4	1007	165kW以内履带式推土机	1 405.9	695.1	695.13	2	94			120.35	616.79												710.79
5	1025	12m³内拖式铲运机(含头)	1 412.9	822.9	822.87	2	94			96.8	496.1												590.1
6	1027	0.6m³以内履带式单斗挖掘机	503.93	219.8	219.84	2	94			37.09	190.09												284.09
7	1035	1.0m³以内履带式单斗挖掘机	835.87	411.2	411.15	2	94			64.53	330.72												424.72
8	1037	2.0m³以内履带式单斗挖掘机	1 421.85	855.4	855.38	2	94			92.19	472.47												566.47
9	1048	1.0m³以内轮胎式装载机	412.18	112.9	112.92	1	47			49.03	251.28											0.98	299.26
10	1051	3.0m³以内轮胎式装载机	927.97	241.4	241.36	2	94			115.15	590.14											2.47	686.61
11	1057	120kW以内自行式平地机	925.43	408.1	408.05	2	94			82.13	420.92											2.46	517.38
12	1075	6~8t光轮压路机	253.64	107.6	107.57	1	47			19.33	99.07												146.07
13	1076	8~10t光轮压路机	283.4	117.5	117.5	1	47			23.2	118.9												165.9
14	1078	12~15t光轮压路机	418.68	164.3	164.32	1	47			40.46	207.36												254.36
15	1083	0.6t以内手扶式振动碾	100.3	38.1	38.1	1	47			2.96	15.17												62.17
16	1089	20t以内振动压路机	1 023.3	388.1	388.14	2	94			105.6	541.2												635.2
17	1139	液压喷播机	208.93	53.59	53.59	1	47			21.14	108.34												155.34
18	1160	300t/h内稳定土厂拌设备	988.96	455.6	455.64	4	188									539.56	345.32						533.32
19	1165	9.5m以内稳定土摊铺机	1 907.5	1 373	1 373.09	2	94			85.94	440.44												534.44
20	1185	4 000L内液态沥青运输车	415.11	170.4	170.44	1	47	34.28	196.77													0.9	244.67
21	1193	4 000L以内沥青洒布车	423.87	179.1	179.14	1	47	34.28	196.77													0.96	244.73
22	1207	320t/h内沥青混合料拌和设备	38 174	9 570	9 570.7	6	282					9 574	24 534			5 918	3 787.3						28 603.67
23	1214	12.5m内沥青混合料摊铺机	3 269.8	2 430	2 429.65	3	141			136.41	699.1												840.1
24	1216	2.5~3.5m稀浆封层机	2 690.4	2 065	2 065.39	2	94			103.62	531.05												625.05
25	1223	9~16t轮胎式压路机	531.61	311.9	311.85	1	47			33.71	172.76												219.76
26	1224	16~20t轮胎式压路机	625.98	362.2	362.24	1	47			42.29	216.74												263.74

续上表

序号	定额号	机械规格名称	台班单价（元）	不变费用(元)		可变费用(元)																	
				调整系数:1		人工 47 (元/工日)		汽油 5.74 (元/kg)		柴油 5.13 (元/kg)		重油 2.56 (元/kg)		煤 341.63 (元/t)		电 0.64 [元/(kW·h)]		水 1.23 (元/m^3)		木柴 0.61 (元/kg)		养路费及车船税 (元/台班)	合计
				定额	调整值	定额	金额	定额	金额	定额	金额	定额	金额	定额	金额	定额	金额	定额	金额	定额	金额		
27	1225	20~25t 轮胎式压路机	769.39	464.7	464.65	1	47			50.29	257.74												304.74
28	1234	滑模式水泥混凝土摊铺机	2 357.73	1 788	1 787.97	3	141			83.66	428.76												569.76
29	1243	混凝土电动刻纹机	199.84	128.7	128.65	1	47									37.8	24.19						71.19
30	1245	混凝土电动切缝机	141.13	81.2	81.23	1	47									20.16	12.9						59.9
31	1272	250L 以内混凝土搅拌机	99.33	18.6	18.58	1	47									52.74	33.75						80.75
32	1304	$3m^3$ 内混凝土搅拌运输车	703.95	447.9	447.9	1	47			40.46	207.36											1.69	256.05
33	1307	$6m^3$ 内混凝土搅拌运输车	1 243.71	909.8	909.82	1	47			55.54	284.64											2.25	333.89
34	1323	$15m^3/h$ 以内混凝土搅拌站	653.42	258.5	258.48	5	235									249.9	159.94						394.94
35	1327	$60m^3/h$ 以内混凝土搅拌站	1 983.03	1 121.6	1 121.64	9	423									684.98	438.39						861.39
36	1349	钢绞线拉伸设备	136.95	126.6	126.56											16.23	10.39						10.39
37	1352	波纹管卷制机	228.18	119.9	119.9	2	94									22.31	14.28						108.28
38	1372	4t 以内载货汽车	311.38	66.38	66.38	1	47	34.28	196.77													1.2	244.97
39	1374	6t 以内载货汽车	341.29	91.38	91.38	1	47			39.24	201.11											1.8	249.91
40	1375	8t 以内载货汽车	426.58	146.8	146.81	1	47			44.95	230.37											2.4	279.77
41	1378	15t 以内载货汽车	700.29	333.2	333.22	1	47			61.72	316.32											3.75	367.07
42	1383	5t 以内自卸汽车	391.1	103.5	103.49	1	47	41.63	238.96													1.65	287.61
43	1387	12t 以内自卸汽车	638.4	271.9	271.93	1	47			61.6	315.7											3.77	366.47
44	1388	15t 以内自卸汽车	702.41	303.2	303.18	1	47			67.89	347.94											4.29	399.23
45	1390	20t 以内自卸汽车	858.79	411.5	411.46	1	47			77.11	395.19											5.14	447.33
46	1393	20t 以内平板拖车组	727.85	392.9	392.89	2	94			45.26	231.96											9	334.96
47	1395	40t 以内平板拖车组	1 119.51	722.9	722.87	2	94			55.54	284.64											18	396.64
48	1404	4 000L 以内洒水汽车	474.55	219.2	219.16	1	47	36	206.64													1.75	255.39
49	1405	6 000L 以内洒水汽车	524.47	257.9	257.9	1	47			42.43	217.45											2.12	266.57
50	1408	1t 以内机动翻斗车	125.91	32.45	32.45	1	47			9	46.13											0.33	93.46
51	1432	15t 以内履带式起重机	595.66	329.9	329.87	2	94			33.52	171.79												265.79
52	1449	5t 以内汽车式起重机	395.62	199.62	199.62	1	47	25.71	147.58													1.42	196

续上表

序号	定额号	机械规格名称	台班单价(元)	不变费用(元)		可变费用(元)																
				调整系数:1		人工 47 (元/工日)		汽油 5.74 (元/kg)		柴油 5.13 (元/kg)		重油 2.56 (元/kg)		煤 341.63 (元/t)		电 0.64 [元/(kW·h)]		水 1.23 (元/m³)		木柴 0.61 (元/kg)		养路费及车船税 (元/台班)	合计
				定额	调整值	定额	金额	定额	金额	定额	金额	定额	金额	定额	金额	定额	金额	定额	金额	定额	金额		
53	1451	12t 以内汽车式起重机	714.36	387.1	387.11	2	94			44.95	230.37											2.88	327.25
54	1453	20t 以内汽车式起重机	1 058.3	673	672.98	2	94			56	287											4.32	385.32
55	1455	30t 以内汽车式起重机	1 403.86	982.7	982.66	2	94			62.86	322.16											5.04	421.2
56	1456	40t 以内汽车式起重机	2 047.5	1 566	1 566.3	2	94			74.29	380.74											6.48	481.22
57	1458	75t 以内汽车式起重机	3 065.9	2 501	2 501.31	2	94			89.53	458.84											11.7	564.54
58	1499	30kN 内单筒慢动卷扬机	88.271	17.22	17.22	1	47									37.58	24.05						71.05
59	1500	50kN 内单筒慢动卷扬机	102.35	20.08	20.08	1	47									55.11	35.27						82.27
60	1583	600kN 内振动打拔桩锤	593.52	336	335.95	2	94									255.58	163.57						257.57
61	1600	ϕ 1 500mm 以内回旋钻机	1 138.1	681.5	681.5	2	94									566.56	362.6						456.6
62	1624	泥浆搅拌机	60.894	7.66	7.66	1	47									9.74	6.23						53.23
63	1653	ϕ150mm 电动单级离心水泵	168.43	26.22	26.22	1	47									148.77	95.21						142.21
64	1726	32kVA 内交流电弧焊机	110.32	7.24	7.24	1	47									87.63	56.08						103.08
65	1746	100kVA 以内交流对焊机	184.46	21.84	21.84	1	47									180.65	115.62						162.62
66	1756	150mm×250mm 电动颚式破碎机	115.89	46.04	46.04	1	47									35.7	22.85						69.85
67	1757	250mm×400mm 电动颚式破碎机	154.91	53.39	53.39	1	47									85.19	54.52						101.52
68	1775	滚筒式筛分机	164.26	102.3	102.3	1	47									23.38	14.96						61.96
69	1842	9m³/min 内机动空压机	559.3	203.1	203.06	1	47			60.34	309.24												356.24
70	1855	221kW 以内内燃拖轮	1 661.6	618.5	618.48	4	264			151.55	776.69							1.2	1.48			0.98	1 043.15
71	1876	200t 以内工程驳船	476.16	210.9	210.86	4	264															1.3	265.3

编制：× × ×　　复核：× × ×

附件 9

人工、主要材料、机械台班数量汇总表

建设项目名称:某公路

合 同 段 编 号:第×合同　单价文件名:某公路　费率文件名:某公路　　打印日期:2011年7月27日

序号	材料规格名称	单位	代号	总数量	分项统计											场外运输耗损	
					第200章 路基	第300章 路面								辅助生产	其他	%	数量
1	人工	工日	1	115 446	64 130	16 382									34 934		
2	机械工	工日	2	32 836	23 468	9 368											
3	中粒式沥青混凝土	m^3	85	0													
4	细粒式沥青混凝土	m^3	86	0													
5	原木	m^3	101	32	32												
6	锯材	m^3	102	18	18												
7	光圆钢筋	t	111	0													
8	带肋钢筋	t	112	0													
9	型钢	t	182	0													
10	钢板	t	183	0													
11	钢管	t	191	0													
12	钢钎	kg	211	58	58												
13	钢丝绳	t	221	0													
14	电焊条	kg	231	0													
15	钢管桩	t	262	0													
16	钢护筒	t	263	0													
17	钢模板	t	271	0													
18	组合钢模板	t	272	0													
19	门式钢支架	t	273	0													
20	板式橡胶支座	dm^3	402	0													
21	铁件	kg	651	275		275											
22	铁钉	kg	653	107	107												
23	8~12号铁丝	kg	655	2 881	2 881												

续上表

序号	材料规格名称	单位	代号	总数量	分项统计											场外运输耗损	
					第200章 路基	第300章 路面								辅助生产	其他	%	数量
24	20~22号铁丝	kg	656	0													
25	铁皮	m^2	666	0													
26	铸铁管	kg	682	0													
27	橡皮线	m	713	0													
28	桥面防水涂料	kg	735	0													
29	土工布	m^2	770	0													
30	玻璃纤维布	m^2	771	0													
31	土工格栅	m^2	772	0													
32	U形锚钉	kg	775	0													
33	32.5级水泥	t	832	18 815	1 216	17 584										1	15
34	硝铵炸药	kg	841	30 459	30 459												
35	导火线	m	842	80 095	80 095												
36	普通雷管	个	845	63 815	63 815												
37	石油沥青	t	851	4 561		4 561											
38	乳化沥青	t	853	759		759											
39	汽油	kg	862	9 155		9 155											
40	柴油	kg	863	1 542 949	1 145 049	397 900											
41	煤	t	864	0												1	
42	电	kW·h	865	575 056		575 056											
43	水	m^3	866	35 245	10 927	24 318											
44	青(红)砖	千块	877	0												3	
45	生石灰	t	891	88												3	88
46	土	m^3	895	127												3	127

续上表

序号	材料规格名称	单位	代号	总数量	分项统计											场外运输耗损	
					第200章 路基	第300章 路面								辅助 生产	其他	%	数量
47	砂	m^3	897	19 812		19 812										2.5	
48	中(粗)砂	m^3	899	7 429	6 194	1 206										2.5	29
49	砂砾	m^3	902	6												1	6
50	黏土	m^3	911	221	207											3	14
51	片石	m^3	931	19 302	17 952	1 350											
52	大卵石	m^3	935	0													
53	矿粉	t	949	6 019		6 019										3	
54	碎石(2cm)	m^3	951	4												1	4
55	碎石(4cm)	m^3	952	311		299										1	13
56	碎石(6cm)	m^3	953	1												1	1
57	碎石	m^3	958	307 899		307 775										1	124
58	石屑	m^3	961	9 396		9 396										1	1
59	路面用碎石(1.5cm)	m^3	965	12 204		12 203										1	
60	路面用碎石(3.5cm)	m^3	967	11 209		11 208										1	1
61	块石	m^3	981	1 586		1 586											
62	草皮	m^2	995	268												7	268
63	其他材料费	元	996	22 116	9 351	12 764											
64	设备摊销费	元	997	181 145		181 145											
65	75kW 以内履带式推土机	台班	1003	764	764												
66	135kW 以内履带式推土机	台班	1006	104	104												
67	$0.6m^3$ 以内 履带式单斗挖掘机	台班	1027	31		31											
68	$2.0m^3$ 以内 履带式单斗挖掘机	台班	1032	0													
69	$1.0m^3$ 以内 履带式单斗挖掘机	台班	1035	134	134												

续上表

序号	材料规格名称	单位	代号	总数量	分项统计								辅助生产	其他	场外运输耗损	
					第200章路基	第300章路面									%	数量
70	1.0m^3 以内轮胎式装载机	台班	1048	0												
71	3.0m^3 以内轮胎式装载机	台班	1051	528		528										
72	120kW 以内自行式平地机	台班	1057	1 235	1 125	109										
73	6～8t 光轮压路机	台班	1075	1 980	1 528	452										
74	8～10t 光轮压路机	台班	1076	28	28											
75	12～15t 光轮压路机	台班	1078	1 638	98	1 541										
76	蛙式夯土机	台班	1094	0												
77	235kW 以内稳定土拌和机	台班	1155	0												
78	300t/h 内稳定土厂拌设备	台班	1160	278		278										
79	9.5m 以内稳定土摊铺机	台班	1165	0												
80	4 000L 内液态沥青运输车	台班	1185	61		61										
81	4 000L 以内沥青洒布车	台班	1193	33		33										
82	6.0m 内沥青混合料摊铺机	台班	1212	0												
83	2.5～3.5m 稀浆封层机	台班	1216	64		64										
84	15t 以内振动压路机	台班	1220	0												
85	16～20t 轮胎式压路机	台班	1224	30		30										
86	20～25t 轮胎式压路机	台班	1225	69		69										
87	滑模式水泥混凝土摊铺机	台班	1234	0												
88	混凝土电动刻纹机	台班	1243	0												
89	250L 以内混凝土搅拌机	台班	1272	15		15										
90	6m^3 内混凝土搅拌运输车	台班	1307	0												
91	60m^3/h 以内混凝土输送泵	台班	1316	0												
92	60m^3/h 以内混凝土搅拌站	台班	1327	0												

续上表

序号	材料规格名称	单位	代号	总数量	分项统计												场外运输耗损	
					第 200 章 路基	第 300 章 路面								辅助生产	其他		%	数量
93	4t 以内载货汽车	台班	1372	0														
94	8t 以内载货汽车	台班	1375	0														
95	15t 以内载货汽车	台班	1378	0														
96	10t 以内自卸汽车	台班	1386	0														
97	4 000L 以内洒水汽车	台班	1404	61		61												
98	6 000L 以内洒水汽车	台班	1405	413		413												
99	1t 以内机动翻斗车	台班	1408	0														
100	15t 以内履带式起重机	台班	1432	0														
101	25t 以内轮胎式起重机	台班	1443	0														
102	5t 以内汽车式起重机	台班	1449	0														
103	12t 以内汽车式起重机	台班	1451	7		7												
104	20t 以内汽车式起重机	台班	1453	0														
105	30kN 内单筒慢动卷扬机	台班	1499	0														
106	50kN 内单筒慢动卷扬机	台班	1500	0														
107	300kN 内振动打拔桩锤	台班	1581	0														
108	600kN 内振动打拔桩锤	台班	1583	0														
109	ϕ1 500mm 以内回旋钻机	台班	1600	0														
110	泥浆搅拌机	台班	1624	0														
111	32kVA 内交流电弧焊机	台班	1726	0														
112	$3m^3/min$ 内机动空压机	台班	1840	0														
113	88kW 以内内燃拖轮	艘班	1852	0														
114	221kW 以内内燃拖轮	艘班	1855	0														
115	100t 以内工程驳船	艘班	1874	0														
116	200t 以内工程驳船	艘班	1876	0														
117	小型机具使用费	元	1998	73 412	71 361	2 051												

编制：× × ×　　　　复核：× × ×

附件 10

建筑安装工程费计算表

建设项目名称:某公路

合同段编号:第×合同　单价文件名:某公路　费率文件名:某公路　　打印日期:2011年7月27日

序号	工程名称	单位	工程量	直接费(元)						间接费(元)	利润(元)费率7%	税金(元)综合税率3.41%	建筑安装工程费	
				直接工程费				其他工程费	合计				合计(元)	单价(元)
				人工费	材料费	机械使用费	合计							
1	清理现场	m^2	324 450	29 896		718 068	747 964	20 328	768 292	33 975	55 340	29 244	885 748	2.73
2	挖土方	m^3	592 967	160 361		5 605 479	5 765 840	141 326	5 907 166	213 865	424 083	223 188	6 765 753	11.41
3	挖石方	m^3	208 480	528 514	557 012	4 389 510	5 475 037	178 060	5 653 097	396 227	408 987	220 228	6 677 614	32.03
4	利用土方	m^3	484 274	377 148		2 720 460	3 097 609	108 316	3 205 925	272 018	233 133	126 548	3 835 450	7.92
5	利用石方	m^3	226 608	1 286 976		1 361 229	2 648 205	98 633	2 746 839	609 900	199 747	121 276	3 677 848	16.23
6	借土填方	m^3	173 509	188 639		3 026 349	3 214 989	89 014	3 304 002	171 705	238 136	126 642	3 839 754	22.13
7	M7.5浆砌片(块)石	m^3	15 610	1 121 720	1 958 210	33 268	3 113 198	177 764	3 290 962	612 355	242 531	141 373	4 287 286	274.65
8	厚150mm	m^2	331 476	15 272	3 868 876	391 302	4 275 450	199 236	4 474 686	178 694	325 319	169 774	5 147 822	15.53
9	厚200mm	m^2	312 650	179 748	8 071 865	1 531 947	9 783 559	441 353	10 224 913	455 732	742 725	389 537	11 811 917	37.78
10	厚340mm	m^2	306 542	320 252	14 265 496	2 754 396	17 340 144	783 781	18 123 925	809 416	1 316 569	690 522	20 939 884	68.31
11	透层	m^2	306 542	5 296	1 321 627	25 087	1 352 010	63 004	1 415 014	56 690	102 874	53 693	1 627 738	5.31
12	黏层	m^2	298 556		614 547	6 890	621 436	28 959	650 395	25 105	47 285	24 647	746 390	2.5
13	厚60mm	m^2	298 556	106 678	12 971 157	2 088 878	15 166 712	738 420	15 905 133	434 891	1 140 882	596 099	18 077 566	60.55
14	厚80mm	m^2	298 556	143 406	16 333 801	2 796 625	19 273 832	938 136	20 211 968	556 222	1 449 843	757 635	22 976 870	76.96
15	封层	m^2	306 542	100 626	1 553 481	276 268	1 930 376	89 956	2 020 332	117 330	146 882	77 903	2 363 439	7.71
16	厚40mm	m^2	298 556	72 150	12 473 067	1 393 354	13 938 572	679 824	14 618 396	388 296	1 048 494	547 482	16 602 699	55.61
	合计	公路公里	14	4 636 683	73 989 139	29 119 112	107 744 934	4 776 110	112 521 044	5 332 422	8 122 837	4 295 792	130 263 778	9 304 556

编制:×××　　　　复核:×××

附件 11

人工、材料、机械台班单价汇总表

建设项目名称：某公路

合同段编号：第×合同　　　　单价文件名：某公路

序号	名　称	单位	代号	预算单价(元)	备注	序号	名　称	单位	代号	预算单价(元)	备注
1	人工	工日	1	57.59		24	电	kW·h	865	0.6	
2	机械工	工日	2	57.59		25	水	m^3	866	1.5	
3	原木	m^3	101	1 248.45		26	砂	m^3	897	68.71	
4	锯材	m^3	102	1 555.95		27	中(粗)砂	m^3	899	68.71	
5	型钢	t	182	4 630.95		28	黏土	m^3	911	8.21	
6	钢钎	kg	211	6.17		29	片石	m^3	931	52.03	
7	空心钢钎	kg	212	8.22		30	矿粉	t	949	162.16	
8	ϕ50mm 以内合金钻头	个	213	30.77		31	碎石(4cm)	m^3	952	67.71	
9	组合钢模板	t	272	6 060		32	碎石(8cm)	m^3	954	65.63	
10	铁件	kg	651	6.15		33	碎石	m^3	958	62.53	
11	铁钉	kg	653	6.68		34	石屑	m^3	961	78.06	
12	8～12 号铁丝	kg	655	6.27		35	路面用碎石(1.5cm)	m^3	965	78.06	
13	32.5级水泥	t	832	391.51		36	路面用碎石(2.5cm)	m^3	966	78.06	
14	硝铵炸药	kg	841	8.25		37	路面用碎石(3.5cm)	m^3	967	78.06	
15	导火线	m	842	1.03		38	玄武岩碎石	m^3	972	240	
16	普通雷管	个	845	1.23		39	块石	m^3	981	99.08	
17	石油沥青	t	851	5 153.7		40	75kW 以内履带式推土机	台班	1003	873.05	
18	改性沥青	t	852	6 281.2		41	135kW 以内履带式推土机	台班	1006	1 634.52	
19	乳化沥青	t	853	4 436.2		42	165kW 以内履带式推土机	台班	1007	1 932.87	
20	重油	kg	861	5.14		43	240kW 以内履带式推土机	台班	1008	2 726.74	
21	汽油	kg	862	9.86		44	0.6m^3 以内履带式单斗挖掘机	台班	1027	680.98	
22	柴油	kg	863	9.33		45	1.0m^3 以内履带式单斗挖掘机	台班	1035	1 128.23	
23	煤	t	864	329.21		46	2.0m^3 以内履带式单斗挖掘机	台班	1037	1 830.46	

续上表

序号	名　　称	单位	代号	预算单价(元)	备注	序号	名　　称	单位	代号	预算单价(元)	备注
47	2.0m^3 以内轮胎式装载机	台班	1050	1 128.66		61	16～20t 轮胎式压路机	台班	1224	814.29	
48	3.0m^3 以内轮胎式装载机	台班	1051	1 436.38		62	20～25t 轮胎式压路机	台班	1225	991.32	
49	120kW 以内自行式平地机	台班	1057	1 295.03		63	250L 以内混凝土搅拌机	台班	1272	107.81	
50	6～8t 光轮压路机	台班	1075	345.46		64	5t 以内自卸汽车	台班	1383	573.41	
51	8～10t 光轮压路机	台班	1076	391.49		65	12t 以内自卸汽车	台班	1387	908.49	
52	12～15t 光轮压路机	台班	1078	599.3		66	15t 以内自卸汽车	台班	1388	999.01	
53	15t 以内振动压路机	台班	1088	1 116.73		67	20t 以内平板拖车组	台班	1393	940.47	
54	300t/h 内稳定土厂拌设备	台班	1160	1 009.74		68	4 000L 以内洒水汽车	台班	1404	633.69	
55	12.5m 以内稳定土摊铺机	台班	1166	3 115.9		69	6 000L 以内洒水汽车	台班	1405	713.73	
56	4 000L 内液态沥青运输车	台班	1185	568.08		70	12t 以内汽车式起重机	台班	1451	928.28	
57	4 000L 以内沥青洒布车	台班	1193	576.92		71	40t 以内汽车式起重机	台班	1456	2 389.54	
58	240t/h 内沥青混合料拌和设备	台班	1206	46 754.97		72	75t 以内汽车式起重机	台班	1458	3 478.88	
59	12.5m 内沥青混合料摊铺机	台班	1214	3 874.78		73	9m^3/min 内机动空压机	台班	1842	823.47	
60	2.5～3.5m 稀浆封层机	台班	1216	3 147.09							

编制：×××　　　　复核：×××

附件 12

材料预算单价计算表

建设项目名称:某公路

合同段编号:第×合同　　单价文件名:某公路　　打印日期:2011 年 7 月 27 日

序号	规格名称	单位	原价（元）	运杂费					原价运费合计（元）	场外运输损耗		采购及保管费		预算单价（元）
				供应地点	运输方式、运距及比重	毛重系数或单位毛重	运杂费构成说明或计算式	单位运费（元）		费率（%）	金额（元）	费率（%）	金额（元）	
1	原木	m^3	1 200	甲地至工地	汽车,20km,100	1	[0.6×(1+0)×20+6×1+0]×1×1	18	1 218			2.5	30.45	1 248.45
2	锯材	m^3	1 500	甲地至工地	汽车,20km,100	1	[0.6×(1+0)×20+6×1+0]×1×1	18	1 518			2.5	37.95	1 555.95
3	型钢	t	4 500	甲地至工地	汽车,20km,100	1	[0.6×(1+0)×20+6×1+0]×1×1	18	4 518			2.5	112.95	4 630.95
4	钢钎	kg	6	甲地至工地	汽车,20km,100	0.001	[0.6×(1+0)×20+6×1+0]×0.001×1	0.02	6.02			2.5	0.15	6.17
5	空心钢钎	kg	8	甲地至工地	汽车,20km,100	0.001	[0.6×(1+0)×20+6×1+0]×0.001×1	0.02	8.02			2.5	0.2	8.22
					汽车,0km,100									
6	ϕ50mm 以内合金钻头	个	30	甲地至工地	汽车,20km,100	0.001 1	[0.6×(1+0)×20+6×1+0]×0.001 1×1	0.02	30.02			2.5	0.75	30.77
7	组合钢模板	t	6 000	甲地至工地	汽车,20km,100	1			6 000			1	60	6 060
8	铁件	kg	6	甲地至工地	汽车,20km,100	0.001 1			6			2.5	0.15	6.15
9	铁钉	kg	6.5	甲地至工地	汽车,20km,100	0.001 1	[0.6×(1+0)×20+6×1+0]×0.001 1×1	0.02	6.52			2.5	0.16	6.68
10	8～12 号铁丝	kg	6.1	甲地至工地	汽车,20km,100	0.001	[0.6×(1+0)×20+6×1+0]×0.001×1	0.02	6.12			2.5	0.15	6.27
11	32.5级水泥	t	360	甲地至工地	汽车,20km,100	1.01	[0.6×(1+0)×20+6×1+0]×1.01×1	18.18	378.18	1	3.78	2.5	9.55	391.51
12	硝铵炸药	kg	8	乙地至工地	汽车,30km,100	0.001 35	[0.6×(1+0)×30+10×2+0]×0.001 35×1	0.05	8.05			2.5	0.2	8.25
13	导火线	m	1	乙地至工地	汽车,30km,100	0.000 012	[0.6×(1+0)×30+10×2+0]×0.000 012×1		1			2.5	0.03	1.03
14	普通雷管	个	1.2	乙地至工地	汽车,30km,100	0.000 004	[0.6×(1+0)×30+10×2+0]×0.000 004×1		1.2			2.5	0.03	1.23

续上表

序号	规格名称	单位	原价（元）	运杂费					原价运费合计（元）	场外运输损耗		采购及保管费		预算单价（元）
				供应地点	运输方式、运距及比重	毛重系数或单位毛重	运杂费构成说明或计算式	单位运费（元）		费率（%）	金额（元）	费率（%）	金额（元）	
15	石油沥青	t	5 000	乙地至工地	汽车,30km,100	1	[0.6×(1+0)×30+10×1+0]×1×1	28	5 028			2.5	125.7	5 153.7
16	改性沥青	t	6 100	乙地至工地	汽车,30km,100	1	[0.6×(1+0)×30+10×1+0]×1×1	28	6 128			2.5	153.2	6 281.2
17	乳化沥青	t	4 300	乙地至工地	汽车,30km,100	1	[0.6×(1+0)×30+10×1+0]×1×1	28	4 328			2.5	108.2	4 436.2
18	煤	t	300	乙地至工地	汽车,30km,100	1	[0.6×(1+0)×30+0×0+0]×1×1	18	318	1	3.18	2.5	8.03	329.21
19	砂	m^3	60	丁地至工地	汽车,6km,100	1.5	[0.6×(1+0)×6+0×0+0]×1.5×1	5.4	65.4	2.5	1.64	2.5	1.68	68.71
20	中(粗)砂	m^3	60	丁地至工地	汽车,6km,100	1.5	[0.6×(1+0)×6+0×0+0]×1.5×1	5.4	65.4	2.5	1.64	2.5	1.68	68.71
21	片石	m^3	45	丁地至工地	汽车,6km,100	1.6	[0.6×(1+0)×6+0×0+0]×1.6×1	5.76	50.76			2.5	1.27	52.03
22	矿粉	t	150	丁地至工地	汽车,6km,100	1	[0.6×(1+0)×6+0×0+0]×1×1	3.6	153.6	3	4.61	2.5	3.96	162.16
23	碎石(4cm)	m^3	60	丁地至工地	汽车,6km,100	1.5	[0.6×(1+0)×6+0×0+0]×1.5×1	5.4	65.4	1	0.65	2.5	1.65	67.71
24	碎石(8cm)	m^3	58	丁地至工地	汽车,6km,100	1.5	[0.6×(1+0)×6+0×0+0]×1.5×1	5.4	63.4	1	0.63	2.5	1.6	65.63
25	碎石	m^3	55	丁地至工地	汽车,6km,100	1.5	[0.6×(1+0)×6+0×0+0]×1.5×1	5.4	60.4	1	0.6	2.5	1.53	62.53
26	石屑	m^3	70	丁地至工地	汽车,6km,100	1.5	[0.6×(1+0)×6+0×0+0]×1.5×1	5.4	75.4	1	0.75	2.5	1.9	78.06
27	路面用碎石(1.5cm)	m^3	70	丁地至工地	汽车,6km,100	1.5	[0.6×(1+0)×6+0×0+0]×1.5×1	5.4	75.4	1	0.75	2.5	1.9	78.06
28	路面用碎石(2.5cm)	m^3	70	丁地至工地	汽车,6km,100	1.5	[0.6×(1+0)×6+0×0+0]×1.5×1	5.4	75.4	1	0.75	2.5	1.9	78.06
29	路面用碎石(3.5cm)	m^3	70	丁地至工地	汽车,6km,100	1.5	[0.6×(1+0)×6+0×0+0]×1.5×1	5.4	75.4	1	0.75	2.5	1.9	78.06
30	块石	m^3	90	丁地至工地	汽车,6km,100	1.85	[0.6×(1+0)×6+0×0+0]×1.85×1	6.66	96.66			2.5	2.42	99.08

编制：××× 复核：×××

附件 13

机械台班单价计算表

建设项目名称:某公路

合同段编号:第×合同　　　　单价文件名:某公路　　　　打印日期:2011 年 7 月 27 日

序号	定额号	机械规格名称	台班单价(元)	不变费用(元) 调整系数:1		可变费用(元) 人工 57.59 (元/工日)		汽油 9.86 (元/kg)		柴油 9.33 (元/kg)		重油 5.14 (元/kg)		煤 329.21 (元/t)		电 0.6 [元/(kW·h)]		水 1.5 (元/m³)		木柴 0.9 (元/kg)		养路费及车船税(元/台班)	合计
				定额	调整值	定额	金额	定额	金额	定额	金额	定额	金额	定额	金额	定额	金额	定额	金额	定额	金额		
1	1003	75kW 以内履带式推土机	873.05	245.1	245.14	2	115.18			54.97	512.73												627.91
2	1006	135kW 以内履带式推土机	1 634.53	604.7	604.69	2	115.18			98.06	914.65												1 029.83
3	1007	165kW 以内履带式推土机	1 932.88	695.1	695.13	2	115.18			120.35	1 122.6												1 237.74
4	1008	240kW 以内履带式推土机	2 726.74	983.3	983.26	2	115.18			174.57	1 628.3												1 743.48
5	1027	0.6m³ 以内履带式单斗挖掘机	680.98	219.8	219.84	2	115.18			37.09	345.96												461.14
6	1035	1.0m³ 以内履带式单斗挖掘机	1 128.23	411.2	411.15	2	115.18			64.53	601.9												717.08
7	1037	2.0m³ 以内履带式单斗挖掘机	1 830.46	855.4	855.38	2	115.18			92.19	859.9												975.08
8	1050	2.0m³ 以内轮胎式装载机	1 128.66	200.4	200.44	1	57.59			92.86	866.15											4.48	928.22
9	1051	3.0m³ 以内轮胎式装载机	1 436.38	241.4	241.36	2	115.18			115.15	1 074.1											5.78	1 195.02
10	1057	120kW 以内自行式平地机	1 295.03	408.1	408.05	2	115.18			82.13	766.07											5.73	886.98
11	1075	6~8t 光轮压路机	345.46	107.6	107.57	1	57.59			19.33	180.3												237.89
12	1076	8~10t 光轮压路机	391.49	117.5	117.5	1	57.59			23.2	216.4												273.99
13	1078	12~15t 光轮压路机	599.3	164.3	164.32	1	57.59			40.46	377.39												434.98
14	1088	15t 以内振动压路机	1 116.73	315.1	315.05	2	115.18			73.6	686.5												801.68
15	1160	300t/h 内稳定土厂拌设备	1 009.74	455.6	455.64	4	230.36									539.56	323.74						554.1
16	1166	12.5m 以内稳定土摊铺机	3 115.9	1 728	1 728.36	2	115.18			136.41	1 272.4												1 387.54
17	1185	4 000L 内液态沥青运输车	568.08	170.4	170.44	1	57.59	34.28	337.95													2.1	397.64
18	1193	4 000L 以内沥青洒布车	576.92	179.1	179.14	1	57.59	34.28	337.95													2.24	397.78
19	1206	240t/h 内沥青混合料拌和设备	46 755	6 791	6 790.57	6	345.54					7 180.8	36 934			4 475	2 684.8						39 964.41
20	1214	12.5m 内沥青混合料摊铺机	3 874.8	2 430	2 429.65	3	172.77			136.41	1 272.4												1 445.13
21	1216	2.5~3.5m 稀浆封层机	3 147.1	2 065.39	2 065.39	2	115.18			103.62	966.52												1 081.7
22	1224	16~20t 轮胎式压路机	814.29	362.2	362.24	1	57.59			42.29	394.46												452.05
23	1225	20~25t 轮胎式压路机	991.32	464.7	464.65	1	57.59			50.29	469.08												526.67
24	1272	250L 以内混凝土搅拌机	107.81	18.58	18.58	1	57.59									52.74	31.64						89.23
25	1383	5t 以内自卸汽车	573.41	103.5	103.49	1	57.59	41.63	410.41													1.92	469.92
26	1 387	12t 以内自卸汽车	908.49	271.9	271.93	1	57.59			61.6	574.57											4.4	636.56

续上表

序号	定额号	机械规格名称	台班单价(元)	不变费用(元) 调整系数:1		可变费用(元) 人工 57.59 (元/工日)		汽油 9.86 (元/kg)		柴油 9.33 (元/kg)		重油 5.14 (元/kg)		煤 329.21 (元/t)		电 0.6 [元/(kW·h)]		水 1.5 (元/m^3)		木柴 0.9 (元/kg)		养路费及车船税(元/台班)	合计
				定额	调整值	定额	金额	定额	金额	定额	金额	定额	金额	定额	金额	定额	金额	定额	金额	定额	金额		
27	1388	15t 以内自卸汽车	999.01	303.2	303.18	1	57.59			67.89	633.24											5	695.83
28	1393	20t 以内平板拖车组	940.47	392.9	392.89	2	115.18			45.26	422.16											10.24	547.58
29	1404	4 000L 以内洒水汽车	633.69	219.2	219.16	1	57.59	36	354.9													2.04	414.53
30	1405	6 000L 以内洒水汽车	713.73	257.9	257.9	1	57.59			42.43	395.77											2.48	455.84
31	1451	12t 以内汽车式起重机	928.28	387.1	387.11	2	115.18			44.95	419.27											6.72	541.17
32	1456	40t 以内汽车式起重机	2 389.5	1 566	1 566.3	2	115.18			74.29	692.94											15.12	823.24
33	1458	75t 以内汽车式起重机	3 478.89	2 501	2 501.31	2	115.18			89.53	835.09											27.3	977.57
34	1842	$9m^3/min$ 内机动空压机	823.47	203.1	203.06	1	57.59			60.34	562.82												620.41

编制：×××　　　　复核：×××

附件 14

工程细目单价表

合同段编号:第×合同　　　　打印日期:2011 年 7 月 27 日

清单　第 200 章　路基					
细目号	细目名称	单位	数量	单价(元)	合价或金额(元)
202-1	清理与掘除				885 748
-a	清理现场	m^2	324 450	2.73	885 748
203-1	路基挖方				13 443 367
-a	挖土方	m^3	592 967	11.41	6 765 753
-b	挖石方	m^3	208 480	32.03	6 677 614
204-1	路基填筑(包括填前压实)				11 353 052
-b	利用土方	m^3	484 274	7.92	3 835 450
-c	利用石方	m^3	226 608	16.23	3 677 848
-e	借土填方	m^3	173 509	22.13	3 839 754
209-1	砌体挡土墙				4 287 286
-a	M7.5浆砌片(块)石	m^3	15 610	274.65	4 287 286
清单　第 200 章合计　人民币:29 969 453 元					

附件15

工程细目单价表

合同段编号：第×合同　　　　打印日期：2011年7月27日

清单　第300章　路面					
细目号	细目名称	单位	数量	单价(元)	合价或金额(元)
302-1	碎石垫层				5 147 822
-a	厚150mm	m^2	331 476	15.53	5 147 822
304-1	水泥稳定碎石底基层(水泥4%)				11 811 917
-a	厚200mm	m^2	312 650	37.78	11 811 917
304-3	水泥稳定碎石基层(水泥5%)				20 939 884
-a	厚340mm	m^2	306 542	68.31	20 939 884
308-1	透层	m^2	306 542	5.31	1 627 738
308-2	黏层	m^2	298 556	2.5	746 390
309-2	中粒式沥青混凝土				18 077 566
-a	厚60mm	m^2	298 556	60.55	18 077 566
309-3	粗粒式沥青混凝土				22 976 870
-a	厚80mm	m^2	298 556	76.96	22 976 870
310-2	封层	m^2	306 542	7.71	2 363 439
311-1	细粒式改性沥青混合料路面				16 602 699
-a	厚40mm	m^2	298 556	55.61	16 602 699
清单　第300章合计　人民币：100 294 325元					

附录2　交通运输部及各省相关法律法规

公路工程竣(交)工验收办法

(2004年3月31日　交通部　交通部令[2004]第3号)

第一章　总　　则

第一条　为规范公路工程竣(交)工验收工作,保障公路安全有效运营,根据《中华人民共和国公路法》,制定本办法。

第二条　本办法适用于中华人民共和国境内新建和改建的公路工程竣(交)工验收活动。

第三条　公路工程应按本办法进行竣(交)工验收,未经验收或者验收不合格的,不得交付使用。

第四条　公路工程验收分为交工验收和竣工验收两个阶段。

交工验收是检查施工合同的执行情况,评价工程质量是否符合技术标准及设计要求,是否可以移交下一阶段施工或是否满足通车要求,对各参建单位工作进行初步评价。

竣工验收是综合评价工程建设成果,对工程质量、参建单位和建设项目进行综合评价。

第五条　公路工程竣(交)工验收的依据是:

(一)批准的工程可行性研究报告;

(二)批准的工程初步设计、施工图设计及变更设计文件;

(三)批准的招标文件及合同文本;

(四)行政主管部门的有关批复、批示文件;

(五)交通部颁布的公路工程技术标准、规范、规程及国家有关部门的相关规定。

第六条　交工验收由项目法人负责。

竣工验收由交通主管部门按项目管理权限负责。交通部负责国家、部重点公路工程项目中100公里以上的高速公路、独立特大型桥梁和特长隧道工程的竣工验收工作;其他公路工程建设项目,由省级人民政府交通主管部门确定的相应交通主管部门负责竣工验收工作。

第七条　公路工程竣(交)工验收工作应当做到公正、真实和科学。

第二章　交 工 验 收

第八条　公路工程(合同段)进行交工验收应具备以下条件:

(一)合同约定的各项内容已完成;

(二)施工单位按交通部制定的《公路工程质量检验评定标准》及相关规定的要求对工程

质量自检合格；

（三）监理工程师对工程质量的评定合格；

（四）质量监督机构按交通部规定的公路工程质量鉴定办法对工程质量进行检测（必要时可委托有相应资质的检测机构承担检测任务），并出具检测意见；

（五）竣工文件已按交通部规定的内容编制完成；

（六）施工单位、监理单位已完成本合同段的工作总结。

第九条　公路工程各合同段符合交工验收条件后，经监理工程师同意，由施工单位向项目法人提出申请，项目法人应及时组织对该合同段进行交工验收。

第十条　交工验收的主要工作内容是：

（一）检查合同执行情况；

（二）检查施工自检报告、施工总结报告及施工资料；

（三）检查监理单位独立抽检资料、监理工作报告及质量评定资料；

（四）检查工程实体，审查有关资料，包括主要产品质量的抽（检）测报告；

（五）核查工程完工数量是否与批准的设计文件相符，是否与工程计量数量一致；

（六）对合同是否全面执行、工程质量是否合格作出结论，按交通主管部门规定的格式签署合同段交工验收证书；

（七）按交通部规定的办法对设计单位、监理单位、施工单位的工作进行初步评价。

第十一条　项目法人负责组织公路工程各合同段的设计、监理、施工等单位参加交工验收。拟交付使用的工程，应邀请运营、养护管理单位参加。参加验收单位的主要职责是：

项目法人负责组织各合同段参建单位完成交工验收工作的各项内容，总结合同执行过程中的经验，对工程质量是否合格作出结论；

设计单位负责检查已完成的工程是否与设计相符，是否满足设计要求；

监理单位负责完成监理资料的汇总、整理，协助项目法人检查施工单位的合同执行情况，核对工程数量，科学公正地对工程质量进行评定；

施工单位负责提交竣工资料，完成交工验收准备工作。

第十二条　项目法人组织监理单位按《公路工程质量检验评定标准》的要求对各合同段的工程质量进行评定。

监理单位根据独立抽检资料对工程质量进行评定，当监理按规定完成的独立抽检资料不能满足评定要求时，可以采用经监理确认的施工自检资料。

项目法人根据对工程质量的检查及平时掌握的情况，对监理单位所做的工程质量评定进行审定。

第十三条　各合同段工程质量评分采用所含各单位工程质量评分的加权平均值。即：

工程各合同段交工验收结束后，由项目法人对整个工程项目进行工程质量评定，工程质量评分采用各合同段工程质量评分的加权平均值。即：

工程质量等级评定分为合格和不合格，工程质量评分值大于等于 75 分的为合格，小于 75 分的为不合格。

第十四条　公路工程各合同段验收合格后，项目法人应按交通部规定的要求及时完成项目交工验收报告，并向交通主管部门备案。国家、部重点公路工程项目中 100 公里以上的高速公路、独立特大型桥梁和特长隧道工程向省级人民政府交通主管部门备案，其他公路工程按省级人民政府交通主管部门的规定向相应的交通主管部门备案。

公路工程各合同段验收合格后，质量监督机构应向交通主管部门提交项目的检测报告。交通主管部门在15天内未对备案的项目交工验收报告提出异议，项目法人可开放交通进入试运营期。试运营期不得超过3年。

第十五条 交工验收提出的工程质量缺陷等遗留问题，由施工单位限期完成。

第三章 竣工验收

第十六条 公路工程进行竣工验收应具备以下条件：

（一）通车试运营2年后；

（二）交工验收提出的工程质量缺陷等遗留问题已处理完毕，并经项目法人验收合格；

（三）工程决算已按交通部规定的办法编制完成，竣工决算已经审计，并经交通主管部门或其授权单位认定；

（四）竣工文件已按交通部规定的内容完成；

（五）对需进行档案、环保等单项验收的项目，已经有关部门验收合格；

（六）各参建单位已按交通部规定的内容完成各自的工作报告；

（七）质量监督机构已按交通部规定的公路工程质量鉴定办法对工程质量检测鉴定合格，并形成工程质量鉴定报告。

第十七条 公路工程符合竣工验收条件后，项目法人应按照项目管理权限及时向交通主管部门申请验收。交通主管部门应当自收到申请之日起30日内，对申请人递交的材料进行审查，对于不符合竣工验收条件的，应当及时退回并告知理由；对于符合验收条件的，应自收到申请文件之日起3个月内组织竣工验收。

第十八条 竣工验收的主要工作内容是：

（一）成立竣工验收委员会；

（二）听取项目法人、设计单位、施工单位、监理单位的工作报告；

（三）听取质量监督机构的工作报告及工程质量鉴定报告；

（四）检查工程实体质量、审查有关资料；

（五）按交通部规定的办法对工程质量进行评分，并确定工程质量等级；

（六）按交通部规定的办法对参建单位进行综合评价；

（七）对建设项目进行综合评价；

（八）形成并通过竣工验收鉴定书。

第十九条 竣工验收委员会由交通主管部门、公路管理机构、质量监督机构、造价管理机构等单位代表组成。大中型项目及技术复杂工程，应邀请有关专家参加。国防公路应邀请军队代表参加。

项目法人、设计单位、监理单位、施工单位、接管养护等单位参加竣工验收工作。

第二十条 参加竣工验收工作各方的主要职责是：

竣工验收委员会负责对工程实体质量及建设情况进行全面检查。按交通部规定的办法对工程质量进行评分，对各参建单位进行综合评价，对建设项目进行综合评价，确定工程质量和建设项目等级，形成工程竣工验收鉴定书。

项目法人负责提交项目执行报告及验收所需资料，协助竣工验收委员会开展工作；

设计单位负责提交设计工作报告，配合竣工验收检查工作；

监理单位负责提交监理工作报告，提供工程监理资料，配合竣工验收检查工作；

施工单位负责提交施工总结报告，提供各种资料，配合竣工验收检查工作。

第二十一条　竣工验收工程质量评分采取加权平均法计算，其中交工验收工程质量得分权值为0.2，质量监督机构工程质量鉴定得分权值为0.6，竣工验收委员会对工程质量评定得分权值为0.2。

工程质量评定得分大于等于90分为优良，小于90分且大于等于75分为合格，小于75分为不合格。

第二十二条　竣工验收委员会按交通部规定的办法对参建单位的工作进行综合评价。

评定得分大于等于90分且工程质量等级优良的为好，大于等于75分为中，小于75分为差。

第二十三条　竣工验收建设项目综合评分采取加权平均法计算，其中竣工验收工程质量得分权值为0.7，参建单位工作评价得分权值为0.3（项目法人占0.15，设计、施工、监理各占0.05）。

评定得分大于等于90分且工程质量等级优良的为优良，大于等于75分为合格，小于75分为不合格。

第二十四条　负责组织竣工验收的交通主管部门对通过验收的建设项目按交通部规定的要求签发《公路工程竣工验收鉴定书》。

通过竣工验收的工程，由质量监督机构依据竣工验收结论，按照交通部规定的格式对各参建单位签发工作综合评价等级证书。

第四章　罚　　则

第二十五条　项目法人违反本办法规定，对不具备交工验收条件的公路工程组织交工验收，交工验收无效，由交通主管部门责令改正。

第二十六条　项目法人违反本办法规定，对未进行交工验收、交工验收不合格或未备案的工程开放交通进行试运营的，由交通主管部门责令停止试运营，并予以警告处罚。

第二十七条　项目法人对试运营期超过3年的公路工程不申请组织竣工验收的，由交通主管部门责令改正。对责令改正后仍不申请组织竣工验收的，由交通主管部门责令停止试运营。

第二十八条　质量监督机构人员在验收工作中滥用职权、玩忽职守、徇私舞弊的，依法给予行政处分，构成犯罪的，依法追究刑事责任。

第五章　附　　则

第二十九条　公路工程建设项目建成后，施工单位、监理单位、项目法人应负责编制工程竣工文件、图表、资料，并装订成册，其编制费用分别由施工单位、监理单位、项目法人承担。

各合同段交工验收工作所需的费用由施工单位承担。整个建设项目竣（交）工验收期间质量监督机构进行工程质量检测所需的费用由项目法人承担。

第三十条 对通过验收的工程，由项目法人按照国家规定，分别向档案管理部门和公路管理机构、接管养护单位办理有关档案资料和资产移交手续。

第三十一条 对于规模较小、等级较低的小型项目，可将交工验收和竣工验收合并进行。规模较小、等级较低的小型项目的具体标准由省级人民政府交通主管部门结合本地区的具体情况制订。

第三十二条 本办法由交通部负责解释。

第三十三条 本办法自2004年10月1日起施行。交通部颁布的《公路工程竣工验收办法》(交公路发[1995]1081号)同时废止。

公路建设项目工程决算编制办法

(2004年9月16日　交通部　交公路发[2004]507号)

第一条 为加强公路建设项目投资管理，严格控制建设成本，提高投资效益，根据国家有关法律、法规，结合公路建设实际，制定本办法。

第二条 本办法适用于由政府或国有经济组织投资的公路工程新建和改建项目(以下简标建设项目)。其他公路建设项目可参照执行。

第三条 公路建设项目决算(以下简称工程决算)是指项目实际完成的工程量、采用的单价和费用支出，以及与批准许的概(预)算对比情况。

第四条 工程决算是建设项目竣工验收工作的重要组成部分。未编制工程决算的建设项目，不得组织竣工验收。

第五条 建设项目法人应加强建设项目投资管理工作，配置具有相应资格的公路工程造价人员，做好工程决算资料的收集、整理和分析工作，工程决算文件的编制应真实、准确和完整。

第六条 工程瘊算根据下列资料进行编制：

(一)经交通主管部门批准的设计文件，以及批准的概(预)算或调整概(预)算文件；

(二)招标文件、标底(如果有)及与各有关单位签订的合同文件；

(三)建设过程中的文件有关支付凭证；

(四)竣工图纸；

(五)其他有关文件、资料、凭证等。

第七条 工程决算总费用由建筑安装工程费，设备、工具及器具购置费，工程建设其他费用三部分构成。对于概(预)算编制办法规定的项目及批准概(预)算文件中未列明且不能列入第一、二部分的费用列入第三部分。

第八条 工程决算通过工程决算表(附件1)进行计算，各表格的相互关系见附件2，有关问题说明见附件3。

第九条 工程决算文件由项目法人在交工验收后负责组织编制，竣工验收前编制完成，并将工程决算文件及工程决算数据软盘各1份上报交通主管部门，同时抄送工程造价管理部门。

第十条　工程决算文件应简明扼要、字迹清晰、数据真实、计算正确、符合规定。

第十一条　工程决算文件包括工程决算编制说明和工程决算表。

第十二条　工程决算编制说明应包括以下内容：

（一）工程决算概况；

（二）工程概（预）算执行情况说明，其中应说明招标方式、结果及重大设计变更情况；

（三）设备、工具、器具购置情况的说明；

（四）工程建设其他费用使用情况的说明（包括征地拆迁费、建设单位管理费、监理费等）；

（五）预留费用使用情况的说明；

（六）工程决算编制中有关问题处理的说明；

（七）造价控制的经验与教训总结；

（八）工程遗留问题；

（九）其他需要说明的事项。

第十三条　工程决算表包括：

（一）建设项目概况表（01 表）

（二）投资控制情况比较表（02 表）

（三）工程数据情况比较表（03 表）

（四）概（预）算分析表（04 表）

（五）标底及合同费用分析表（05 表）

（六）项目总决算（分析）表（06 表）

（七）建安工程决算汇总表（07 表）

（八）设备、工具及器具购置费用支出汇总表（08 表）

（九）工程建设其他费用支出汇总表（09 表）

第十四条　工程决算数据软盘包括工程决算文件和基础数据表。基础数据表包括以下内容：

（一）合同段工程决算表

（二）工程合同登记表

（三）变更设计登记表

（四）变更引起调整金额登记表

（五）工程项目调价登记表

（六）工程项目索赔登记表

（七）计日工支出金额登记表

（八）收尾工程登记表

（九）报废工程登记表

（十）工程支付情况登记表

第十五条　工程决算表应按照规定的填表说明编制，基础数据表应在工程实施的过程中随时填写，使工程决算与工程管理紧密结合，保证基础资料的完整性，提高管理工作的规范性。

第十六条　《公路工程竣（交）工验收办法》规定的交工验收和竣工验收合并进行的小型项目可参照执行。

第十七条　本办法由交通部负责解释。

第十八条 本办法自2004年10月1日起执行。

附件1:工程决算表(略)

附件2:表格关系图(略)

附件3:有关问题说明(略)

公路工程设计变更管理办法

(2005年5月9日 交通部 交通部令[2005]第5号)

第一条 为加强公路工程建设管理,规范公路工程设计变更行为,保证公路工程质量,保护人民生命及财产安全,根据《中华人民共和国公路法》、《建设工程质量管理条例》、《建设工程勘察设计管理条例》等相关法律和行政法规,制定本办法。

第二条 对交通部批准初步设计的新建、改建公路工程的设计变更,应当遵守本规定。

本办法所称设计变更,是指自公路工程初步设计批准之日起至通过竣工验收正式交付使用之日止,对已批准的初步设计文件、技术设计文件或施工图设计文件所进行的修改、完善等活动。

第三条 各级交通主管部门应当加强对公路工程设计变更活动的监督管理。

第四条 公路工程设计变更应当符合国家有关公路工程强制性标准和技术规范的要求,符合公路工程质量和使用功能的要求,符合环境保护的要求。

第五条 公路工程设计变更分为重大设计变更、较大设计变更和一般设计变更。

有下列情形之一的属于重大设计变更:

(一)连续长度10公里以上的路线方案调整的;

(二)特大桥的数量或结构形式发生变化的;

(三)特长隧道的数量或通风方案发生变化的;

(四)互通式立交的数量发生变化的;

(五)收费方式及站点位置、规模发生变化的;

(六)超过初步设计批准概算的。

有下列情形之一的属于较大设计变更:

(一)连续长度2公里以上的路线方案调整的;

(二)连接线的标准和规模发生变化的;

(三)特殊不良地质路段处置方案发生变化的;

(四)路面结构类型、宽度和厚度发生变化的;

(五)大中桥的数量或结构型式发生变化的;

(六)隧道的数量或方案发生变化的;

(七)互通式立交的位置或方案发生变化的;

(八)分离式立交的数量发生变化的;

(九)监控、通信系统总体方案发生变化的;

(十)管理、养护和服务设施的数量和规模发生变化的;

（十一）其他单项工程费用变化超过500万元的；

（十二）超过施工图设计批准预算的。

一般设计变更是指除重大设计变更和较大设计变更以外的其他设计变更。

第六条　公路工程重大、较大设计变更实行审批制。

公路工程重大、较大设计变更，属于对设计文件内容作重大修改，应当按照本办法规定的程序进行审批。未经审查批准的设计变更不得实施。

任何单位或者个人不得违反本办法规定擅自变更已经批准的公路工程初步设计、技术设计和施工图设计文件。不得肢解设计变更规避审批。

经批准的设计变更一般不得再次变更。

第七条　重大设计变更由交通部负责审批。较大设计变更由省级交通主管部门负责审批。

第八条　项目法人负责对一般设计变更进行审查，并应当加强对公路工程设计变更实施的管理。

第九条　公路工程勘察设计、施工及监理等单位可以向项目法人提出公路工程设计变更的建议。

设计变更的建议应当以书面形式提出，并应当注明变更理由。

项目法人也可以直接提出公路工程设计变更的建议。

第十条　项目法人对设计变更的建议及理由应当进行审查核实。必要时，项目法人可以组织勘察设计、施工、监理等单位及有关专家对设计变更建议进行经济、技术论证。

第十一条　对一般设计变更建议，由项目法人根据审查核实情况或者论证结果决定是否开展设计变更的勘察设计工作。

对较大设计变更和重大设计变更建议，项目法人经审查论证确认后，向省级交通主管部门提出公路工程设计变更的申请，并提交以下材料：

（一）设计变更申请书。包括拟变更设计的公路工程名称、公路工程的基本情况、原设计单位、设计变更的类别、变更的主要内容、变更的主要理由等；

（二）对设计变更申请的调查核实情况、合理性论证情况；

（三）省级交通主管部门要求提交的其他相关材料。

省级交通主管部门自受理申请之日起15日内作出是否同意开展设计变更的勘察设计工作的决定，并书面通知申请人。

第十二条　设计变更的勘察设计应当由公路工程的原勘察设计单位承担。经原勘察设计单位书面同意，项目法人也可以选择其他具有相应资质的勘察设计单位承担。设计变更勘察设计单位应当及时完成勘察设计，形成设计变更文件，并对设计变更文件承担相应责任。

第十三条　设计变更文件完成后，项目法人应当组织对设计变更文件进行审查。

一般设计变更文件由项目法人审查确认后决定是否实施。项目法人应当在15日内完成审查确认工作。

重大及较大设计变更文件经项目法人审查确认后报省级交通主管部门审查。其中，重大设计变更文件由省级交通主管部门审查后报交通部批准；较大设计变更文件由省级交通主管部门批准，并报交通部备案。若设计变更与可行性研究报告批复内容不一致，应征得原可行性研究报告批复部门的同意。

第十四条 项目法人在报审设计变更文件时,应当提交以下材料:

(一)设计变更说明;

(二)设计变更的勘察设计图纸及原设计相应图纸;

(三)工程量、投资变化对照清单和分项概、预算文件。

第十五条 设计变更文件的审批应当在20日内完成。无正当理由,超过审批时间未对设计变更文件的审查予以答复的,视为同意。

需要专家评审的,所需时间不计算在上述期限内。审批机关应当将所需时间书面告知申请人。

第十六条 对需要进行紧急抢险的公路工程设计变更,项目法人可先进行紧急抢险处理,同时按照规定的程序办理设计变更审批手续,并附相关的影像资料说明紧急抢险的情形。

第十七条 公路工程设计变更工程的施工原则上由原施工单位承担。原施工单位不具备承担设计变更工程的资质等级时,项目法人应通过招标选择施工单位。

第十八条 项目法人应当建立公路工程设计变更管理台账,定期对设计变更情况进行汇总,并应当每半年将汇总情况报省级交通主管部门备案。

省级交通主管部门可以对管理台账随时进行检查。

第十九条 交通主管部门审查批准公路工程设计变更文件时,工程费用按《公路基本建设工程概算、预算编制办法》核定。

第二十条 由于公路工程勘察设计、施工等有关单位的过失引起公路工程设计变更并造成损失的,有关单位应当承担相应的费用和相关责任。

由于公路工程设计变更发生的建筑安装工程费、勘察设计费和监理费等费用的变化,按照有关合同约定执行。

由于公路工程设计变更发生的工程建设单位管理费、征地拆迁费等费用的变化,按照国家有关规定执行。

第二十一条 按照本办法规定经过审查批准的公路工程设计变更,其费用变化纳入决算。未经批准的设计变更,其费用变化不得进入决算。

第二十二条 设计变更审批部门违反本办法规定,不按照规定权限、条件和程序审查批准公路工程设计变更文件的,上级交通主管部门或者监察部门责令改正;造成严重后果的,对直接负责的主管人员和其他直接责任人员依法给予行政处分;构成犯罪的,依法追究刑事责任。

较大设计变更审批部门违反本办法规定,情节严重的,对全部或者部分使用国有资金的项目,可以暂停项目执行。

第二十三条 交通主管部门工作人员在设计变更审查批准过程中滥用职权、玩忽职守、谋取不正当利益的,由主管部门或者监察部门给予行政处分;构成犯罪的,依法追究刑事责任。

第二十四条 项目法人有以下行为之一的,交通主管部门责令改正;情节严重的,对全部或者部分使用国有资金的项目,暂停项目执行。构成犯罪的,依法追究刑事责任:

(一)不按照规定权限、条件和程序审查、报批公路工程设计变更文件的;

(二)将公路工程设计变更肢解规避审批的;

(三)未经审查批准或者审查不合格,擅自实施设计变更的。

第二十五条 施工单位不按照批准的设计变更文件施工的,交通主管部门责令改正;造成建设工程质量不符合规定的质量标准的,负责返工、修理,并赔偿因此造成的损失;情节严重的，责令停业整顿，降低资质等级或者吊销资质证书。

第二十六条 交通部批准初步设计以外的新建、改建公路工程的设计变更，参照本办法执行。

第二十七条 本办法自2005年7月1日起施行。

公路建设监督管理办法

(2006年6月8日 交通部 交通部令[2006]第5号)

第一章 总 则

第一条 为促进公路事业持续、快速、健康发展，加强公路建设监督管理，维护公路建设市场秩序，根据《中华人民共和国公路法》、《建设工程质量管理条例》和国家有关法律、法规，制定本办法。

第二条 在中华人民共和国境内从事公路建设的单位和人员必须遵守本办法。本办法所称公路建设是指公路、桥梁、隧道、交通工程及沿线设施和公路渡口的项目建议书、可行性研究、勘察、设计、施工、竣(交)工验收和后评价全过程的活动。

第三条 公路建设监督管理实行统一领导，分级管理。交通部主管全国公路建设监督管理；县级以上地方人民政府交通主管部门主管本行政区域内公路建设监督管理。

第四条 县级以上人民政府交通主管部门必须依照法律、法规及本办法的规定对公路建设实施监督管理。有关单位和个人应当接受县级以上人民政府交通主管部门依法进行的公路建设监督检查，并给予支持与配合，不得拒绝或阻碍。

第二章 监督部门的职责与权限

第五条 公路建设监督管理的职责包括：

(一)监督国家有关公路建设工作方针、政策和法律、法规、规章、强制性技术标准的执行；

(二)监督公路建设项目建设程序的履行；

(三)监督公路建设市场秩序；

(四)监督公路工程质量和工程安全；

(五)监督公路建设资金的使用；

(六)指导、检查下级人民政府交通主管部门的监督管理工作；

(七)依法查处公路建设违法行为。

第六条 交通部对全国公路建设项目进行监督管理，依据职责负责国家高速公路网建设项目和交通部确定的其他重点公路建设项目前期工作、施工许可、招标投标、工程质量、工程进度、资金、安全管理的监督和竣工验收工作。

除应当由交通部实施的监督管理职责外，省级人民政府交通主管部门依据职责负责本行政区域内公路建设项目的监督管理，具体负责本行政区域内的国家高速公路网建设项目、交通部和省级人民政府确定的其他重点公路建设项目的监督管理。

设区的市和县级人民政府交通主管部门按照有关规定负责本行政区域内公路建设项目的监督管理。

第七条 县级以上人民政府交通主管部门在履行公路建设监督管理职责时,有权要求:

(一)被检查单位提供有关公路建设的文件和资料;

(二)进入被检查单位的工作现场进行检查;

(三)对发现的工程质量和安全问题以及其他违法行为依法处理。

第三章 建设程序的监督管理

第八条 公路建设应当按照国家规定的建设程序和有关规定进行。

政府投资公路建设项目实行审批制,企业投资公路建设项目实行核准制。县级以上人民政府交通主管部门应当按职责权限审批或核准公路建设项目,不得越权审批、核准项目或擅自简化建设程序。

第九条 政府投资公路建设项目的实施,应当按照下列程序进行:

(一)根据规划,编制项目建议书;

(二)根据批准的项目建议书,进行工程可行性研究,编制可行性研究报告;

(三)根据批准的可行性研究报告,编制初步设计文件;

(四)根据批准的初步设计文件,编制施工图设计文件;

(五)根据批准的施工图设计文件,组织项目招标;

(六)根据国家有关规定,进行征地拆迁等施工前准备工作,并向交通主管部门申报施工许可;

(七)根据批准的项目施工许可,组织项目实施;

(八)项目完工后,编制竣工图表、工程决算和竣工财务决算,办理项目交、竣工验收和财产移交手续;

(九)竣工验收合格后,组织项目后评价。

国务院对政府投资公路建设项目建设程序另有简化规定的,依照其规定执行。

第十条 企业投资公路建设项目的实施,应当按照下列程序进行:

(一)根据规划,编制工程可行性研究报告;

(二)组织投资人招标工作,依法确定投资人;

(三)投资人编制项目申请报告,按规定报项目审批部门核准;

(四)根据核准的项目申请报告,编制初步设计文件,其中涉及公共利益、公众安全、工程建设强制性标准的内容应当按项目隶属关系报交通主管部门审查;

(五)根据初步设计文件编制施工图设计文件;

(六)根据批准的施工图设计文件组织项目招标;

(七)根据国家有关规定,进行征地拆迁等施工前准备工作,并向交通主管部门申报施工许可;

(八)根据批准的项目施工许可,组织项目实施;

(九)项目完工后,编制竣工图表、工程决算和竣工财务决算,办理项目交、竣工验收;

（十）竣工验收合格后，组织项目后评价。

第十一条　县级以上人民政府交通主管部门根据国家有关规定，按照职责权限负责组织公路建设项目的项目建议书、工程可行性研究工作、编制设计文件、经营性项目的投资人招标、竣工验收和项目后评价工作。公路建设项目的项目建议书、工程可行性研究报告、设计文件、招标文件、项目申请报告等应按照国家颁发的编制办法或有关规定编制，并符合国家规定的工作质量和深度要求。

第十二条　公路建设项目法人应当依法选择勘察、设计、施工、咨询、监理单位，采购与工程建设有关的重要设备、材料，办理施工许可，组织项目实施，组织项目交工验收，准备项目竣工验收和后评价。

第十三条　公路建设项目应当按照国家有关规定实行项目法人责任制度、招标投标制度、工程监理制度和合同管理制度。

第十四条　公路建设项目必须符合公路工程技术标准。施工单位必须按批准的设计文件施工，任何单位和人员不得擅自修改工程设计。已批准的公路工程设计，原则上不得变更。确需设计变更的，应当按照交通部制定的《公路工程设计变更管理办法》的规定履行审批手续。

第十五条　公路建设项目验收分为交工验收和竣工验收两个阶段。项目法人负责组织对各合同段进行交工验收，并完成项目交工验收报告报交通主管部门备案。交通主管部门在15天内没有对备案项目的交工验收报告提出异议，项目法人可开放交通进入试运营期。试运营期不得超过3年。通车试运营2年后，交通主管部门应组织竣工验收，经竣工验收合格的项目可转为正式运营。对未进行交工验收、交工验收不合格或没有备案的工程开放交通进行试运营的，由交通主管部门责令停止试运营。公路建设项目验收工作应当符合交通部制定的《公路工程竣（交）工验收办法》的规定。

第四章　建设市场的监督管理

第十六条　县级以上人民政府交通主管部门依据职责，负责对公路建设市场的监督管理，查处建设市场中的违法行为。对经营性公路建设项目投资人、公路建设从业单位和主要从业人员的信用情况应进行记录并及时向社会公布。

第十七条　公路建设市场依法实行准入管理。公路建设项目法人或其委托的项目建设管理单位的项目建设管理机构、主要负责人的技术和管理能力应当满足拟建项目的管理需要，符合交通部有关规定的要求。公路工程勘察、设计、施工、监理、试验检测等从业单位应当依法取得有关部门许可的相应资质后，方可进入公路建设市场。公路建设市场必须开放，任何单位和个人不得对公路建设市场实行地方保护，不得限制符合市场准入条件的从业单位和从业人员依法进入公路建设市场。

第十八条　公路建设从业单位从事公路建设活动，必须遵守国家有关法律、法规、规章和公路工程技术标准，不得损害社会公共利益和他人合法权益。

第十九条　公路建设项目法人应当承担公路建设相关责任和义务，对建设项目质量、投资和工期负责。公路建设项目法人必须依法开展招标活动，不得接受投标人低于成本价的投标，不得随意压缩建设工期，禁止指定分包和指定采购。

第二十条　公路建设从业单位应当依法取得公路工程资质证书并按照资质管理有关规

定，在其核定的业务范围内承揽工程，禁止无证或越级承揽工程。

公路建设从业单位必须按合同规定履行其义务，禁止转包或违法分包。

第五章　质量与安全的监督管理

第二十一条　县级以上人民政府交通主管部门应当加强对公路建设从业单位的质量与安全生产管理机构的建立、规章制度落实情况的监督检查。

第二十二条　公路建设实行工程质量监督管理制度。公路工程质量监督机构应当根据交通主管部门的委托依法实施工程质量监督，并对监督工作质量负责。

第二十三条　公路建设项目实施过程中，监理单位应当依照法律、法规、规章以及有关技术标准、设计文件、合同文件和监理规范的要求，采用旁站、巡视和平行检验形式对工程实施监理，对不符合工程质量与安全要求的工程应当责令施工单位返工。未经监理工程师签认，施工单位不得将建筑材料、构件和设备在工程上使用或安装，不得进行下一道工序施工。

第二十四条　公路工程质量监督机构应当具备与质量监督工作相适应的试验检测条件，根据国家有关工程质量的法律、法规、规章和交通部制定的技术标准、规范、规程以及质量检验评定标准等，对工程质量进行监督、检查和鉴定。任何单位和个人不得干预或阻挠质量监督机构的质量鉴定工作。

第二十五条　公路建设从业单位应当对工程质量和安全负责。工程实施中应当加强对职工的教育与培训，按照国家有关规定建立健全质量和安全保证体系，落实质量和安全生产责任制，保证工程质量和工程安全。

第二十六条　公路建设项目发生工程质量事故，项目法人应在24小时内按项目管理隶属关系向交通主管部门报告，工程质量事故同时报公路工程质量监督机构。省级人民政府交通主管部门或受委托的公路工程质量监督机构负责调查处理一般工程质量事故；交通部会同省级人民政府交通主管部门负责调查处理重大工程质量事故；特别重大工程质量事故和安全事故的调查处理按照国家有关规定办理。

第六章　建设资金的监督管理

第二十七条　对于使用财政性资金安排的公路建设项目，县级以上人民政府交通主管部门必须对公路建设资金的筹集、使用和管理实行全过程监督检查，确保建设资金的安全。公路建设项目法人必须按照国家有关法律、法规、规章的规定，合理安排和使用公路建设资金。

第二十八条　对于企业投资公路建设项目，县级以上人民政府交通主管部门要依法对资金到位情况、使用情况进行监督检查。

第二十九条　公路建设资金监督管理的主要内容：

（一）是否严格执行建设资金专款专用、专户存储、不准侵占、挪用等有关管理规定；

（二）是否严格执行概预算管理规定，有无将建设资金用于计划外工程；

（三）资金来源是否符合国家有关规定，配套资金是否落实、及时到位；

（四）是否按合同规定拨付工程进度款，有无高估冒算，虚报冒领情况，工程预备费使用是否符合有关规定；

(五)是否在控制额度内按规定使用建设管理费,按规定的比例预留工程质量保证金,有无非法扩大建设成本的问题;

(六)是否按规定编制项目竣工财务决算,办理财产移交手续,形成的资产是否及时登记入账管理;

(七)财会机构是否建立健全,并配备相适应的财会人员。各项原始记录、统计台账、凭证账册、会计核算、财务报告、内部控制制度等基础性工作是否健全、规范。

第三十条　县级以上人民政府交通主管部门对公路建设资金监督管理的主要职责:

(一)制定公路建设资金管理制度;

(二)按规定审核、汇总、编报、批复年度公路建设支出预算、财务决算和竣工财务决算;

(三)合理安排资金,及时调度、拨付和使用公路建设资金;

(四)监督管理建设项目工程概预算、年度投资计划安排与调整、财务决算;

(五)监督检查公路建设项目资金筹集、使用和管理,及时纠正违法问题,对重大问题提出意见报上级交通主管部门;

(六)收集、汇总、报送公路建设资金管理信息,审查、编报公路建设项目投资效益分析报告;

(七)督促项目法人及时编报工程财务决算,做好竣工验收准备工作;

(八)督促项目法人及时按规定办理财产移交手续,规范资产管理。

第七章　社会监督

第三十一条　县级以上人民政府交通主管部门应定期向社会公开发布公路建设市场管理、工程进展、工程质量情况、工程质量和安全事故处理等信息,接受社会监督。

第三十二条　公路建设施工现场实行标示牌管理。标示牌应当标明该项工程的作业内容,项目法人、勘察、设计、施工、监理单位名称和主要负责人姓名,接受社会监督。

第三十三条　公路建设实行工程质量举报制度,任何单位和个人对公路建设中违反国家法律、法规的行为,工程质量事故和质量缺陷都有权向县级以上人民政府交通主管部门或质量监督机构检举和投诉。

第三十四条　县级以上人民政府交通主管部门可聘请社会监督员对公路建设活动和工程质量进行监督。

第三十五条　对举报内容属实的单位和个人,县级以上人民政府交通主管部门可予以表彰或奖励。

第八章　罚　　则

第三十六条　违反本办法第四条规定,拒绝或阻碍依法进行公路建设监督检查工作的,责令改正,构成犯罪的,依法追究刑事责任。

第三十七条　违反本办法第八条规定,越权审批、核准或擅自简化基本建设程序的,责令限期补办手续,可给予警告处罚;造成严重后果的,对全部或部分使用财政性资金的项目,可暂停项目执行或暂缓资金拨付,对直接责任人依法给予行政处分。

第三十八条　违反本办法第十二条规定，项目法人将工程发包给不具有相应资质等级的勘察、设计、施工和监理单位的，责令改正，处50万元以上100万元以下的罚款；未按规定办理施工许可擅自施工的，责令停止施工、限期改正，视情节可处工程合同价款1%以上2%以下罚款。

第三十九条　违反本办法第十四条规定，未经批准擅自修改工程设计，责令限期改正，可给予警告处罚；情节严重的，对全部或部分使用财政性资金的项目，可暂停项目执行或暂缓资金拨付。

第四十条　违反本办法第十五条规定，未组织项目交工验收或验收不合格擅自交付使用的，责令改正并停止使用，处工程合同价款2%以上4%以下的罚款；对收费公路项目应当停止收费。

第四十一条　违反本办法第十九条规定，项目法人指定分包和指定采购，随意压缩工期，侵犯他人合法权益的，责令限期改正，可处20万元以上50万元以下的罚款；造成严重后果的，对全部或部分使用财政性资金的项目，可暂停项目执行或暂缓资金拨付。

第四十二条　违反本办法第二十条规定，承包单位弄虚作假、无证或越级承揽工程任务的，责令停止违法行为，对勘察、设计单位或工程监理单位处合同约定的勘察费、设计费或监理酬金1倍以上2倍以下的罚款；对施工单位处工程合同价款2%以上4%以下的罚款，可以责令停业整顿，降低资质等级；情节严重的，吊销资质证书；有违法所得的，予以没收。承包单位转包或违法分包工程的，责令改正，没收违法所得，对勘察、设计、监理单位处合同约定的勘察费、设计费、监理酬金的25%以上50%以下的罚款；对施工单位处工程合同价款0.5%以上1%以下的罚款。

第四十三条　违反本办法第二十二条规定，公路工程质量监督机构不履行公路工程质量监督职责、不承担质量监督责任的，由交通主管部门视情节轻重，责令整改或者给予警告。公路工程质量监督机构工作人员在公路工程质量监督管理工作中玩忽职守、滥用职权、徇私舞弊的，由交通主管部门或者公路工程质量监督机构依法给予行政处分；构成犯罪的，依法追究刑事责任。

第四十四条　违反本办法第二十三条规定，监理单位将不合格的工程、建筑材料、构件和设备按合格予以签认的，责令改正，可给予警告处罚，情节严重的，处50万元以上100万元以下的罚款；施工单位在工程上使用或安装未经监理签认的建筑材料、构件和设备的，责令改正，可给予警告处罚，情节严重的，处工程合同价款2%以上4%以下的罚款。

第四十五条　违反本办法第二十五条规定，公路建设从业单位忽视工程质量和安全管理，造成质量或安全事故的，对项目法人给予警告、限期整改，情节严重的，暂停资金拨付；对勘察、设计、施工和监理等单位视情节轻重给予警告、取消其2年至5年内参加依法必须进行招标项目的投标资格的处罚；对情节严重的监理单位，还可给予责令停业整顿、降低资质等级和吊销资质证书的处罚。

第四十六条　违反本办法第二十六条规定，项目法人对工程质量事故隐瞒不报、谎报或拖延报告期限的，给予警告处罚，对直接责任人依法给予行政处分。

第四十七条　违反本办法第二十九条规定，项目法人侵占、挪用公路建设资金，非法扩大建设成本，责令限期整改，可给予警告处罚；情节严重的，对全部或部分使用财政性资金的项目，可暂停项目执行或暂缓资金拨付，对直接责任人依法给予行政处分。

第四十八条　公路建设从业单位有关人员，具有行贿、索贿、受贿行为，损害国家、单位合法权益，构成犯罪的，依法追究刑事责任。

第四十九条　政府交通主管部门工作人员玩忽职守、滥用职权、徇私舞弊的，依法给予行政处分；构成犯罪的，依法追究刑事责任。

第九章　附　　则

第五十条　本办法由交通部负责解释。

第五十一条　本办法自2006年8月1日起施行。交通部2000年8月28日公布的《公路建设监督管理办法》（交通部令2000年第8号）同时废止。

建立公路建设市场信用体系的指导意见

（2006年12月5日　交通部　交公路发[2006]683号）

为加强公路建设市场管理，规范公路建设从业单位和从业人员行为，维护统一开放、竞争有序的市场秩序，促进公路建设又好又快发展，根据《公路法》、《招标投标法》和《公路建设市场管理办法》等相关法规，现就建立公路建设市场信用体系提出以下意见：

一、公路建设市场信用体系建设的总体要求

（一）指导思想。

按照党中央、国务院关于加快建设社会信用体系的总体要求，结合公路建设行业实际和特点，以信用管理为手段，以规范公路建设从业单位和人员行为为目的，通过加强行政监管、行业自律和社会监督，加快建立与社会主义市场经济相适应的公路建设市场信用体系。

（二）建设目标。

公路建设市场信用体系建设的总体目标是：要用五年左右的时间，建立起比较完善的公路建设市场信用体系，使我国公路建设管理水平和建设市场的规范化程度迈上一个新台阶。

——在规范管理方面，建立起比较完善的公路建设市场信用监管体系、征信制度、信用评价制度、发布制度和奖惩制度，使公路建设信用体系有法可依，有章可循。

——在信息共享方面，加快建立全国共享的公路建设市场信用信息平台，不断提高信息管理和服务水平，基本满足信息需求者的查询和使用需求。

——在信用活动方面，通过宣传教育、褒奖诚信、惩戒失信，全面提高广大从业单位和人员的信用意识，营造诚信为荣、失信为耻的公路建设市场氛围。

（三）建设原则。

1. 坚持统筹规划、分级管理的原则

交通部负责全国公路建设市场信用体系建设的总体框架设计，制定和完善信用管理的规章制度，建立全国共享的信用信息平台。

各省级交通主管部门按照交通部的统一要求，负责本辖区公路建设市场信用体系建设工

作,组织对公路建设从业单位和人员信用的征集、评价和发布,并按交通部要求上报相关信息。

2. 坚持政府推动、各方参与的原则

当前,公路建设市场信用环境尚不成熟,信用体系建设需要依靠政府的推动和引导。各级交通主管部门要通过制定规则,采取行政措施,推动信用体系的建设。同时,注重发挥质监机构、建设单位(项目法人)和行业协会的作用,充分利用司法机关、金融机构、政府监督部门的相关信息,不断完善信用体系建设。

3. 坚持突出重点、分步实施的原则

目前,信用评价对象应以施工、监理、勘察设计企业为重点,兼顾咨询、代理、材料和设备供应商等其他单位和从业人员,条件成熟时项目法人亦应列为信用评价对象。在实施步骤上,应在完善相关制度的基础上,首先公布公路建设市场基本信息,包括从业单位的基本情况、以往业绩和有关信用记录,再开展信用评价工作。

4. 坚持公开、公平、公正和诚实信用的原则

各级交通主管部门要按照依法执政和执政为民的要求,切实加强行政监管,提高工作透明度,发挥建设单位和行业协会的作用,接受社会监督,确保信用体系建设工作的公开、公平、公正。不得将信用作为地方保护和行业保护的工具,不得泄露相关单位的商业秘密和个人隐私资料。各从业单位和人员要信守承诺,依法从业,并按照相关规定如实填报、更新相关信用信息,不得弄虚作假。

二、公路建设市场信用体系建设的主要内容

(一)信用信息征集。

部负责制定公路建设从业单位和人员信用信息征集的管理制度,并建立全国公路建设市场信用信息平台,发布相关从业单位和人员奖惩信息,以及部审查、审批资质企业的基本信息、列入部建设计划的重点建设项目信息等。各省级交通主管部门要在部需信息的基础上,结合本辖区信用体系建设的需要,做好本辖区公路建设市场信用信息征集工作,建立和完善规章制度,确保信用信息及时、准确、有效,并按要求将有关信息及时报部。

(二)信用评价。

信用评价主要包括评价内容和主体、评价等级划分、评价标准和方法等。

1. 评价主体和主要内容。现阶段,守法评价的主体是各级交通主管部门;履约考核信用评价的主体是建设单位(项目业主);质量评价的主体是交通主管部门及其授权的质量监督机构。评价主体对信用评价的结果负责,从业单位对其提供信息的真实性和及时性负责。随着信用市场的逐步完善,应当发挥社会中介机构在信用评价方面的作用。省级交通主管部门应当做好相关评价的监督和管理工作,妥善处理评价双方的争议,确保评价工作规范有序。

2. 评价等级划分。全国公路建设从业单位信用等级从高到低统一划分五个级别,即:信用好、较好、一般、较差、差,分别用 AA、A、B、C、D 表示,不再对同一等级进行细分。施工企业的信用等级解释如下:

AA:考核期内企业信用好,招投标行为规范,严格履行合同承诺,工程质量、安全保证体系健全并全部得到落实。

A:考核期内企业信用较好,招投标行为规范,履行合同承诺,工程质量、安全保证体系健

全并基本得到落实。

B:考核期内企业信用一般,招投标行为基本规范,履行合同承诺一般,工程质量、安全、进度基本得到保证。

C:考核期内企业信用较差,招投标行为不规范,履行合同承诺情况较差,工程进度滞后,或发生工程质量或安全事故的。

D:考核期内企业信用差,招投标中有违法行为,不履行合同承诺,工程质量和安全无法得到保证。同时,有下列情况之一的,直接列入信用 D 级,全国通报。

1)出借、借用资质证书进行投标或承接工程的;

2)存在围标、串标行为的;

3)以弄虚作假、行贿或其他违法形式骗取中标资格的;

4)将承包的工程非法转包的;

5)被司法部门认定有行贿行为,并构成犯罪的;

6)在建项目发生重大质量、安全责任事故或社会公共事件,造成严重社会影响;或瞒报、虚报事故情况的;

7)其他被限制投标,并在限制期内的;

8)法律、法规规定的其他情形。

从业人员的信用等级参照从业单位划分,但考虑到目前基础条件和考核标准尚不成熟,可以个人信用档案形式记录不良信用行为、良好信用行为,以掌握主要从业人员的信用状况。从业单位及主要从业人员的信用记录在信用档案中永久保存。

3. 评价标准。各省级交通主管部门应根据上述信用等级划分,结合各地实际情况,按照“公开、公平、量化、便于操作”的原则制定信用评价标准,并严格按照标准和程序进行信用评价,保证评价结论的合法性和权威性。随着全国公路建设市场信用体系建设的逐步完善,交通部将研究制定全国统一的评价标准。

各地应客观、公正对待新进入本辖区公路建设市场的从业单位,不得以没有本地信用记录为由设置市场准入限制和地方保护。若该从业单位在其他省份无不良信用记录,可按 A 级信用对待;若有不良信用记录,但不良信用性质不严重,可按 B 级对待,若不良信用性质严重,可参照本辖区信用等级评定标准按 B 级以下对待。

信用等级为 C 及以上的施工企业,有下列行为之一的,每发生一次,信用等级降低一级,直至降至 D 级。

1)在资格预审申请文件或投标文件中伪造材料的;

2)将承包的工程违规分包的;

3)被确定中标后,放弃中标的;

4)恶意拖欠农民工工资的;或由拖欠农民工工资引发群体性事件,造成较大社会影响的;

5)交通部、省级交通主管部门要求企业自主填报并向社会公开的重要信用信息,如主要从业人员、身份识别代码、业绩、施工能力等,经查实,存在弄虚作假的;

6)其他违法法律、法规的行为。

4. 评价周期。从业单位信用等级评定和履约考核原则上每年评定 1 ~ 2 次。若从业单位受到政府或有关部门的行政处罚,或存在信用等级 D 级所列情形及降低信用等级行为的,应立即对其信用进行重新评级并公布,强化信用行为的动态管理。

(三)建立信用信息平台。

公路建设市场信用平台按部、省二级建立,各有侧重,互联互通。部负责建立"全国公路建设市场信用信息系统",发布相关从业单位和人员的基本信息和信用信息。同时,研究制订统一的信用信息分类及编码、信用信息格式、信用报告文本和征信数据库建设规范等,为实现全国公路建设市场信用信息互联互通创造条件。

各省级交通主管部门负责本辖区的信用信息平台建设。平台建设要符合相关行业标准,充分利用现代信息技术,提高行政效率和管理水平。平台要与省级交通主管部门门户网站建立链接。同时,要逐步通过信用信息平台实现招投标信息的发布,投标单位基本信息的获取,逐步实现网上招标,充分发挥信用信息平台的作用。

网上公开的信息应注意保守企业的商业秘密和个人隐私,公路建设市场管理必需的资料,如企业组织机构代码、主要业绩和经营状况、施工能力、主要人员身份证号码等信息,从业单位不得以商业秘密或个人隐私为由拒绝提供。

(四)信用奖惩机制。

各级交通主管部门要充分利用信用信息平台,加强对公路建设从业单位和人员的动态管理。对长期评定为AA、A级的守法诚信单位要给予宣传和表彰,可在招投标、履约保证金等方面给予一定优惠,通过各种奖励措施,逐步建立对诚信单位的长效激励机制,使之真正获得诚信效益;对存在违法、违规、违约等行为的从业单位,要依法查处、重点监管,并按有关规定降低信用等级。

三、加快公路建设市场信用体系建设的保障措施

(一)加强组织领导,明确职责分工。

公路建设市场信用体系建设既是一项长期而复杂的系统工程,又是一项当前亟待加强的重要工作,各省级交通主管部门要高度重视,切实加强组织领导,落实信息系统建设与维护等必需的工作经费,明确具体的职能部门和工作职责,做到科学筹划,精心组织,推动本辖区公路建设市场信用体系建设的规范有序进行。

(二)完善规章制度,严格依法行政。

各省级交通主管部门要按照建立法制政府和信用政府的要求,建立和完善相关的规章制度,为信用体系建设提供制度保障。要加强对公路建设从业单位和人员的监管,依法查处违法违规行为,为信用体系建设提供行政保障。

(三)强化舆论引导,倡导信用理念。

各有关单位要高度重视公路建设市场信用体系建设的宣传工作,充分利用各种媒体,采用多种形式,在公路建设领域广泛开展诚实守信教育,使信用观念、信用意识、信用道德深入人心。特别是注重引导和培养广大从业单位和人员的诚信经营意识,维护自身诚信品牌,使建设廉政工程、打造精品公路、树立诚信企业成为公路建设市场的主旋律。

(四)典型引路,稳步推进。

目前,公路建设市场信用体系建设刚刚起步,相关法规环境还不成熟,工作经验比较欠缺。各省级交通主管部门要尽快制定信用体系建设实施方案,用一年左右的时间,在高速公路建设领域开展信用体系建设试点工作。在总结试点经验的基础上,进一步完善相关规章制度,稳步推进公路建设市场信用体系建设。

公路工程竣(交)工验收办法实施细则

(2010年1月27日 交通运输部 交公路发[2010]65号)

第一章 总 则

第一条 为进一步规范和完善公路工程竣(交)工验收工作,根据《公路工程竣(交)工验收办法》(交通部令2004年第3号),制定本细则。

第二条 公路工程验收分为交工验收和竣工验收两个阶段。

交工验收阶段,其主要工作是:检查施工合同的执行情况,评价工程质量,对各参建单位工作进行初步评价。

竣工验收阶段,其主要工作是:对工程质量、参建单位和建设项目进行综合评价,并对工程建设项目作出整体性综合评价。

第三条 公路工程竣(交)工验收的依据是:

(一)批准的项目建议书、工程可行性研究报告。

(二)批准的工程初步设计、施工图设计及设计变更文件。

(三)施工许可。

(四)招标文件及合同文本。

(五)行政主管部门的有关批复、批示文件。

(六)公路工程技术标准、规范、规程及国家有关部门的相关规定。

第二章 交工验收

第四条 公路工程交工验收工作一般按合同段进行,并应具备以下条件:

(一)合同约定的各项内容已全部完成。各方就合同变更的内容达成书面一致意见。

(二)施工单位按《公路工程质量检验评定标准》及相关规定对工程质量自检合格。

(三)监理单位对工程质量评定合格。

(四)质量监督机构按"公路工程质量鉴定办法"(附件1)对工程质量进行检测,并出具检测意见。检测意见中需整改的问题已经处理完毕。

(五)竣工文件按公路工程档案管理的有关要求,完成"公路工程项目文件归档范围"(附件2)第三、四、五部分(不含缺陷责任期资料)内容的收集、整理及归档工作。

(六)施工单位、监理单位完成本合同段的工作总结报告。

第五条 交工验收程序:

(一)施工单位完成合同约定的全部工程内容,且经施工自检和监理检验评定均合格后,提出合同段交工验收申请报监理单位审查。交工验收申请应附自检评定资料和施工总结报告。

（二）监理单位根据工程实际情况、抽检资料以及对合同段工程质量评定结果，对施工单位交工验收申请及其所附资料进行审查并签署意见。监理单位审查同意后，应同时向项目法人提交独立抽检资料、质量评定资料和监理工作报告。

（三）项目法人对施工单位的交工验收申请、监理单位的质量评定资料进行核查，必要时可委托有相应资质的检测机构进行重点抽查检测，认为合同段满足交工验收条件时应及时组织交工验收。

（四）对若干合同段完工时间相近的，项目法人可合并组织交工验收。对分段通车的项目，项目法人可按合同约定分段组织交工验收。

（五）通过交工验收的合同段，项目法人应及时颁发“公路工程交工验收证书”（附件3）。

（六）各合同段全部验收合格后，项目法人应及时完成“公路工程交工验收报告”（附件4）。

第六条 交工验收的主要工作内容：

（一）检查合同执行情况。

（二）检查施工自检报告、施工总结报告及施工资料。

（三）检查监理单位独立抽检资料、监理工作报告及质量评定资料。

（四）检查工程实体，审查有关资料，包括主要产品的质量抽（检）测报告。

（五）核查工程完工数量是否与批准的设计文件相符，是否与工程计量数量一致。

（六）对合同是否全面执行、工程质量是否合格做出结论。

（七）按合同段分别对设计、监理、施工等单位进行初步评价（评价表附件6-2～附件6-4）。

第七条 各合同段的设计、施工、监理等单位参加交工验收工作，由项目法人负责组织。路基工程作为单独合同段进行交工验收时，应邀请路面施工单位参加。拟交付使用的工程，应邀请运营、养护管理等相关单位参加。交通运输主管部门、公路管理机构、质量监督机构视情况参加交工验收。

第八条 合同段工程质量评分采用所含各单位工程质量评分的加权平均值。即：

工程各合同段交工验收结束后，由项目法人对整个工程项目进行工程质量评定，工程质量评分采用各合同段工程质量评分的加权平均值。即：

投资额原则使用结算价，当结算价暂时未确定时，可使用招标合同价，但在评分计算时应统一。

第九条 交工验收工程质量等级评定分为合格和不合格，工程质量评分值大于等于75分的为合格，小于75分的为不合格。

第十条 交工验收不合格的工程应返工整改，直至合格。

交工验收提出的工程质量缺陷等遗留问题，由项目法人责成施工单位限期完成整改。

第十一条 对通过交工验收工程，应及时安排养护管理。

第三章 竣工验收

第十二条 按照公路工程管理权限，各级交通运输主管部门应于年初制定年度竣工验收计划，并按计划组织竣工验收工作。列入竣工验收计划的项目，项目法人应提前完成竣工验收前的准备工作。

第十三条 公路工程竣工验收应具备以下条件：

（一）通车试运营2年以上。

（二）交工验收提出的工程质量缺陷等遗留问题已全部处理完毕，并经项目法人验收合格。

（三）工程决算编制完成，竣工决算已经审计，并经交通运输主管部门或其授权单位认定。

（四）竣工文件已完成“公路工程项目文件归档范围”的全部内容。

（五）档案、环保等单项验收合格，土地使用手续已办理。

（六）各参建单位完成工作总结报告。

（七）质量监督机构对工程质量检测鉴定合格，并形成工程质量鉴定报告。

第十四条 竣工验收准备工作程序：

（一）公路工程符合竣工验收条件后，项目法人应按照公路工程管理权限及时向相关交通运输主管部门提出验收申请，其主要内容包括：

1. 交工验收报告。

2. 项目执行报告、设计工作报告、施工总结报告和监理工作报告。

3. 项目基本建设程序的有关批复文件。

4. 档案、环保等单项验收意见。

5. 土地使用证或建设用地批复文件。

6. 竣工决算的核备意见、审计报告及认定意见。

（二）相关交通运输主管部门对验收申请进行审查，必要时可组织现场核查。审查同意后报负责竣工验收的交通运输主管部门。

（三）以上文件齐全且符合条件的项目，由负责竣工验收的交通运输主管部门通知所属的质量监督机构开展质量鉴定工作。

（四）质量监督机构按要求完成质量鉴定工作，出具工程质量鉴定报告，并审核交工验收对设计、施工、监理初步评价结果，报送交通运输主管部门。

（五）工程质量鉴定等级为合格及以上的项目，负责竣工验收的交通运输主管部门及时组织竣工验收。

第十五条 竣工验收主要工作内容：

（一）成立竣工验收委员会。

（二）听取公路工程项目执行报告、设计工作报告、施工总结报告、监理工作报告及接管养护单位项目使用情况报告。（附件5“公路工程参建单位工作总结报告”）

（三）听取公路工程质量监督报告及工程质量鉴定报告。

（四）竣工验收委员会成立专业检查组检查工程实体质量，审阅有关资料，形成书面检查意见。

（五）对项目法人建设管理工作进行综合评价。审定交工验收对设计单位、施工单位、监理单位的初步评价。（附件6“公路工程参建单位工作综合评价表”）

（六）对工程质量进行评分，确定工程质量等级，并综合评价建设项目。（附件7“公路工程竣工验收评价表”）

（七）形成并通过《公路工程竣工验收鉴定书》（附件8）。

(八)负责竣工验收的交通运输主管部门印发《公路工程竣工验收鉴定书》。

(九)质量监督机构依据竣工验收结论,对各参建单位签发"公路工程参建单位工作综合评价等级证书"(附件9)。

第十六条 竣工验收委员会由交通运输主管部门、公路管理机构、质量监督机构、造价管理机构等单位代表组成。国防公路应邀请军队代表参加。大中型项目及技术复杂工程,应邀请有关专家参加。

项目法人、设计、施工、监理、接管养护等单位代表参加竣工验收工作,但不作为竣工验收委员会成员。

第十七条 参加竣工验收工作各方的主要职责是:

竣工验收委员会负责对工程实体质量及建设情况进行全面检查。对工程质量进行评分,对各参建单位及建设项目进行综合评价,确定工程质量和建设项目等级,形成工程竣工验收鉴定书。

项目法人负责提交项目执行报告及验收工作所需资料,协助竣工验收委员会开展工作。

设计单位负责提交设计工作报告,配合竣工验收检查工作。

施工单位负责提交施工总结报告,提供各种资料,配合竣工验收检查工作。

监理单位负责提交监理工作报告,提供工程监理资料,配合竣工验收检查工作。

接管养护单位负责提交项目使用情况报告,配合竣工验收检查工作。

公路建设项目设计、施工、监理、接管养护等有多家单位的,项目法人应组织汇总设计工作报告、施工总结报告、监理工作报告、项目使用情况报告。竣工验收时选派代表向竣工验收委员会汇报。

第十八条 竣工验收工程质量评分采取加权平均法计算,其中交工验收工程质量得分权值为0.2,质量监督机构工程质量鉴定得分权值为0.6,竣工验收委员会对工程质量的评分权值为0.2。

对于交工验收和竣工验收合并进行的小型项目,质量监督机构工程质量鉴定得分权值为0.6,监理单位对工程质量评定得分权值为0.1,竣工验收委员会对工程质量的评分权值为0.3。

工程质量评分大于等于90分为优良,小于90分且大于等于75分为合格,小于75分为不合格。

第十九条 对建设项目出现以下特别严重问题的合同段,整改合格后,合同段工程质量不得评为优良,质量鉴定得分按照整改前的鉴定得分,超出75分的按75分,不足75分的按原得分;建设项目竣工验收工程质量等级和综合评定等级直接确定为合格。

(一)路基工程的大段落路基沉陷、大面积高边坡失稳。

(二)路面工程车辙深度大于10mm的路段累计长度超过该合同段车道总长度的5%。

(三)特大桥梁主要受力结构需要或进行过加固、补强。

(四)隧道工程渗漏水经处治效果不明显,衬砌出现影响结构安全裂缝,衬砌厚度合格率小于90%或有小于设计厚度二分之一的部位,空洞累计长度超过隧道长度的3%或单个空洞面积大于$3m^2$。

(五)重大质量事故或严重质量缺陷,造成历史性缺陷的工程。

第二十条 对建设项目出现以下严重问题的合同段,整改合格后,合同段工程质量不得评为优良，质量鉴定得分按75分计算；并视对建设项目的影响，由竣工验收委员会决定建设项目工程质量是否评为优良。

(一)路基工程的重要支挡工程严重变形。

(二)路面工程出现修补、唧浆、推移、网裂等病害路段累计长度超过路线的3%或累计面积大于总面积的1.5%；竣工验收复测路面弯沉合格率小于90%。

(三)大桥、中桥主要受力结构需要或进行过加固、补强。

第二十一条　竣工验收委员会对项目法人及设计、施工、监理单位工作进行综合评价。评定得分大于等于90分且工程质量等级优良的为好，小于90分且大于等于75分为中，小于75分为差。

第二十二条　竣工验收建设项目综合评分采取加权平均法计算，其中竣工验收工程质量得分权值为0.7，参建单位工作评价得分权值为0.3(项目法人占0.15，设计、施工、监理各占0.05)。

评定得分大于等于90分且工程质量等级优良的为优良，小于90分且大于等于75分为合格，小于75分为不合格。

第二十三条　发生过重大及以上生产安全事故的建设项目综合评定等级不得评为优良。

第二十四条　根据《国务院关于促进节约用地的通知》(国发[2008]3号)要求，竣工验收时需要核验建设项目依法用地和履行土地出让合同、划拨等情况。

第四章　附　　则

第二十五条　各合同段交工验收工作所需的费用由施工单位承担。整个建设项目竣(交)工验收期间质量监督机构进行工程质量检测所需的费用由项目法人承担。

质量监督机构可委托有相应资质的检测机构承担竣(交)工验收的检测工作。

第二十六条　本细则自2010年5月1日起施行。《关于贯彻执行公路工程竣交工验收办法有关事宜的通知》(交公路发[2004]446号)同时废止。

附件略。

国家发展改革委关于加强中央预算内投资项目概算调整管理的通知

(2009年6月15日　国家发展改革委　发改投资[2009]1550号)

国务院各部门、直属机构，各省、自治区、直辖市及计划单列市、新疆生产建设兵团发展改革委，各中央管理企业：

为严格执行财经纪律，加强和规范中央预算内投资项目概算管理，现就概算调整管理有关事项通知如下：

一、依现行规定由国家发展改革委核定批准初步设计概算的中央预算内投资项目，在建设过程中由于价格上涨、政策调整、地质条件发生重大变化等原因导致原批复概算不能满足工程实际需要的,应向国家发展改革委申请调整概算。

二、申请调整概算时,应提交以下材料:

(一)原初步设计文件及初步设计批复文件;

(二)由具备相应资质单位编制的调整概算书,调整概算与原批复概算对比表,并分类定量说明调整概算的原因、依据和计算方法;

(三)与调整概算有关的招标及合同文件,包括变更洽商部分;

(四)调整概算所需的其他材料。

三、申请调整概算的项目,凡概算调增幅度超过原批复概算10%及以上的,国家发展改革委原则上先商请审计机关进行审计,待审计结束后,再视具体情况进行概算调整。

四、对于申请调整概算的项目,国家发展改革委将按照静态控制、动态管理的原则,区别不可抗因素和人为因素对概算调整的内容和原因进行审查。对于使用基本预备费可以解决问题的项目,不予调整概算。对于确需调整概算的项目,须经国家发展改革委组织专家评审后方予核定批准。

五、对由于价格上涨、政策调整等不可抗因素造成调整概算超过原批复概算的,经核定后予以调整。调增的价差不作为计取其他费用的基数。

六、对由于勘察、设计、施工、设备材料供应、监理单位过失造成调整概算超过原批复概算的,根据违约责任扣减有关责任单位的费用,超出的投资不作为计取其他费用的基数。对过失情节严重的责任单位,建议相关资质管理部门依法给予处罚并公告。

七、对由于项目单位管理不善、失职渎职,擅自扩大规模、提高标准、增加建设内容,故意漏项和报小建大等造成调整概算超过原批复概算的,将给予通报批评。对于超概算严重、性质恶劣的,将向国务院报告并追究项目单位的法律责任。

八、上述规定自本通知自发布之日起执行。

云南省交通运输工程造价管理办法

(2010年12月17日　云南省人民政府令第164号)

第一条　为了加强交通运输工程造价管理,提高公共投资效益,促进交通运输事业可持续发展,根据《中华人民共和国公路法》、《云南省建设工程造价管理条例》等法律、法规,结合本省实际,制定本办法。

第二条　在本省行政区域内的交通运输工程造价活动适用本办法。

本办法所称交通运输工程造价,是指交通运输建设项目从筹建到竣工验收以及交付使用后运营维护所需的全部费用。包括建筑安装工程费、设备及工器具购置费、工程建设其他费用、预备费及国家规定应当计入工程造价的有关费用。

第三条　省交通运输行政主管部门负责全省交通运输工程造价管理工作;州(市)、县(市、区)交通运输行政主管部门按照分级管理的原则负责交通运输工程造价管理工作。

省交通运输工程造价管理机构负责全省交通运输工程造价管理的具体工作。

第四条　交通运输工程造价定额应当执行国家规定;国家未规定的,由省交通运输行政主管部门组织编制并适时修订。

交通运输工程造价定额包括：

（一）估算指标；

（二）概算定额、预算定额和费用定额；

（三）工期定额和劳动定额；

（四）人工、材料（设备）与施工机械台班定额；

（五）工程量清单计量规范；

（六）政府指导价或者收费标准；

（七）国家和本省规定的其他造价定额。

交通运输工程造价中的勘察费、设计费、监理费、专项评估和造价咨询等中介服务费按照造价定额计算，没有造价定额的，采取成本加合理利润计价。

第五条　交通运输工程实行造价监督、资质资格、造价评审、计量支付、工程变更、新增单价、价差调整、绩效考评等造价管理制度。

第六条　交通运输工程造价管理实行责任制。项目法人对工程造价负管理责任；勘察设计单位对工程造价负设计控制责任；监理单位对工程造价负合同监控责任；其他单位和个人按照各自职责对工程造价负相应责任。

第七条　交通运输工程勘察设计及审查应当考虑项目实际，结合项目的使用功能和投资情况，注重设计方案的技术经济比选，科学确定建设规模和标准；对于资金受限的工程项目，可以实行限额设计。

勘察设计单位应当按照勘察设计技术规范、规程、标准及基本建设程序编制工程造价。

第八条　交通运输工程投资估算、概算、预算应当按照编制时的造价定额进行编制。

初步设计概算应当控制在已批准的投资估算允许调整的限额范围内。经批准的概算是项目投资控制的最高限额，未经批准不得突破。鼓励通过合理低价中标使工程实际造价低于设计概算。

施工图预算应当控制在经批准的概算之内。

第九条　交通运输工程运营维护费用，应当根据设计文件按照相应的造价定额进行编制。

第十条　实行招标的交通运输工程，应当采用工程量清单方式计价，清单编制应当符合国家和省交通运输行政主管部门的有关规定。

第十一条　招标人编制的投标控制价不得超出对应的批复概算或者预算，并报交通运输行政主管部门备案。

第十二条　交通运输工程招标文件应当明确造价计价事项，发包人和承包人不得另行签订与招标投标文件不一致的合同。

发包人应当在合同、涉及工程造价调整的补充合同签订后30日内，将合同副本报送交通运输造价管理机构备案。

第十三条　从事交通运输工程造价计价，经济评价，编制投标控制价、投标报价，造价监理，招标代理，办理工程结算、决算，承担工程造价咨询和调解工程造价纠纷等工程造价业务的单位和个人，应当具备相应专业的造价资质资格，出具的造价文件应当符合行业标准和技术规范，并接受交通运输行政主管部门的监督管理。

编制单位和编审人员应当在造价文件上签名和加盖印章，并对造价文件的真实性、完整性负责。

违反前款规定出具的造价文件，不得作为审批、招标投标、签订合同或者结算支付的依据。

第十四条 交通运输工程完工后，项目法人应当按照规定编制工程决算。工程决算由交通运输行政主管部门组织审查，未通过审查的项目，不得组织竣工验收。

交通运输行政主管部门在竣工验收前，应当组织对项目造价管理进行绩效考核评价，评价结果应当向社会公开。

第十五条 从事交通运输工程建设的有关单位和个人，在工程造价活动中不得出具虚假的计量计价报告，不得虚报工程造价。

第十六条 从事交通运输工程造价的单位和个人不得有下列行为：

（一）涂改、倒卖、出租、出借资质资格证书或者以其他形式非法转让资质资格证书；

（二）接受招标人和投标人或者2个以上投标人对同一工程项目的工程造价咨询业务；

（三）以给予回扣、恶意压低收费等方式进行不正当竞争；

（四）转包工程造价咨询业务；

（五）法律、法规禁止的其他行为。

第十七条 鼓励在交通运输工程造价中开发、应用工程造价软件。采用开发、销售的交通运输工程造价定额计算机软件，应当经省交通运输行政主管部门鉴定。

第十八条 交通运输行政主管部门应当建立健全造价从业机构及人员的信用管理体系和诚信档案制度；对因违法违规行为受到处理的单位和个人，应当记入其诚信档案，并向社会公布。

第十九条 交通运输造价管理机构应当建立健全交通运输工程造价资料收集整理制度，建立工程造价数据库，及时收集有关工程造价文件，并向社会发布工程造价信息。

交通运输造价管理机构收集有关工程造价资料时，工程发包人、承包人、工程造价咨询等有关单位应当给予支持配合。

第二十条 国家工作人员在交通运输工程造价监督管理工作中滥用职权、玩忽职守、徇私舞弊的，依法给予处分；构成犯罪的，依法追究刑事责任。

第二十一条 违反本办法第七条第二款规定，造成投资损失情节严重的，由县级以上交通运输行政主管部门处该建设工程总设计费5%以上20%以下的罚款。

第二十二条 违反本办法第十一条、第十二条规定的，由县级以上交通运输行政主管部门责令改正，予以警告；可以并处5 000元以上1万元以下罚款。

第二十三条 违反本办法第十三条、第十六条规定的，由县级以上交通运输行政主管部门责令改正，对单位处5 000元以上3万元以下罚款，对个人处300元以上1 000元以下罚款。

第二十四条 违反本办法第十五条规定的，由县级以上交通运输行政主管部门责令其退回虚报部分工程款，处虚报部分工程款1倍以上3倍以下的罚款；构成犯罪的，依法追究刑事责任。

第二十五条 本办法自2011年3月1日起施行。

湖南省公路工程计量支付管理办法(试行)

(2008年8月5日　湖南省交通厅　湘交造价[2008]487号)

第一章　总　　则

第一条　为规范我省公路工程项目的计量与支付工作,确保工程质量、有效控制工程造价,依据交通部《公路工程国内招标文件范本》(交公路发[2003]94号)、省人民政府《湖南省高速公路建设管理试行办法》(湘政发[2006]20号)和省人民政府办公厅《湖南省干线公路建设管理试行办法》(湘政办发[2006]32号)等有关规定,参照《建筑工程施工发包与承包计价管理办法》(建设部令第107号)制定本办法。

第二条　在湖南省境内的高速公路、国省道干线公路和独立大桥等项目(含招商引资项目)的新、改建工程的计量支付工作,均应遵守本办法。其他公路工程项目可参照本办法执行。

第三条　省交通厅负责全省公路工程项目计量支付工作的行业管理,其具体工作由省交通厅造价管理机构负责。

省高速公路管理局负责全省高速公路项目计量支付管理工作,省公路管理局负责全省国省道干线公路和独立大桥项目计量支付管理工作,各市(州)交通局负责管辖范围内的公路工程项目计量支付管理工作,并接受省交通厅及其造价管理机构的指导和监督检查。

第二章　工程量清单

第四条　工程量清单是依据统一的工程量计算规则、工程量清单项目编制规则要求,计算拟建招标工程的部分、分项工程项目、其他项目及其相应工程量的表格。

第五条　工程量清单是项目计量支付管理的依据之一,其编制应按省交通厅《湖南省公路工程工程量清单计量规则》(湘交计统字[2005]67号)的规定进行。

1. 工程量清单的项目设置:按照统一的工程量清单项目号、项目名称、计量单位、工程内容而制定。项目如需要新增工程量项、目、节编码应上报省交通厅造价管理机构核准,以保持全省公路工程项目工程量清单编码的统一性和连贯性,为全省造价指标分析、投资管理和定额测算等工作提供依据。

2. 工程量清单数量的计算:按招标文件中设计资料给定的数量,通过工程量计量规则计算得到。工程量是指以物理计量单位或自然计量单位所表示的建筑工程各个分项工程或结构件的实物数量。

第六条　工程量清单应由具有编制招标文件能力的招标人或项目设计文件编制单位或受招标人委托具有相应资质的中介机构进行编制,并经省交通厅造价管理机构审查后报省交通厅批准。

第三章　工 程 计 量

第七条　工程计量的原则本着实事求是的原则,计量的对象是符合合同文件或设计图纸或变更指令要求,已经监理工程师认可符合相应规范要求,具有相应证明资料的工程。工程计量必须按合同文件所规定的方法、范围、内容、单位计量。

第八条　工程计量的范围包括工程量清单及修正后的工程量清单的内容、按设计变更审批程序报批后经批准的设计变更工程、合同文件规定的其他各项费用的项目。

第九条　工程计量的依据包括合同协议书及附件(含合同谈判纪要、合同条款、技术规范、图纸)、补充协议书、《湖南省公路工程工程量清单计量规则》、工程变更令、修正后的工程量清单、有关计量的会议纪要、索赔审批表等。

第十条　工程计量的方式:

1. 工程达到规定的计量单位时,监理工程师应审查承包人提供计量所需的资料,并与其共同计量,计量周期一般不得少于一个月。

2. 监理工程师可根据工程特殊情况增加计量的次数,但应提前向承包人发出通知,说明监理工程师何时对何工程进行何种计量。

3. 承包人申请增加计量次数,应说明计量的原因、计量的工程部位和计量的时间,需得到监理工程师和业主批准后,才能进行。

第十一条　工程计量的程序为承包人申请 → 监理工程师审查→总监办审核→总监理工程师审批→业主批准。

第十二条　工程计量申请的主要文件包括中间计量表、工程量计算表、工程分项开工申请批复单、检查申请批复单、工程质量检验表及有关质量评定意见、工程变更令、中间交工证书和相应的竣工图纸等。

第四章　证书和支付

第十三条　支付是指承包人按合同规定或设计图纸或变更指令实施和完成合同工程及其缺陷修复,并经监理工程师认可达到相应规范要求,而应得到的所有支付价款,包括工程价款、开工预付款、材料或设备预付款、保险费、计日工、暂定金、保留金、索赔金、价格调整、迟付款利息、特殊分包人或供货人分包款等。

第十四条　前期支付

1. 开工预付款按合同文件规定支付和扣回。

2. 保险按照合同规定,先由监理工程师根据合同规定的保险范围,审验承包人的各项保险证明并签发支付证明。业主在接到该项支付证明和保险单后,将按照保险单的费用直接向承包人支付。

第十五条　期中支付

1. 月结算由承包人在每月末,向监理工程师提交由其项目经理签署的、按监理工程师批准格式填写的月结算单一式 6 份,该结算单包括以下栏目,承包人应逐项填写清楚:

(1)开工截至本月末止已完成的工程价款;

(2)自开工截至上月末已完成的(已实际结算的)工程价款;

(3)本月完成的(应结算的)工程价款,即(1)~(2);

(4)本月完成的(应结算的)计日工;

(5)本月应支付的暂定金额价款;

(6)本月应支付的已进场将用于或安装在永久工程中的材料、设备预付款;

(7)根据合同规定,本月应结算的其他款项;

(8)费用和法规的变更发生的款额;

(9)本月应扣留的保留金和扣回的材料、设备预付款及开工预付款;

(10)根据合同规定,本月应扣除的其他款项。

2. 合同中途终止的结算

(1)工程如遇到战争、地震、核污染、暴乱等合同规定的不可抗特殊风险时,监理工程师帮助业主澄清下列内容,同业主和承包人协商后,签发合同中途终止支付证书:

①承包人支付终止之日前已按合同完成的全部工程费用;

②工程量清单总额支付细目的应付款项;

③已经交付承包人有责任收货的、为本合同工程合理订购的材料、设备或货物的费用;

④作为已合理开支的、确实属于承包人为了完成本合同工程而预期开支的任何款额;

⑤由特殊风险致使本工程或材料、承包人设备、施工机械在现场或其附近或在运输过程中遭到破坏或损害应得到的付款,以及在施工方面产生的附加费用;

⑥承包人从现场撤离一切承包人装备的合理开支;

⑦承包人的员工在合同终止时合理的遣返费;

⑧业主有权要求承包人偿还各项预付款的未结算余额,以及在合同终止之日,按合同规定应由业主向承包人收回的其他款额。

(2)业主违约

当监理工程师确认业主不能履行合同,或因业主干涉,阻挠拒绝监理工程师的支付证明致使承包人提出终止合同受雇时,监理工程师应澄清下述内容,同业主和承包人协商后,签发合同中途终止的支付证书:

①本款(1)中的全部内容;

②由于合同终止给承包人带来的后果造成的任何损失或损害的款额。

(3)承包人违约

承包人已强制性破产、企业清理或解散(为合并或重组而进行的自动清理除外),或承包人已经违反关于禁止转包的规定,业主可以进驻现场和接管本工程,终止承包人在本合同项下的承包,但不因此解除合同规定的承包人的任何义务和责任,或影响合同赋予业主或监理工程师的各种权利和权限,业主可雇用其他承包人完成该工程。业主或上述其他承包人为了完成本工程,可以使用他们认为合适数量的承包人装备、临时工程和材料。

在业主进驻现场和终止本合同之后,监理工程师应通过协商和调查询问,尽快确认承包人根据合同实际完成的工程已经合理地得到的或理应得到的款额,以及未使用或部分使用过的材料、承包人装备和临时工程的价值。

3. 工程交工结算

在合同工程交工证书签发后42天之内,承包人应以监理工程师批准的格式向监理工程师提交一份交工结算单，并附下列证明文件，监理工程师审查确认后，签发中间支付证书：

(1)合同规定直到交工证书中写明的交工日期为止，按合同完成的全部工程的最终价值。

(2)承包人认为应付给他的其他款项。

(3)承包人认为本合同项下(整个合同)到期应付给他的各项款额的估算值，且应在完工结账单内单独填报。监理工程师应核证此支付，并报业主审批。

4. 支付

监理工程师在收到上述结算后21天(或专用条款数据表中另有规定的天数)内，应签发期中支付证书，签发时应写明他认为应该到期结算的价款及需要扣留和扣回的款额并报业主审批。业主应该在收到该期中支付证书后21天内或在投标书附录中另有规定并以此为准的天数内，支付给承包人。

承包人按照合同要求实施和完成本合同，业主应按合同规定退还履约担保给承包人。

第十六条　最终支付

1. 在业主发出缺陷责任终止证书后28天之内，承包人应以监理工程师批准的格式向监理工程师提交一份最后结算单草案，并附上涉及完成的全部工程的价值以及承包人认为应付给他的其他款项的证明资料，包括工程量清单、期中支付证书及相应的一系列图纸、计算资料、文件、发票等。

2. 监理工程师应对整个工程各个阶段的计量与支付进行澄清，主要包括以下几个方面：

①对所有支付的项目进行核实，防止漏项和重复，尤其注意那些由于承包人的责任引起费用增加的项目；

②对所有工程数量、单价与费用计算进行复核；

③对符合合同文件规定的工程变更与费用索赔，价格调整等事宜进行清理与审定。

所有与结算单草案有争议的项目，监理工程师应与承包人协商，进一步核实，对结算单草案作出双方同意的修改，由承包人编制，并向监理工程师提交双方同意的最后结算单。在收到最后结算单14天后，监理工程师签发最后支付证书，签发时应写明按照合同最终应付给承包人的款项总额、对业主以前所付的全部款额和业主根据合同规定应得的全部款项、业主欠承包人或承包人欠业主的差额，并报业主审批。

3. 业主应该在收到该最后支付证书后42天内款项支付给承包人。

第五章　工程合同单价的约定与调整

第十七条　业主在与承包人合同谈判时，应充分注意承包人的不平衡报价。对低于业主的控制价单价30%以上或高于20%以上的细目，要求在总的合同价不变的情况下对该单价进行重新确定。

第十八条　变更工程的单价的确定，按以下方法进行：

1. 合同中已有适用于变更工程的价格，按合同已有的单价变更。

2. 合同中只有类似于变更工程的价格，可以参照类似单价变更。

3. 合同中没有适用或类似于变更工程的单价，由承包人提出适当的变更单价，业主可以当时材料单价、部省发布的预算定额、费率标准计算的单价作为最高限价，经双方协商确认变更单价。

第十九条 合同工程量清单中某一个支付细目所列的“金额”或“合价”超过签约时有效合同价格(扣除暂定金后的值)的2%,而且该支付细目变更后的工程实际数量超过或少于工程量清单中所列数量的25%,应重新确定该支付细目的单价或总额价,该支付细目新的单价不得高于业主的控制价单价20%以上或低于30%以上。

第二十条 签发交工证书时,发现结算价(不包括暂定金额和物价因素价格调整)的增加或减少超过签约时“有效合同价格”的15%,业主应确定一笔管理费调整额,从合同价格中扣除或加到合同价格上。这笔管理费调整额只依据上述增加或减少超过15%的那部分款额,调整比例为5%。

第六章 工程计量与变更台账

第二十一条 工程计量台账是按照施工设计图纸和工程量清单,依据统一的项目编码规则,将拟建招标工程的分部、分项工程项目、其他项目,进行统一编码,并以能独立计量支付的细目来表现项目构成的(数据结构)表格。

第二十二条 工程计量台账的编制

全省高速公路、国省道干线公路和独立大桥等项目(含招商引资项目)的新改建工程计量支付必须采用计算机管理,建立工程计量台账。工程计量台账必须按省交通厅造价管理机构制定的《湖南省公路工程计量台账编制办法》编制(另行发布)。

1. 工程计量台账的基本形式,由台账编码、序号、起讫桩号、细目号、项目名称、单位、数量、单价、图号、备注组成。

2. 台账编码由十四位代码组成,第1、2位表示项目号,第3、4位合同号,第5位为单位判别码,第6、7位为第一级分类码,第8位为第一级分类序号,第9位为第二级分类码,第10、11位为第二级分类序号,第12位为第三级分类码,第13、14位为第三级分类序号。

3. 工程的归类根据设计图纸及工程量清单,按总则、路基工程、路面工程、桥梁工程、互通立交工程、隧道工程、安全设施及预埋管线工程八大类进行汇总管理,各大类按以下进行细分:

(1)总则分保险、竣工文件、临时工程、承包人驻地建设费用等;

(2)路基工程分路基挖方、路基填方、特殊路基处理、涵洞、通道、排水工程、防护工程、其他工程;

(3)路面工程分底基层、基层、面层、中央分隔带、路肩、其他工程;

(4)桥梁工程分每座特大桥、大桥、中桥、小桥,再分基础、下部结构、上部结构、防护工程、引道工程;

(5)隧道工程分每座隧道,再分洞身开挖、洞身衬砌、洞口及其他、路面、导洞;

(6)安全设施及预埋管线工程分护栏、隔离设施、标志、标线、预埋管线、收费设施、地下通道、其他;

(7)绿化及环境保护工程分草种、草皮、乔木、灌木、声屏障;

(8)互通立交工程分每座桥、每条匝道。

第二十三条 项目业主在与承包人签订合同文件后,必须要求承包人依据工程量清单和施工图设计文件,将本合同段工程项目按工程计量台账分类方法分解工程量,编制工程计量台账。当工程计量台账与合同文件工程量清单数量有出入时,应对工程量清单数量进行修改,并形成修正后的工程量清单，根据各合同段修正后的工程量清单汇总项目总金额（扣除暂定金后的值），与签约时有效合同总价比较，按照《湖南省公路工程设计变更管理办法》规定的变更审批权限与程序办理变更手续。经批准的修正后的工程量清单将作为投资控制的依据之一。

第二十四条 修正后的工程量清单经批准后，业主应于15日内上报工程计量台账及修正后的工程量清单电子版。高速公路项目需报省高速公路管理局及省交通厅造价管理机构备案；国省道干线公路项目需报市（州）交通行政主管部门及省公路管理局备案，省公路管理局直管项目还需报省交通厅造价管理机构备案。在报送电子文档的同时应报送合同文件。

第二十五条 全省高速公路、国省道干线公路和独立大桥等项目（含招商引资项目）的新、改建工程应按省交通厅造价管理机构的要求编制设计变更台账及上报。

第七章 工程结算争议处理

第二十六条 业主与承包人在工程结算中发生合同纠纷时，可通过下列办法解决：

1. 双方协商确定。

2. 按合同文件约定的办法提请调解，各级交通建设造价管理机构负责受理提请调解的合同纠纷。

3. 调解不成，业主与承包人均可依法向有关仲裁机构申请仲裁或向人民法院起诉。

在合同纠纷案件审理中，需要工程造价鉴定的，可由各级交通建设造价管理机构负责或有相应资格的造价工程师进行。

第二十七条 受仲裁、法院、检察机关委托，交通建设造价管理机构可对合同造价纠纷提供法定技术经济鉴定。

第八章 计量支付管理

第二十八条 全省高速公路、国省道干线公路和独立大桥等项目（含招商引资项目）新、改建工程，计量支付必须使用经省交通厅造价管理机构认可的标准软件。通过该软件将构建交通行政主管部门（造价管理机构）、业主（业主代表）、监理和承包人四级动态信息网络管理体系，起到规范项目工程计量支付行为，及时提取技术经济指标的作用，并可作为工程决算编制依据。

第二十九条 监理工程师在签发支付证书之前应要求承包人提供特殊分包人（含农民工）或供货人支付证明，确认先期的支付证书中包含的该特殊分包人或供货人有关费用已由承包人支付；如果承包人未提供这样的证明，业主有权根据监理工程师签发的证书，直接向特殊分包人或供货人支付分包合同（或供货合同）内规定而承包人未支付的一切款项。

第三十条 从事计量支付的单位违反本办法，有下列行为之一者，视情节轻重，按照有关法律、法规和规章的规定给予处罚：

1. 受委托编、审工程量清单及预算（控制价）或在工程结算中参与争议处理的社会中介机构，无相应资质证书，不按有关工程建设的法律、法规和规章的规定公平、公正地开展咨询业务的；

2. 施工单位、监理单位不按设计要求和合同规定对合格工程正确计量，高估冒算、不按实际工程进度计量、不按合同单价计价、不按规定期限办理工程结算的；

3. 业主单位有不按照本办法规定进行计量与支付的行为。

第三十一条　全省高速公路、国省道干线公路和独立大桥等项目(含招商引资项目)新、改建工程，建设、监理、施工等单位从事计量支付工作的人员必须按规定持证上岗，无公路工程造价人员资格证书的人员一律不得从事计量支付工作。计量支付工作人员必须在所编制或审核的计量支付文件上签名并加盖造价人员执业资格章，并应对所编制或审核的计量支付文件负责。

第三十二条　从事计量支付的人员应认真贯彻执行有关工程建设的法律、法规和规定，恪守职业道德，按合同文件规定支付，清正廉洁，努力工作，勇于抵制各种违法、违纪行为。对成绩突出的计量支付工作人员，应给予表彰和奖励。

从事计量支付工作的人员违反本办法，有下列行为之一者：情节较轻的，依法给予通报批评，限期改正；情节严重的，建议原发证机关依法降低或收回造价执业资格证书并提请有关部门给予纪律处分；触犯刑律的，建议司法机关追究其法律责任。

1. 施工单位计量支付人员有虚报、故意多报计量工程数量及同一工程实体重复报送计量等欺骗监理和业主的行为。

2. 监理单位计量支付相关人员不核实检查计量数量，导致出现多计、超计及重复计量等现象，造成经济损失的。

3. 业主单位计量支付人员不认真核查计量支付文件，导致出现多计、超计及重复计量等现象，造成经济损失的。

4. 不按规定在计量支付文件上签字盖章的。

5. 无证编审计量支付文件和伪造、出卖、转让造价工程师资格证书的。

6. 违反其他有关规定的行为。

第三十三条　本办法自发布之日起执行。

附录3　公路工程造价人员资格考试大纲（第四科目）

本考试大纲对公路工程造价相关知识的要求分为了解、熟悉、掌握三个层次，“了解”即考生应知道的公路工程造价相关知识；“熟悉”即要求考生深刻理解的公路工程造价相关知识；“掌握”即考生能运用所要求的公路工程相关知识解决实际工作问题。

公路工程造价人员资格考试分为甲、乙两个等级，考试大纲中凡不加区分的要求是对甲、乙级均适用的要求；凡有所区分的要求，则括号外的是对甲级的要求，括号内的是对乙级的要求，如掌握（熟悉）即要求甲级“掌握”、乙级“熟悉”。

第四科目　公路工程造价案例分析

案例分析主要考察考生在综合掌握公路工程造价基础理论及相关法规、公路工程造价的计价与控制、公路工程技术与计量三个科目的基础上，解决下述有关工程造价实际问题的能力。

一、公路建设项目投资方案经济分析（仅要求甲级）

（一）公路建设项目投资方案经济效果分析；

（二）公路建设项目全寿命周期成本分析；

（三）公路建设项目不确定性分析。

二、公路工程设计与施工方案技术经济分析

（一）公路工程设计与施工方案综合评价；

（二）公路工程设计与施工方案比较与优化；

（三）施工方法、施工机械的合理选择；

（四）工程施工网络计划的调整与优化（仅要求甲级）。

三、定额的编制

施工定额的编制。

四、公路工程造价文件的编制与审查（审查的内容仅要求甲级）

（一）工程量的计算与审查；

（二）临时工程与辅助工程的计算；

（三）投资估算、初步设计概算、施工图预算、施工招标控制价（或清单预算）和施工投标报价的编制与审查（投资估算仅要求甲级）；

(四)工程决算的编制与审查。

五、公路工程合同管理

(一)工程量清单、计量支付台账的编制；
(二)工程价款结算与支付；
(三)工程变更的处理及变更单价的确定；
(四)工程索赔的计算与审核；
(五)公路工程施工合同争议的分析与处理(仅要求甲级)。

六、施工管理

(一)项目标后预算、成本预算的编制；
(二)项目合同结算,项目预计总成本、预计总收入的编制。